物語批判序説

hasumi shigehiko
蓮實重彦

講談社文芸文庫

JN177638

目次

物語批判序説

à Chadou

I

I　無謀な編纂者の死

倒錯的な辞典

それを博学と呼ぶには彼の知識はあまりに貧弱であったし、ましてや言語学的な卓見を誇りうるほど事情に通じていたわけでもないのに、一人の男が、あるとき、不意に辞典の編纂という途方もない計画を思いたち、知人や親しい仲間たちに向って、その構想をぽつりぽつりと洩らしはじめる。そんな身のほど知らずの着想を無理にも思いとどまらせる友人がひとりもいなかったところをみると、誰も、その完成を本気で信じてなどいなかったのだろう。事実、辞典編纂の知識も経験もないこの無謀な男は、その構想を実現させる以前に死ななければならなかった。彼の死は、いまからほぼ百年ほど前のできごとである。したがって、この辞典によって言葉や概念の定義を学ぼうとしたものは、過去一世紀を通じて世界にひとりもいない。実際、完成されもしなかった辞典など、どうして参照することができるのか。

にもかかわらず、いま、この未完の辞典に目を通すことはさして困難ではない。その気になりさえすれば誰でも買い求めることができるのである。だがそれは、すぐさま予想されるように、この無謀な男にもすぐれた弟子たちがいて、彼らがその遺志をついで、師の死後に何とか刊行へとこぎつけたといった師弟愛の美談によるのではない。辞典編纂者としての彼には、後継者などひとりもいはしなかった。ただ、この男の書き残したさまざまな項目の草稿を整理しなおしたものが、その姪の手によって印刷されたというだけのはなしである。しかも、その姪という女は、辞典の刊行に立ち会いえなかった不幸な伯父以上に、この種の企画にはまったくの素人というほかはない人物だった。その上、残された草稿のすべてが伯父の手になるものでもない。そのあるものはやがて些細な行違いから喧嘩別れすることになる一人の年金生活者によって書かれたものであることが、筆蹟によってほぼ確かめられる。だがそれにしても、何という辞典であろうか。博学でも言語学者でもない男によって着想され、無職の恩給取りがその項目執筆を助け、何の経験もない姪によって刊行されてしまった辞典といったものを、人はたやすく想像できるだろうか。こんな役立たずの辞典が、いったいどうして印刷され、しかも刊行までされてしまったのか。

すでに触れておいたように、この辞典によって難解な単語や未知の概念の定義を知ろうとした人間はひとりもいない。教育熱心な親が子供の言語的感性の向上のために買い与えたりしたこともない。それは、しかし、その辞典が存在しないからではない。その辞典は間違いなく存在しているのである。にもかかわらず、人は、そこに引かれた語の定義などいささかも信用しようとはしない。なぜか。理由はさして複雑ではない。この無謀な辞典編纂者の構想した項目には、誰もが知っている言葉しか含まれていないからである。しかも、その説明の言葉までがことごとく人に知られた定義からなっている。そんな不経済な辞典を誰がわざわざ引いてみたりするだろうか。どんな種類の人間によっても間違いなく容認されるだろう考え方だけが盛りこまれた単語集。あるいは、未知のものではなく、既知の概念としか出会うことのないごく退屈な定義集。あたかも著者が人類そのものであり、ページをめくるごとに、人類が人類自身をそこに再確認しうるような辞典。そんな刊行物の編纂者は、いったいどんな役割を演じることになるのか。

人類、といっても、それは普遍的な種としての人間存在一般を意味しているのではない。編纂者は、明らかに限定されたしかるべき読者を想定している。それは、ほぼ彼の同時代人ともいうべき、時間的＝空間的に限られた者たち、つまりきわめて歴史的な個体の群である。あるいは、それを群衆といいかえてもよい。群衆とは、非＝時間的に想定されうるたんなる複数者の群ではない。同じ主題をめぐり、同じ言葉を語りうることを前提として群れ集うものたちのみが群衆というやつなのだ。彼らが沈黙していようと、この前提が共有されているかぎり、それは群衆である。この群衆こそが、その辞典の選ばれた読者層を構成する。そして、改めてくり返すが、その潜在的な読者たちは、この辞典を参照する必然性などこれっぽっちも感じていなかったのである。

この辞典の潜在的な利用者として想定されながらも、みずからはそれを買い求める気などまるでなかった冷淡な群衆たち。だがそれにしても、こんな不条理な辞典の編纂が、なんでことさら計画されたりしたのだろう。その数ある項目を執筆することは、潜在的な読者たちの想念をそっくり反映することにほかならぬのだから、何も書かずにいるのとほぼ同じことではないか。だとするなら、それの執筆に費やされた時間と労力とは、まったくの無駄ということになるだろう。それは、文字通り、非＝生産的な生産である。あるいは、無意味＝ナンセンスな振舞いと呼んでもよい。あらゆる点で意味の産出に加担することのないこの荒唐無稽な文章体験。だが、百年前に試みられたこうした無意味の実践が、人からすっかり忘れさられてしまったわけでもないのは、なぜだろう。事実、今日でも、少なからぬ人間がその辞典に言及する。つまり、それは有効に利用されはしなかったが、確実に語られる対象ではありつづけたのだ。その辞典は、物語の主題として、いまなお一つの説話論的な磁場をかたちづくっているのである。その辞典について語らざるをえない主題論的な体系がわれわれのまわりに存在し、いつの間にか、その題名がもろもろの言葉の中にまぎれこみ、しかるべき物語的な欲望を組織している。だからこそ、いま、ここで、この荒唐無稽な辞典のことが、いささか唐突ながらも話題となりはじめているのだ。われわれは、すでに、無意味な言語的実践という物語の中にいる。

ところで間違っても参照されることはないが語られはするというこの奇妙な辞典とは、まさしく荒唐無稽と呼ぶほかはないのだが、こうした顚倒した関係をあからさまに生きるほかはない関係を、人は、倒錯的という言葉で定義することができるかもしれない。ここに始まっているのは、だから、倒錯的な辞典の物語なのである。知の流通圏域で、あらゆる種類の啓蒙をおのれに禁じているこの辞典が、一人の無謀な編纂者によって構想されたのは、ほぼ、十九世紀の中葉のことと考えられている。十九世紀中葉といえば、文明国と呼ばれるさまざまな国々において、最初の近代的な辞典の編纂が始められようとしていた時期である。従って、この倒錯的な辞典の着想は、近代の辞典の歴史にあって、早すぎもしなければ遅すぎもしない時期にあたっているといえる。辞典編纂者としては何の経験もないばかりではなく、文筆家としてさえ過去に一冊の書物も出版したことのない男は、たとえば、一八五二年の暮に、曖昧な関係を保ちつづけていた年上の女友達に向って、そうたやすくはその全貌を想像させがたいものではあるが、「この書物には、あらゆる主題についてアルファベット順に、礼節をわきまえた慇懃無礼な人間たりうるために人前で口にすべきすべてのことがらが列挙されるはずです」と予告している。なるほど、これだけ読めば、そこにある種の利用価値があるかにみえるかもしれない。ところが、その前後にちりばめられた彼の言葉を些細にたどってみると、それが幻想にすぎないことにすぐに合点がゆく。

まず、ここで無益な幻想を煽りかねないのは、人前で口にすべきという表現が予想させがちな義務と規範の概念である。つまり、せめてこれだけは心得ておくがよかろうという処世の秘訣が、その道の経験者の口から未経験者たちに向って語られている範例集のようなものだと誤解されそうなのだ。だが、この辞典が倒錯的なのは、選ばれた少数者から無知な群衆へと向う知の伝播の形式そのものがくつがえされているからである。というのも、その各項目に集められているのは、世の中とうまく折合いをつけた大多数の人間が、どうしても他人とうまくやって行けそうもないごく限られた少数者に対して、その居心地の悪い思いをとり除くにはただこう鸚鵡がえしに口にすればそれでよいと保証するたぐいの語彙ばかりだからである。それ故、ここにあるのはもはや啓蒙ではない。かりにそれが啓蒙というものであれば、むしろそれは倒錯的な啓蒙とでもいうべきものだ。その間の事情は、「それだけでまるまる一冊の書物になるでしょう」と予告されている辞典の序文がどんなものかを説明する次のような言葉によって明らかだろう。

　ぼくは、誰からも容認されてきたすべてのことがらを、歴史的な現実に照らし合わせて賞讃し、多数派がつねに正しく、少数派がつねに誤っていると判断されてきた事実を示そうと思う。偉大な人物の全員を阿呆どもに、殉教者の全員を死刑執行人どもに生贄として捧げ、それを極度に過激な、火花の散るような文体で実践してみようというのです。従って文学については、凡庸なものは誰にでも理解しうるが故にこれのみが正しく、その結果、あらゆる種類の独自性は危険で馬鹿げたものとして辱しめてやる必要がある、ということを立証したいのです。……そもそもこの弁証論の目的は、いかなる意味での超俗行為をも断固として排撃することにあるのだと主張したい。

誰も知らないことではなく、誰もが知っていることばかりがその項目をかたちづくるというのは、こうした意味においてである。そこでは知の伝達の構造において、啓蒙時代と呼ばれもする十八世紀に編纂された「百科辞典」類とは、まったく関係が逆転しているといえるだろう。つまり、あらゆる人間がその潜在的な著者たりうるのだから、誰もそんな辞典を買い求めようとしないのはあたり前なのだ。それを読むことで、人は何も学びはしないのである。すべての定義は、それと意識することもないまま、全員によって暗記されている常識ばかりで、そのどれもが、一般通念として無意識に語りつがれる小さな物語をかたちづくっている。誰に頼まれたわけでもないのに、自然とそう口にせずにはいられない短い文章群。いつ、どこで、どんな機会に聞いたのかはもう忘れてしまったのに、自分がそれを知っていることだけは確かな断片的な物語。そんな無数の物語にたわみきった説話論的な磁場こそが、この無謀な編纂者の夢みる荒唐無稽な辞典なのである。そしてその夢は、着想いらい三十年たった一八八〇年にも、まだ実現されてはいなかった。その年の五月に死ぬことになる編纂者に可能な唯一の振舞いは、その断片的な草稿類を未整理のまま後世に残すことだけであった。

失望という記号

その同類などかつて存在したためしはなく、またそれ以後も存在することのなかったこの辞典は、いま、われわれの前に、それについて人びとが語るべき対象として姿をみせている。そして、アルファベット順に配列されているその項目には、誰もがそれについて語りうる主題ばかりが周到に選ばれている。つまりこの辞典は、それじたいが物語の主題ともなる断片的な物語の群といったものにほかならず、しかもその物語の群の中に未知の挿話は一つもまぎれこんではいないのだから、それを、無償の説話論的な装置と呼ぶこともできるだろう。無償のというのは、何ら有効な役割を演ずることのないというほどの意味である。それが辞典としてあることの意義、存在理由、目的といったものがすっかり欠落しているのだ。

にもかかわらず、この無謀な編纂者にとって、彼の辞典には一つの明確な存在意義がそなわっていた。つまり、それが完成した場合には、しかるべき役割を果すはずのものだったのである。その点に、言葉の真の意味における倒錯性が姿をみせているといえるかもしれない。というのも、そこにおさめられたすべての項目に目を通したものから、自分がすっかりそらんじてもいるその物語の群を、二度と口にする勇気を奪ってしまうというのが、編纂者の目論見だったからである。彼によれば、この無償の説話論的な装置が演ずべき唯一の機能は、物語から物語を奪うこと、つまり、それじたいが説話論的な磁場を構成する装置そのものが、あらゆるものの内部で、物語的な欲望を意気沮喪させることでなければならぬというのである。事実、無謀な編纂者は、同じ女友達への手紙の中で、次のような説明を加えている。

総体は霰弾のような痛烈な効果を発揮することになるでしょう。この書物のはじめから終りまで、ぼく自身がつくりあげた言葉は一つとして挿入されることなく、ひとたびこれを読んでしまうや、ここにある文句をうっかり洩らしてしまいはせぬかと恐ろしくなり、誰ももう口がきけなくなるようにしなければなりません。

読まれる通り、ここには二つのことがらが述べられている。その一つは、この辞典が、もっぱら引用からなりたっているという事実である。そこでの編纂者は、著者としてではなく、他人の物語の引用者として振舞わねばならない。それも、特定の他人ではなく、その物語にまったく異をとなえないばかりか、それに同調することをあらかじめごく自然にうけいれている匿名の複数者の群が、打ち合わせておいたわけでもないのに、同時に、一字一句の誤りもなく同じ口調でつぶやいてしまうような物語の引用しかそこに認められねばならぬのだから、これまで述べられてきた事実は、改めて引用という概念で要約しうるものなのである。だが、ここで問題なのは、総体は霰弾のような効果を発揮するはずだというその匿名の物語ではなく、後半部分に述べられている二つ目のことがらだ。それは、ひとたびこれを読んでしまうや、ここにある文句をうっかり洩らしてしまいはせぬかと恐ろしくなり、誰ももう口がきけなくなるという部分である。つまり、編纂者の目ざすところは、誰もが容認する匿名の物語が、その説話論的な磁場そのもののうちで自己崩壊をとげるということにほかならない。物語が、その物語そのものによって、物語の語り手から物語を奪うという事態が起らねばならないのだ。無償の饒舌が無償の饒舌を沈黙させること。説話論的な装置としてのこの辞典の機能は、その装置をそっくり機能停止へと導くことになるのである。要するに難儀して作りあげた機械が、いざ完成したとなると、まさにその瞬間に、自分自身をむさぼり喰ってしまうような装置が夢見られているのだ。そのような装置としての辞典を編纂しようという夢は、やはり何としても無謀な、そして文字通り荒唐無稽なものというほかはない。

　もちろん、その辞典が荒唐無稽な装置として機能するためには、まず、それが読まれなければならない。霰弾のような効果を発揮しうるのは、その潜在的な読者が、顕在的な読者へと変容した瞬間においてである。ところで、すでに触れておいたように、この辞典は同時代の顕在的読者をひとりとして持たなかった。ひとつには、それが編纂者の生前に刊行されなかったからであり、またいまひとつの理由としては、かりに刊行されていたとしても、知的圏域で辞典一般がはたすべき積極的な機能を、これが徹底して欠いていたからでもある。それ故、読者として想定される匿名の複数者の群による実際の反応に接しえなくとも、すでに企画を聞かされた段階からして、この辞典編纂が倒錯的な試みであったろうことはすぐさま予想がつく。この辞典が知の圏域に生産しうるものは、いわば失望のみである。ついにかなえられなかった希望を前にした落胆がそうであるような、そうした相対的な失望ではなく、それじたいが積極的な機能と体系とをそなえた、つまり希望の不在や消滅によって定義されることのない、そして、それ自身が生成の原理をそなえた確固たる失望が、そこに具体的に生み落されるのだ。欠落としての不在ではなく、過剰としての失望。やがて、諦念から頽廃へと滑り落ちることになる無気力な失望ではなく、濃密で、鮮明で、あらゆる肯定的な側面をそなえた失望。つまり、その代償として何かを追い求めるといった行為へと人をかりたてることなく、方向を欠いた運動を具体的にあたりに波及せしめうる失望。方向を欠いたというのは、明らかに存在している方位を把握する能力がかけているからではなく、方位そのものを意識にのぼらせることなくひたすら偏心することしか知らぬ運動ということだ。霰弾とは、まさしくそうした運動を如実に体現するものではないか。もっとも、あたりにとび散る銃弾が霰弾銃そのものをも破壊しないと、この比喩は意味を持たないが、この手紙の書き手がそこまで考えていたかどうかはわれわれの知りうるところではない。

ところで、こうした倒錯的な身がまえは、もちろん編纂者の戦略である。彼は、戦略として倒錯を選択したまでのことだ。だが、どうやら彼は、この選択の責任を、個人の資格で引きうけようとしていたらしい。その意味で、霰弾銃は、あくまで向う側をねらっており、間違ってもこちら側に向って炸裂するとは思っていなかったようだが、それが最終的には失望しか生産しない装置であったにしても、編纂者の意図がこの辞典の攻撃性にあることは間違いなかろう。たとえば、同じ手紙の次のような一節を読んでみると、それは誰の目にも明らかになるだろう。

とりわけこの書物の序文のことを思うと早く書かねばと心があせるのですが、これが構想どおりに書けたとすると（それだけでそっくり一冊の本になるほどです）、こちらがあらゆることを攻撃しても、いかなる権力も何もできないというものになるはずです。

その理由は、編纂者が、「近代の民主主義の平等思想」に加担するかたちでその序文をしたためる意図を持っているからである。とするなら、ここにも同じ倒錯性が認められるだろう。何しろこの編纂者は、戦略的に多数者の側にたって多数者の物語を模倣しながら、しかも多数者の説話論的な欲望にしたがって、平等かつ民主的な多数者を攻撃することで、多数者たちから身をまもろうという目的で、序文をしたためようとしているのだ。つまり、彼が求めているのは、攻撃としては解読されがたい攻撃法の開発にほかならない。だから、この説話論的な装置は、いささかも攻撃を意味することのない記号を発信し、しかもその記号が、着実に攻撃として機能するように調節されていなければならない。攻撃は、いわば、失望の記号、あるいはより正確には記号の失望として生産される必要がある。それには、この辞典が、必然的に戦略的倒錯性を身にまとわざるをえないだろう。

　身にまとうといっても、仮面によって素顔を温存するといった関係はそこには認められない。倒錯とは、つねに素裸でくぐりぬけるべき試練であり、そこには、修辞学的な韜晦もなければ、虚言による真実の隠蔽もない。肝腎な点は、装置としての物語を正確な模倣によって反復し、その身振りそのものを通して、ということは、その身振りが人目から隠すいま一つの身振りによってではなく、まさに同じ一つの仕草で、装置の物語的な機能を停滞させることである。だがそれにしても、そんなことがはたして現実に可能なのか。

　くり返すが、この百年前の辞典編纂者は、こうした身振りをみんなの前で実践してみせたわけではない。彼は、その構想を練り、部分的に草稿を執筆し、全篇の配置をあれこれ考えていた段階で、唐突に死んでしまわねばならなかったのだ。彼に篤学の弟子がいたわけではなく、遺稿を刊行したのは、何の戦略も持たぬその姪でしかない。だからその同時代人たちは、この無償の説話論的装置が生産する失望にすら、具体的に触れる機会を持つことはなかった。そして今日、その辞典が、参照される定義集ではなく語られる対象として、つまりは二十世紀的な物語の主題としてわれわれの手に残されている。では、その物語とはどんなものか。一世紀前に死んだ無謀な辞典編纂者の名前を聞いただけで、誰もがこう反射的につぶやく。彼はブルジョワどもを限りなく憎悪した、と。そして、その辞典についてなら、こう口にしておけばよい。これは愚劣さの叙事詩だ、と。そう語っておきさえすれば、安心して多数派に与しうるだろう。もっとも、編纂者の名前も辞典の題名も、問題の辞典の項目には含まれていないのだが。

知とその物語

ここに始まっている倒錯的な辞典の物語にあって、その主人公は、いうまでもなくその辞典そのものである。その主人公が、では、これまで何で名前を持っていなかったのか。理由は簡単だ。つまり、その名前を呼んだとたんに、辞典そのものが、その倒錯的な説話論的磁場に、姿を消してしまうからである。無謀な編纂者をあえて名づけずに話を進めてきたのも、同じ理由による。

名づけるのは、たやすいはなしだ。編纂者は、ギュスターヴ・フローベールという名前を持っており、それを最後まで隠しとおそうとする意図など、いささかも持ってはいない。あの写実主義の巨匠、近代小説の祖、『ボヴァリー夫人』の作者、科学的客観主義の文学への導入者、ブルジョワを憎悪したクロワッセの隠者などと呼ばれもしたフローベールが、この倒錯的な辞典の計画者なのだと語りはじめることもできたわけだ。あえてそうしなかったのは、はじめからすべてを告白せずにおくことで、説話論的な持続の組織化を有効におし進めようとするさもしい魂胆からではない。ギュスターヴ・フローベールと口にするがはやいか、たちまちこの辞典の項目と構造的にはまるで同じ既知の定義があたりにたち騒ぎ、誰もが意味もなくすべてを納得した気分になってしまうからである。この寛大な容認だけは何としても避けなければならなかった。また、あのフローベールをめぐって、そうした一般通念を超えたところに隠されている未知の真実といったものを、そっと披露するかのような姿勢を誇示するつもりもなかったからだ。なるほど、この無謀なる辞典の編纂者がギュスターヴ・フローベールと名乗り、さして読まれているわけではないが題名だけは決して未知のものとも思われない長篇小説『ボヴァリー夫人』の作者であったことも確かなのだが、この辞典の物語にとっては、そうしたこともごく傍系的な挿話しかかたちづくりはしない。それを知っていてもいいし、また知らなくてもよいというほどのものである。

だが、知っているとはどういうことなのか。ほとんどの場合、知っている、とは、みずから説話論的な磁場に身を置き、そこで一つの物語を語ってみせる能力の同義語と思われている。フローベールとは、十九世紀フランスの小説家で、『感情教育』などの客観的な長篇小説を書いた、というのがそうした物語である。青年時代に神経症の発作に見舞われていらい、世間との交渉を絶ち、ノルマンディーの田舎に閉じこもって、文章の彫琢に没頭した、というのも物語である。まあ、その他いろいろあるだろう。そんな物語の一つをつぶやくことができるとき、人は、そこで主題となっているものを知っていると思う。知は、物語によって顕在化し、また物語は知によって保証されもするわけだ。なにひとつ物語を語りえないものを前にして、人はそれを知らないという。だから、フローベールが未刊のままの草稿として残した倒錯的な辞典の題名をかかげてみても、知と物語との相互保証を導きだすことにしかならないだろう。ところで、フローベールが十九世紀の半ばに構想を得た辞典は、まさに、こうした知と物語との補完的な関係を断ち切ることにあったのだ。

実際、誰もがフローベールを知っている。そして、知っているという事実をたがいに確認しあうために、人は、フローベールをめぐって誰もが知っている物語を語りあう。その物語の中で、最も多くの人に知られているものこそ、フローベールが執筆を企てた辞典の項目たる資格を持つものである。誰にでも妥当性を持つことで、誰もがそれを口にするのが自然だと思われる物語。それが、知の広汎な共有を保証し、その保証が同じ物語を無限に反復させる。かくして知は、説話論的な装置の内部に閉じこもる。まるで物語の外には知など存在しないかのように、装置は、知を潤滑油として無限に機能しつづける。するとどういうことになるか。

結果は目にみえている。人は、知っていることについてしか語らなくなるだろう。たまたま未知のものが主題となっているかにみえる物語においてさえ、人は、それを物語ることで、既知であるかの錯覚と戯れる。あるいは逆に、既知であるはずのものを、あたかも未知であるかのようにあつかうふりを演ずる。そして、その錯覚と演技とが、知と物語との相互保証をますます完璧なものにする。だから、物語は永遠に不滅なのだ。

ところで、この物語の無限反復の中に辞典の題名を導入するとどうなるか。それはギュスターヴ・フローベールの未完の草稿だと口にするだけで、この辞典が説話論的な磁場の中へ姿を消してしまうのは明らかだろう。あとはすべてが円滑に進行する。その倒錯的な辞典の倒錯性そのものには出会うことなく、誰もが物語を納得してしまうのだ。だが、フローベールとしては、みずからを無謀な編纂者に仕立てあげることで、この寛大な納得を、物語の模倣を介して宙に吊ることを目ざしたわけだ。というよりむしろ、説話論的な磁場の保護から出て、誰もがごく自然に口にする物語を、その説話論的な構造にそって崩壊させるというのが、彼の倒錯的な戦略であったはずだ。物語に反対の物語を対置させることではなく、物語そのものにもっとも近づいて、自分自身を物語になぞらえさえしながら、物語的な欲望を意気沮喪させること。つまり、失望の生産とは、知と物語との補完的な関係をくつがえし、知るとは、そのつど物語を失うことにほかならぬのだと、実践によって体得すること。事実、具体的に何ものかと遭遇するとき、人は、説話論的な磁場を思わず見失うほかはないだろう。つまり、なにも語れなくなってしまうという状態に置かれたとき、はじめて人は何ごとかを知ることになるのだ。実際、知るとは、説話論的な分節能力を放棄せざるをえない残酷な体験なのであり、寛大な納得の仕草によってまわりの者たちと同調することではない。何ものかを知るとき、人はそのつど物語を喪失する。これは、誰もが体験的に知っている失語体験である。言葉が欠けてしまうのではなく、あたりにいっせいにたち騒ぐ言葉が物語的な秩序におさまりがつかなくなる過剰な失語体験。知るとは、知識という説話論的な磁場にうがたれた欠落を埋めることで、ほどよい均衡におさまる物語によって保証される体験ではない。知るとは、あくまで過剰なものとの唐突な出会いであり、自分自身のうちに生起する統御しがたいもの同士の戯れに、進んで身をゆだねることである。陥没点を充塡して得られる平均値の共有ではなく、ときならぬ隆起を前に、存在そのものが途方に暮れることなのだ。この過剰なるものの理不尽な隆起現象だけが生を豊かなものにし、これを変容せしめる力を持つ。そしてその変容は、物語が消滅した地点にのみ生きられるもののはずである。

だが、いまはそうした点を詳しく述べるべきときではないだろう。ここでは、フローベールの構想による倒錯的な辞典が、何よりもまず、物語の消滅を目ざしつつ物語を模倣するという戦略にたっていることを改めて強調するにとどめよう。つまり、説話論的な磁場の崩壊という残酷な現象を、残酷さとは感知されがたい記号としてあたりに波及させ、それを寛大な物語としてうけとめた者たちの中で、文字通り残酷さの記号として機能させてしまおうというのが、その倒錯的な戦略なのである。だから、その辞典のために用意された『紋切型辞典』という題名など、見たことも聞いたこともないかのように振舞わねばならなかったのだ。ギュスターヴ・フローベールの『紋切型辞典』と口にしただけで、人は、すでに饒舌な説話論的な磁場に身を置いてしまっており、誰もが、それについて語る多くのやり方を心得ている。つまり、さまざまなことがすでに知られてしまっているのだ。そして、そうした事態を前にして途方に暮れるものなど一人としていはしない。あらゆる人が、それについて雄弁に語り、読んだことのない者までがすべての項目をことごとく暗記してしまってさえいる。『紋切型辞典』とは、もとよりとりあえずの翻訳にすぎず*Dictionnaire des idées reçues* という原題の逐語的な意味は、「誰もが容認するさまざまな考え方の辞典」となるだろう。だからそれは、きわめて民主的な書物なのである。「これによって、ぼくは近代民主主義の平等思想と、偉大な人間は無用になるだろうというフーリエの言葉の側に立つことになる」というフローベール自身の言葉が示しているように、そこでは、言葉の流通圏域における特権的な記号発信者というものは否定されている。すなわち、この辞典は、著者という概念そのものをあやういものにする残酷な力学に支えられているのだ。にもかかわらず、『紋切型辞典』という名に接するものは、みな、それをフローベールの著作だという。もちろん、それが事実として誤っているというのではない。だが、そのように口にすることは、『紋切型辞典』を知らないことのきわめて具体的な告白にほかならない。あるいは、『紋切型辞典』とともに、作者という特権的な個体は消滅し、文学は匿名の言葉が交錯する引用の磁場となる、といいかえてみても事情は変るまい。それは、作者の消滅という現代的な物語の中に『紋切型辞典』をそっくり閉じこめ、現実の作者の消滅という事態を前にした場合に襲われるだろう当惑を、あらかじめ回避することでしかないからである。誰も、『紋切型辞典』を具体的に知ろうなどとはしないのだ。

説話論的な磁場

II　引用、または書き写すこと

すでにうすうす勘づいてもおられようが、ギュスターヴ・フローベールの『紋切型辞典』を語ることが、ここでの真の目的なのではない。問題は、無謀な編纂者による倒錯的な辞典の構想そのものなのだ。だが、この匿名の、かつ無償の文章体験さえが、主題となるわけでもない。ここで論じられようとしているのは、あくまで、知と物語との相互保証という現象が体現する同時代的な歴史性である。この二つのものの補完作用を基盤として形成された説話論的な磁場の構造を、それが具体的に機能しつつある場で運動として体験し、その生成の瞬間に注ぐべき視線を組織すること。そして、そうした体験が歴史的に露呈させるはずの運動を、知と物語との無自覚だが執拗な連繋を内側から崩壊に導きうる事件として生産すること。ここで試みられようとしているのは、その二つの身振りを同時的に実践することにほかならない。無謀な青年による倒錯的な辞典の編纂に言及しなければならなかったのは、彼の途方もない構想が、いま始められようとしている試みが耐えねばならぬはずの困難を、痛ましく予告するものであったからだ。辞典が演じているのは、もっぱらそうした予告的な役割である。

　だが、その倒錯的な戦略性が示す予告的機能は、人を容易に納得させるために演じられるものではない。かりに、ギュスターヴ・フローベールの『紋切型辞典』と切りだしたなら、誰もがすぐにその物語をうけいれてしまっただろう。そんな名前や題名などいちども耳にしたことのない者までが、欠落した知識を補うことでいつでも物語と折合いをつけうるものと高を括って、それとなくうなずくそぶりなどしてみせるに違いない。そうした事態をやりすごしてしまうかぎり、無謀な編纂者の倒錯的な辞典は、決して具体的に生きられることはないだろうし、ましてや、それを前にして途方に暮れるものなど、いようはずもない。知と物語との相互保証が、過剰なものの隆起をあらかじめ流産させつづけているからである。

このように、物語の装置が有効かつ円滑に機能して知と同調しうる空間を、われわれは説話論的な磁場と呼んでおいた。名前はさして重要ではない。肝腎な点は、この磁場が誰か特権的な存在によって組織されたものではないということだ。特定の個体なり集団なりの意志がそれを操作しているのではないという意味で、説話論的な磁場は、どこか自然の環境を思わせもする。にもかかわらず、これは普遍的な抽象空間ではない。あたかも自然なものであるかのように機能していながら、実はきわめて歴史的な時＝空として限界づけられるものこそがその磁場であり、そこにあっては、すべてが具体的な運動なのである。もちろん、知は、人が歴史を語りうる限りにおいて、濃淡の差こそあれ、あらゆる瞬間に存在しただろうし、物語もまた、人類が生きた時間とともにあらゆる領域に拡がりだしてもいよう。だが、知と物語とは、いたるところで同等の資格でたがいの条件を保証しあい、均質な環境をかたちづくっていはしなかった。それらは、あるとき、しかるべきところで、何らかの具体的なできごとを契機として、それまでにはありえなかった相互補完的な関係をとり結んだのだろう。その関係が成立する以前に、人は説話論的な磁場など持ってはいなかったのである。

こんにち、われわれは、明らかに説話論的な磁場の中に暮している。誰も、それ以外の領域に生まれることを許されてはいない。だが、ある時期まで、知と物語とは、決して同じ資格で支えあうことのない一つの階級的秩序におさまっていた。物語は、あくまで知に従属していたのである。知っていたものだけが、語りえたわけだ。たとえば啓蒙時代と呼ばれる十八世紀に、知と物語とは、異質の機能を演じながら記号の流通圏を支えていた。もっぱら饒舌であったのは、フランスであれば百科全書の執筆者たちである。彼らが構想したのは、いささかも倒錯的ではない正統的な辞典だ。そしてその辞典が流通させる記号は、中心から周辺へ、上層部から底辺部へ、濃密さから希薄さへと、決して狂うことのない確かな方向をたどる。その方向の確かさが、逆説的ながら、その試みを危険視させることにもなったのである。百科全書とは、苛立ちを欠いた辞典であり、おそらくそれが、辞典たることの条件そのものともいえるだろう。十九世紀に編まれた辞典も、二十世紀に企画されたものも、こうした記号の方向をより鮮明に、より繊細に組織する目的を共有している。だが、われわれにとっての同時代でもある十九世紀以降の文化的な環境にあっては、この鮮明さと繊細さに見合った苛立ちの表明が、それにそった記号の組織化を、虚構のみに可能な抽象的整合性のうちに閉じこめてしまうという特徴を持っている。たとえば、いくつかの小項目がアルファベット順に整理されながらも、実際には無秩序に配列されているロラン・バルトの晩年の著作は、いずれも正統的な辞典の虚構的側面の拡大と正確に対応しているはずである。だが、その点は、のちにより詳しく検討することにしよう。ここであらかじめ指摘しておくべき事実は、『恋愛のディスクール・断章』の作者が、無謀な編纂者による倒錯的な辞典の、二十世紀後半にふさわしい構想に従って文章体験を生きていたという点のみである。もちろん、バルトが構想した辞典は、われわれの無謀な青年の思い描いたものと、質的に同じ倒錯的戦略性を共有してはいないだろう。だが、フローベールと十九世紀ラルース大辞典との関係は、ロラン・バルトとロベール大辞典との関係と、構造的にはまったく同じものなのだ。

つまり、こういうことである。バルトもフローベールも、ドゥニ・ディドロやジャン＝ジャック・ルソーとは同じ言葉をしゃべってはいなかったのだ。『紋切型辞典』の不幸な編纂者も、『バルト自身によるバルト』の著者として自分を捏造した批評家も、ともに説話論的な磁場の内部に生まれたことで、啓蒙時代の書き手たちとは別の話し方を学ばざるをえなかったのである。そしてその具体的な体験を実験台にして、物語を模倣しつつ物語を崩壊させる目的から、それぞれのやり方での倒錯を戦略的に選択した。この選択は、断じて普遍的な身振りではなく、すぐれて歴史的な身振りである。歴史的なというのは、それを可能にする環境が、まぎれもなく一定の時代的な限界を持っているという意味である。

その境界線は、何を符牒として、どこに引かれるべきだろうか。こうした問題の検討も、のちに譲るとしよう。肝腎な点は、この戦略的な身振りを確かな輪郭のもとに把握しうるわれわれの視線が、ある点まで歴史を溯行すると、不意に焦点を結ばなくなってしまうということである。説話論的な磁場がそこで唐突に途絶え、その向う側には、知に従属することで物語が物語となる確乎たる階層的な秩序が、知によってのみ解読されうる記号の方向をもった運動圏に拡がりだしている。つまり、知っているもののみが語りえた、特権的な知の環境がそれである。

そこでは、物語が、特権的な語り手の存在を前提として組織化されてゆくのが見えてくる。誰も、物語に戸惑っているようには思えない。記号は、満足感を代償として怖れを放棄する儀式に従って流通している。物語が語りつがれるのは、過剰なるものの不意の隆起に対する徹底した無感覚に保証された言葉が、陥没点の欠落を充塡するという平均化の運動に従って、不断に説話論的な分節化を蒙っているからだ。平均化とは、決して無方向な運動ではない。中心から周辺へ、上部から底辺に、濃密から希薄へという方向にそって記号は流通する。そうした流通は階層的な秩序を前提とすることなしには不可能である。かかる秩序とは無縁の無方向な環境こそが、説話論的な磁場にほかならない。

説話論的な磁場。それは、誰が、何のために語っているのかが判然としない領域である。そこで口を開くとき、人は、語るのではなく、語らされてしまう。語りつつある物語を分節化する主体としてではなく、物語の分節機能に従って説話論的な機能を演じる作中人物の一人となるほかはないのである。にもかかわらず、人は、あたかも記号流通の階層的秩序が存在し、自分がその中心に、上層部に、もっとも意味の濃密な地帯に位置しているかのごとく錯覚しつづけている。近代、あるいは現代と呼ばれる同時代的な一時期における自我、もしくは主体とは、この錯覚に与えられたとりあえずの名前にすぎない。まさしくとりあえずにすぎないものが演じうる特権的な歴史性。自我でも、主体でも、またご希望とあれば「私」でもかまうまいが、その錯覚の大がかりな共有が、説話論的な磁場の自己塑性と同時的でしかありえなかったという歴史性。それを、知と物語との相互保証という同時代的な現象を介して明らかにしてみなければならない。

　知と物語とが同じ資格で連繋しあうこと。それはたとえば、蒸気機関車の発明とか、写真機の出現とか、普通選挙の実施とか、革命思想、植民地政策、帝国主義といった諸現象と同様に、歴史的な物語の一挿話にほかならず、断じて自然な現象なのではない。にもかかわらず、われわれは、説話論的な磁場の生成だけがあたかも自然現象であるかにみなされる世界に暮している。もっとも、その無自覚なさまを、たとえば「イデオロギー」と呼ぶことで覚醒させようとした試みがなかったわけではない。しかし、説話論的な磁場にあっては、この概念すらがたちどころに自然化されて、過剰なるものの隆起として人を戸惑わせる力を失ってしまう。それはおそらく、同時代にふさわしい戦略性がそこに欠落していたからだろう。そこで自然化にさからう戦略を模索してみなければならない。模索するといっても、可能でありうるはずの手段の輪郭を抽象空間に浮きあがらせるのではなく、説話論的な磁場の生成と同時的に実践され、今日もなお反復されている失望という記号の生産に加担しえた無謀な企てが現実に蒙っただろう困難なり不幸なりを、自分自身の歴史性としてうけとめることから始めてみたい。そのため、倒錯性を積極的にうけいれることにする。歴史と呼ばれる物語にさからうのではなく、ともかくも、歴史の説話論的な分節作用をうけいれ、その装置をこの上ない円滑さで作動させることに貢献するふりぐらいは装わねばならぬ。もちろんこの姿勢は、とりあえずのものにすぎないが故に、徹底して遊戯的である。だが、この遊戯は、この上ない真剣さで演じ通されねばならない。とりあえずの遊戯であることをやめる瞬間、人はきまって物語に快く身をまかしてしまうからだ。この誘惑のもっとも近くにまで侵入し、あたかもそれに屈したかのように振舞いながら、あくまでとりあえずとつぶやきつづけることにしよう。それがどれほど残酷な体験であるかは、あの無謀な辞典編纂者が身をもって示しえたものだ。

現代的な言説

語ることが知っていることに従属するのをやめてしまった時＝空に形成される説話論的な磁場、その表層に不断に綴りあげられては解きほぐされてゆく物語の群を、とりあえず、現代的な言説と呼ぶことにする。もっとも、それを現代的と呼ぶことで、現代的ならざる言説のすべてから特権的に孤立せしめ、たとえば前近代的な言説に対して優位にたつものとして顕揚しようとする意図はいささかもない。とりあえず現代的な言説と呼んでおいたものが、それ以前の言説と、説話論的な構造において異なっているという点のみを、まず主張したいだけのはなしである。それを近代的なと名づけようと同時代的なと呼ぼうと事態にさしたる変化は生じない。問題は、われわれの言動が不可避的にそこへと引きつけられてゆく説話論的な磁場には、現代的な言説の生成と消滅とを操作する体系がまぎれもなく存在しているという事実である。その体系の機能ぶりが、それ以前とは明らかに違った言説を構成しているというごくありきたりな事実を、語ろうとしているだけのことなのだ。

もちろん、物語が特権的な知に従属することで形成されていた時代の言説の担い手たちが、ことごとく真実の所有者だったわけではない。また、現代的な言説の担い手たちのすべてが、あらゆる知を自分の側に凝集させたというのでもない。ただ、語ることと知ることとが新たな関係をとり結ぶことになったことだけは確実なのである。あるいは、知と呼ばれるものの説話論的な機能に変化が生じたのだとすることもできるかもしれない。誰もがいつのまにか知ってしまっており、ある一語を耳にするがはやいか、その定義を鸚鵡がえしに口にしてしまうような語彙のみからなりたっている辞典。そうしたものとして構想された『紋切型辞典』は、おそらく、その現代的な言説の構造と機能とを、積極的にではないにしても、消極的に、つまりは負の陥没点のようなものとして明らかにしてくれるだろう。消極的にという留保は決して無償のものではない。というのも、無謀な編纂者フローベールが刊行を夢みた『紋切型辞典』の積極的な役割に関してなら、すでに多くのことがいわれてしまっているからである。紋切型とは、あらゆる人が口にする陳腐な常套句にほかならず、ブルジョワジーとは、誰もが同じことしか語ろうとはしない退屈きわまる連中である。その退屈なブルジョワどもの創意の欠如ぶりをあからさまにあばきたてることで、フローベールは同時代の支配階級への憎悪を表明した、という解釈が一般に流布されているのである。だが、こうした視点は、暗黙のうちに編纂者フローベールをあまねく行きわたった愚劣さから救い、彼のみは他人が口にするのとは異なる言葉を語りうる作家だとしてその独創性を容認し、同時に、救われたフローベールとともに自分自身もまたブルジョワジーの退屈さからまぬがれようと意図する特権性を前提としている。すでに述べたように、この前提そのものが、『紋切型辞典』に新たな項目をつけ加えることに貢献してしまうのだ。つまり、フローベールと聞くがはやいか、人は、鸚鵡がえしに、ブルジョワ憎悪と口にすることになるのである。その意味で、『紋切型辞典』の積極的な側面を強調しようとする者は、必然的に『紋切型辞典』の物語に閉じこめられてしまう。このように、編纂者自身の手で刊行されることがなかったとはいえ、その項目は無限に増殖しうるという奇妙な辞典がここで問題となっているのだ。あたかも著者が人類そのもので、ページをめぐるごとに、人類が人類自身をそこに再確認しうるような辞典とは、まさにそうしたものなのである。だから、『紋切型辞典』とは、決して同時代の支配階級の言動の愚かさを嘲笑するための書物と考えられてはならず、その存在に対してはあくまで曖昧で消極的な姿勢をとらざるをえないだろう。

すでに指摘したごとく、非＝生産的な生産物としてあるこの倒錯的な書物は、その積極的な意味に言及しようとする身振りを、存在の条件そのものとして禁じている。こうした無＝意味の実践の意味をあえて語ろうとすると、そこには失望の記号しか生産されえないのである。おそらく、非＝生産的な生産という無＝意味の戯れによってかろうじてその言説の構造と機能とが明らかにされることになるような時代、それがここでとりあえず現代的と呼んでおいた時代の定義だといえるかもしれない。ごく図式的に断言してしまうなら、それは、幸福なる少数者のみを期待しつつ言葉を綴ることさえ不可能になった時代といえるかもしれない。あるいはまた、幸福なる少数者を自任する者たちの群が、自分たちこそ多数者であることに無自覚なまま、『紋切型辞典』はブルジョワ批判の書物だと口をそろえてつぶやくような時代こそが現代なのだとしてもよい。

では、そうした時代はいつ、どんなふうに始まったのか。事態はきわめて曖昧である。というより始まりを積極的に語ることの困難さが、この時代の言説の特徴なのかもしれぬ。もっとも、スタンダールとフローベールをへだてる七月王政期から第二共和政にかけてのほぼ二十年が、現代的な言説の形成を準備したといった程度のことは口にしてもよかろう。あるいは、フローベールの書翰に『紋切型辞典』の着想がはじめて姿を見せる一八五二年をとりあえずひとつの目安としてみてもかまうまい。一八五二年といえば、マルクスがルイ＝ナポレオンのブリュメール十八日と名づけた政治的な事件が、反復的な笑劇として演じられた直後のことである。二月革命によって立憲王政を倒したフランスが、妥協の上に築きあげたものだとはいえ、まがりなりにも総選挙によって成立した共和国を、誰もが知っている名前を持った神話的な人物があっさり帝国へと逆もどりさせてしまった反動期という歴史的な文脈と、現代的な言説の成立はまったく無縁でもないだろう。しかし、そこに直接的な影響関係を認めることも無駄である。第二帝政の確立が現代的な言説を必然的に導きだしたとはいえないからだ。あるいは、ルイ＝ナポレオンによる独裁政権の成立そのものが、現代的な言説を操作する説話論的な磁場なくしてはありえなかったとすることもできようが、いまはそうした問題をあえて曖昧なまま放置し、この日付をとりあえずの着目点として話を続けることにしよう。現代的な言説が、たかだかヨーロッパの一地方にすぎないフランスで確かな姿をとるにいたったのはいささか妙だと問われれば、それにも、さしあたってはごく消極的にひとまずそう信ずるふりを装うことにしようとのみ答えて、さきに進むことにする。ただし、そこで起ったことがらが、人類史における現代的な言説の正統的な起源なのではないと指摘することだけは忘れずにおきたい。それはあくまで積極的な意味を持つことのない消極的な風土にすぎず、何ものかがそれを必然化したとする視点から眺めるより、ふと捏造されてしまった出鱈目な環境だと把握しておいた方が、より具体的な体験たりうるもののように思われるからである。そしてその捏造された風土を、これといった正当な理由も欠いたまま如実に触知しうるような事件が、時＝空を超えていまなお起っていると考えることにしよう。そうでないかぎり、人は、現代的な言説そのものによって現代的な言説の成立を語るという貧しさに自足するほかはないだろう。現代的な言説の中にいながら現代的な言説とは何かと語ること、それこそまさに『紋切型辞典』を支える身振りの無自覚な反復にほかなるまい。『紋切型辞典』の唯一の主題は、人がいかにして現代的な言説から自由になるかということである。そしてその試みが、現代的な言説の批判といったものによっては達成しえないだろうという点こそ、『紋切型辞典』の著者があらかじめ口にすることをみずからに禁じた結論なのである。

編纂者の消滅

ところで、『紋切型辞典』という書物は存在しない。それは何も、この辞典の編纂を夢みた男がみずからの手で刊行する以前に死ななければならず、文学とも言語学とも縁のなかったその姪によって印刷されたものにすぎないからというすでに述べた事情からしてそうなのではない。たしかにいま巷間に出まわっており、日本語にまで翻訳されているこの書物の原稿から校正刷りを、著者自身が点検することができなかったが故に、辞典としてはどこかしらいかがわしいという理由もないではない。現在読むことのできる版が、編纂者の意向を正確に反映しているかどうかをわれわれが知りえないのは事実なのである。だが、あらゆる死後刊行物にありがちなこうした正当性の欠如という点にもまして、この辞典が、そもそも読まれることを目的として編まれたものかどうかが明らかではないという理由が存在する。では、読まれることのない辞典というものは想像しうるだろうか。

すでに記したように、編纂者の一八五二年の書翰には「ひとたびこれを読んでしまうや、ここにある文句を自分もうっかり洩らしてしまいはせぬかと恐ろしくなり、誰ももう口がきけなくなる」ような項目を網羅するというのがその辞典だと述べられていたのだから、その段階においては、明らかに読まれることを目的としたものだったとはいえるだろう。だが、それから編纂者に死が訪れる一八八〇年にいたる三十年近い歳月をとおして、当初の着想がそのままのかたちで維持されていたという保証はどこにもない。事実「それだけでまるまる一冊の書物になろう」というその序文と思われるものは編纂者の遺稿の中には見当らず、大筋においてほぼ同じものと見なしうるが、項目や定義の部分にかなりの異同が見られる三種類の草稿が、フローベールの死によって中断された未完の遺作小説『ブヴァールとペキュシェ』執筆のための資料の中から発見されたというにすぎない。そして、発見された構想ノート類や書翰からの傍証によって、こんにちでは、『紋切型辞典』が一冊の独立した書物としてではなく、遺作長篇の第二部を構成するというのが、編纂者の最終的な意図であったことはほぼ明らかではなかろうかと思われている。そのことによって、倒錯的な辞典とこれまで呼んでおいたものは、改めて、一冊の辞典を含む長篇小説というさらに奇妙な着想の中に拡散することになる。では、三つの草稿の項目を合計すると千項目近くにもなる語彙の定義を持った辞典を構造的に内蔵する小説とはどんなものか。

小説を読むために辞典が必要だというならわかるが、辞典そのものが小説の細部をかたちづくるというのは、いったいどういうことなのか。おそらくそこにも、知と解読との関係を畸型化せざるをえないような倒錯的な力が働いているとみなければなるまいが、『ブヴァールとペキュシェ』の常軌を逸した構造そのものを論じるのがここでの主題ではないので、いまはさしあたり、誰もがその気になりさえすれば翻訳を読むことのできるフローベールの遺作長篇に、一冊の辞典がまるまる含まれてしまうという必然性を、ごく簡単に説明するにとどめよう。

草稿の段階ではしばしば『二人の蟄居坐業者の物語』だの『二人の書記』だのといったとりあえずの題名で語られているこの長篇小説は、パリの役所で書記勤めをしている二人の初老の独身者が、ふとしたきっかけで知り合い、その一方に遺産がころがりこんだことから田舎に引きこもる挿話をもって始まる。ブヴァールとペキュシェの二人は、田園生活の単調さから手を出した農業や園芸が失敗に終った理由を「わしらに化学の知識がないせいだ」と確信して、あらゆる書物をとりよせて化学を学びはじめるのだが、そのつど彼らに訪れる思いもかけぬ失敗に導かれ、自然科学の各分野から歴史、文学、政治学、哲学などのあらゆる学問領域を踏査することになる。もちろんそれは、「彼らの手中にあったすべてのものが崩れ落ちてゆく」という無知の勝利によって終る、悲痛にして滑稽な知のオデュッセイアのごとき外観を呈している。だとするならそれは、まさに紋切型辞典的な安易さでしばしば口にされるように、二人に方法が欠けていたが故に起る愚鈍さの悲劇といったものになるのであろうか。だが、それは無知からくる単なる思い違いがもたらす悲劇ではないとミシェル・フーコーはいう。

二人が思い違いをしていたのであれば、その失敗には法則があったろうし、しかるべき条件のもとでなら、成功することだってありえたかもしれぬ。ところが二人には、何をやってみようと、知識があろうとなかろうと、規則を適用したかしないかにかかわらず、参照文献がよかろうがわるかろうが、きまって失敗が訪れる。何かを目論むと、何もかもが起ってしまうのだ。錯誤はいうに及ばず、火事が、酷寒が、まわりの人間の愚行や意地悪が、犬の怒りが到来するのである。これは誤っていたといったものではない。途方もなくずれているのだ。誤りに陥るとは、ある原因を別の原因ととり違えることである。それは、偶発事を予測しえず、実体を認識しちがえ、必然的なるものを偶発性と混同することである。ずれてしまうこと。何ごとによらずずれていること。それはまったく別のはなしだ。カテゴリーの枠組をそっくりとり逃すことである。

つまり、カテゴリー的な思考とは徹底的に喰い違って生きるほかはない二人の独身者のあり方が、適当に正しかったり間違ったりもする連中に対して悲壮なまでの偉大さとして佇立してしまう点にこの遺作長篇の主題があるのだとフーコーはいうわけだが、ときに方法を欠いた愚かさへの批判だなどと理解されたりもする『ブヴァールとペキュシェ』に対するフーコーの姿勢に、われわれは全面的に同意する。これは、文字通りの逸脱の物語なのだ。知と解読の関係の安定が保証するのは凡庸な世界にすぎず、その凡庸さを愚鈍の残酷さが狂暴に揺るがせる。だが、この種の動揺は、決して積極的に勝利することのない動揺なのだ。ひたすら偏心し、逸脱し、拡散することしか知らぬ運動だからである。しかもその運動は、正しさと誤りとが保証する解読の世界を超えて、意味を生産することのない引用という非＝知の身振りにまで行きつく。彼らはもはや解読によって世界の構図を安定させるのではなく、目に触れるもののすべてを、もっぱら書き写すことになるだろう。それが、晩年のフローベールによって『ブヴァールとペキュシェ』の第二巻と名づけられた部分にほかならず、「ほとんど引用文だけからなる」というその第二巻の一要素として、

『紋切型辞典』が小説の中に含まれることになるのだ。

この第二巻は、ほぼ十部のなかば近くまで書きあげられている現存の『ブヴァールとペキュシェ』の第十一部に相当するものであることが、残された構想ノートによって知られている。とするなら、『紋切型辞典』は、直接読まれるものとして読者にゆだねられる以前に、作中人物によって筆写さるべき対象だということになる。知と解読との安定した関係から逸脱するほかはない二人のもと書記は、かくして、すでに誰かが口にした文句ばかりを改めて書き写すという非＝生産的な言葉の運動に埋没することになるだろう。『紋切型辞典』とは、二人の独身者が筆写すべき既存の言葉の、ほんの一部でしかないわけだ。その部分の構想ノートを引用しよう。

> 彼らは、たまたま手に入ったすべてのものを写した……以前に読んだ書物の抜萃――隣の製紙工場から目方で買い込んだ反古紙の上に。
>
> しかし彼らはやがて分類を行なう必要を覚えた……そこでこんどは大判の商店用帳簿の上に〔分類して〕写しなおす。写しなおす物理的行為自体のうちに見出される快感。

ここに、筆写が二度介在していることに注目しよう。書記たちは、すでに書き写されていた自分の言葉ではない言葉を、改めて書き写すのだ。次に、彼らがその必要を感じとったという分類法が、いわゆる知の体系とはいかなる関係もないことを示そう。

各種文体――農業的、医学的、神学的、古典的、ロマン的、煩雑文体の標本。
比較対照句集――民衆の、国王の罪――宗教の功、宗教の罪。
美挙・名句。世界各国の美挙・名句史を書くこと。
紋切型辞典。当世風思想一覧。
マレスコ公証人役場の見習書記の原稿――詩的断片。

『紋切型辞典』が、こうして分類された言葉の中での相対的に長いものにすぎず、それ自体が独立した書物でないことは一目瞭然だろう。『ブヴァールとペキュシェ』という虚構の内部で一定の説話論的な機能を演ずることで、フローベールその人ももはや編纂者たる資格を失い、いままさに筆写され分類されつつある引用文の群の匿名性の中へと埋没するほかはないのである。だから、『紋切型辞典』をフローベールが編纂した書物として読む権利を、読者は説話論的に喪失せざるをえないわけだ。

では『ブヴァールとペキュシェ』はどのようにして終るものと想定されていたのか。結末の部分をめぐる構想ノートによれば、二人の独身者が、彼ら自身をめぐって交わされる他人たちの言葉、つまりはブヴァールとペキュシェを主たる話題として口にされる物語そものを筆写するところでこの長篇が終ることになっている。ひたすら偏心し、逸脱し、拡散することしか知らぬ非＝カテゴリー的な存在が演じたてる愚鈍の残酷さに怖れをなした村人たちの幾人かが、彼らを危険分子と見なすべきか否かで真剣に思い悩む。事実、フローベールの死によって中断された直前の部分で、彼らの行動は「共産主義や不道徳に向かう傾向がある」と周囲の人びとから疑われてさえいる。そこで二人は、新聞と、知事と、議会と、皇帝陛下とにあてて意見書や請願書を送りつける。もちろん、彼らは徹底して黙殺される。ところがある日、工場から目方で買った反古紙のなかに、自分たちをどう処置すべきかをめぐる村の医師がしたためた県知事あての手紙を発見する。それは、二人が「危険な狂人」であるかどうかについての知事からの問い合わせに対する「親展」の返事であり、そこには、「両人のすべての行動と思想とを要約」した上で、結局は「無害な愚者にすぎない」と断定された報告書が認められる。つまりブヴァールとペキュシェとは、自分たちがこれまでどのような物語の中に生きて来たのかを、他者によって綴られた手紙の中に改めて読むことになるわけだ。草稿に読まれるのは、次のような文章である。

「この手紙をどうしよう？」

「へたの考え休むに似たりだ！　写そう！」

かくて両人の写し原稿は黒々と字に埋まり、《記念碑》はここに完成せざるをえない

——すべて、善と悪、美と醜、無意味と有意義とは同じものであり、真実なものといっても仮象でしかないのである。

善良なる御両人が写字机の上に身をかがめて写しを取っている光景で小説は終る。

この筆写によって実現されるものが、善と悪とを距てるものといったさまざまな境界線の消滅である点に注目しよう。その究極の姿として、自分自身と他人との対立関係そのものが崩壊するのである。彼らを話題として書き綴られた文章を発見しながら、ブヴァールとペキュシェの二人は、その知に基づいて彼ら自身の物語を改めて書きはじめたりはせず、ひたすらその言葉を忠実に筆写することで手紙の執筆者である医師と、その手紙の主題となっている彼ら自身とをともに匿名化してしまうのだ。ブヴァールとペキュシェの物語が、ブヴァールとペキュシェによって、一字一句たがわずにそっくり引用される。そしてそこで書き写されてゆく物語は、ブヴァールとペキュシェを主人公として持つ虚構の長篇小説『ブヴァールとペキュシェ』の筋をそのまま要約した一作中人物の書翰なのである。「それは、読者にとって、この小説の批評となるべきものだ」と構想ノートに記されているのを目にするまでもなく、作家の死によって中断されることがなかったなら、『ブヴァールとペキュシェ』は、二人の善良な独身者によるひたすらな筆写で嵩を増してゆく引用の群が、ついに、創造と批評という文学における二領域を距てていた境界線をも崩壊させたに違いないことに人は気づく。『紋切型辞典』が存在しえないというのは、こうした意味においてである。この辞典が説話論的な機能を演じつつある小説的虚構の構造からして、フローベールはその編纂者たる資格を欠いているのだ。二人の善良な独身者すらがその編纂者ではない。彼らはただ書き写し分類するだけなのだから、『紋切型辞典』が所属するのは、もっぱら匿名の言葉の海というか、書かれ語られたものとしての世界そのものなのである。

Ⅲ　芸術、そして芸術家

制度化する芸術

『紋切型辞典』とは、刊行を夢みられながらもついに刊行されなかった遺著の一冊ではなく、あらかじめ所属すべき世界を奪われたままあたりを漂っている引用文の群にすぎない。それ故、任意の項目とその定義とを分析しながら、そこに作家の思想なり世界観なりを抽出しようなどと試みてはなるまい。気の利いた反語的アフォリズムでもなければ、批判的な箴言集ですらないのだから、そこに人が見出すものは、世界そのものの容貌にも似た退屈さだけだ。

たとえば「芸術」Arts の項目を見てみるとどうか。

芸術 まったくもって無駄である――それよりみごとに、また迅速にやってのける機械がこれにとってかわったのだから。

もっとも早い時期に書かれたと見なされる原稿のこの定義は鉛筆で消され、いま一つの原稿に、次のようなかたちでふたたび姿を見せている。

芸術 施療院へ通じる道。機械のほうがずっと手際よく、迅速にやってくれるのに、今さら何の役に立つ?

この後に、鉛筆でこうつけ加えられている。

美術。
ナポレオンⅢ世の逸話。セシャンが委員長だった委員会。
美術と工芸。

綿密に読みくらべてみるまでもなく、この二つの原稿の「芸術」の定義に共通しているのは、産業革命期に特有の機械信仰とからみあったかたちで口にされる芸術の無益性の強調である。何の役にも立たない芸術などにかかずらわったりすると、やがて貧窮に陥り、家族からも見放されて、身寄りのないものだけが収容される慈善病院で死ぬほかはない。生きのびたいというのであれば、せいぜい産業の発達と歩調をあわせ、科学技術の進展に身をまかせるべきである。「手際よく、迅速にやってのける」機械に言及されていることが、たとえば絵画における肖像画に対する写真術の優位を予想させるように、そこには、ある歴史的な一時期に支配的だった「芸術」のイメージが語られている。ここで歴史的なというのは、『ブヴァールとペキュシェ』の背景となるフランスの政治的＝社会的な情勢というほどの意味であり、具体的には二月革命による第二共和政を間にはさんだ七月王政の末期と第二帝政の初期、つまりは一八五〇年の前後二十年ほどと考えておけばよい。原稿に書きそえられた鉛筆による註釈、ナポレオンⅢ世云々は、別の原稿に見られる次のような断片によってその意味が明瞭となるだろう。

一八五二年か五三年ごろ（当時の新聞類を見ること）、セシャンが中心となっている装飾家たちの代表に「皇帝陛下が美術と工芸との間にどんな違いがあるか」をたずねる。

ここで「工芸」と訳しておいたのは産業的芸術の一語であり、折から万国博覧会の開催を準備しつつある国家の元首にしてみれば、その言葉によって示されるものといわゆる美術との違いを知りたく思うのもごく当然のこととしなければならぬだろう。たとえば、織維工業の発達によってもたらされるあの美しい布地は、どうして芸術ではないのか。顔料や窯の技術的改良によって量産される陶器や磁器は、なぜ芸術とは呼ばれないのか。あるいは、徐々に表情を変えはじめる首都の街角や広場を飾る建築物や彫像はどうなのか。さらには、オペラよりもみんなに親しまれるオペレッタは、どうなのか。ジャーナリズムの発達と、普通教育の普及にともなう読者層の拡大が支える新聞の連載小説などは、どう考えればよいのか。おそらく、肖像画と写真との間に存在しうる関係とほぼ同様の問いが、さまざまなかたちで口にされうるはずである。フランスにおけるはじめての普通選挙にもとづく立憲議会が制定した共和国憲法に従い、国民投票によって選出された最初の大統領ルイ＝ナポレオン・ボナパルトは、「芸術」の定義そのものが揺らぎはじめた時代に政権についたことで記憶さるべき人物なのだ。

「芸術」の定義が蒙る動揺は、二つの側面において進行する。一方では、それを享受する層の飛躍的な増大という現象があり、また他方、増大した享受者たちの趣味に見合った芸術品の質的な低下、及び量産の可能性という事態がある。いってみれば、それまで芸術と思われていたものに酷似した芸術まがいの生産物があたりに氾濫し、軽薄な複製のごとき類似品の群によって、本物の姿が見きわめがたくなってしまったのだ。事実、オペレッタの方がオペラより気軽に楽しめるし、文豪の手になる本格的な小説よりも新聞の連載小説の方がはるかにわかりやすいに違いない。肖像画より肖像写真の方がモデルによく似ているということもあるだろう。ナポレオンⅢ世の挿話は、こうして芸術が大衆化する時代の感性を素直に表現しているとさえいえるかもしれない。唯一の本物によって保証されていた美術作品とその模造品とがこれほど類似しているとするなら、芸術と芸術ならざるものの境界線はいったいどこに引いたらいいのか。

ここで重要なのは、本物よりもそれに酷似した模造品が大量に生産され消費されてゆくという文化的な状況のもとで、その定義にとどまらずあり方そのものまでが曖昧になってゆく「芸術」を、社会全般があからさまに無視し、それについて語ることをやめたわけではなく、かえって、かつてないほどの饒舌さで、誰もがこの語彙を口にしていたという点である。初期の産業社会が可能にした複製技術と大衆化現象とを介して、「芸術」ははじめて普遍的な話題となったのである。「芸術」の定義に自足しきっていた時代ではなく、模造品の氾濫による定義の動揺が起ったときに、「芸術」は芸術の物語を持つに至ったのだといってもよい。それ故、『紋切型辞典』に読まれる「まったくもって無駄である」「今さら何の役に立つ?」といった語句から、すぐさま芸術の無益性という概念を読みとり、興隆期の市民社会に支配的だった芸術軽視の風潮に対する編纂者の苛立ちをさぐりあてたりしてはならない。かりに編纂者の側に苛立ちがあるとするなら、それは、あまりに芸術が話題になりすぎるという現象に対してである。本来の意味での芸術とは無縁の生活をいとなんでいる連中までがこの語彙をたやすく口にし、誰に頼まれたわけでもないのにその未来の姿を語ってみせたりする説話論的な磁場の成立こそがここでの真の問題なのだ。芸術は、国家的英雄ナポレオンの甥が二度目の帝国を築きあげようとしていた時期に、はじめて国民的な関心の的になったのである。とりわけ芸術的な感性の持ち主とも思われない両親が、音楽教師をやとって息子や娘にピアノを習わせる。かと思うと、高名な彫刻家に頼んで死んだ家族の胸像を作らせるといった風潮も、この時代に定着したのだといってよい。だから、芸術は軽蔑の対象となったのでもなければ、ましてや忘れられたのでもない。それどころか、いたるところで話題とされ、農業や商業、あるいは産業とともに、国家的な振興の対象とさえなったのである。「機械のほうがずっと手際よく、迅速にやってくれるのに、今さら何の役に立つ？」という『紋切型辞典』の一句は、産業と手を結ぶことによってこそ芸術の振興は可能なのだという思考の反語的表現と理解されねばならない。美術と工芸、すなわち産業的芸術との差異を問いただすナポレオンⅢ世の挿話は、その事実を雄弁に語っている。

たとえばフローベールが一八五六年に発表した『ボヴァリー夫人』の第二部に、名高い農業共進会の場面というのが存在する。農業の振興政策の一環として一八三四年に制度化

された この年中行事を描写するにあたり、作者は一八五二年の春さきに現実の農業共進会を見物に出かけているわけだが、問題はこの小説そのものでもなく、またこの部分の文学的な意味でもない。物語の筋からすれば七月王政の末期に位置づけられはするが、もちろんこの挿話は現実の共進会の忠実な再現としてではなく、一篇の虚構として読まれねばならないだろう。だが、ここで注目したいのは、この制度的な式典を飾るにふさわしい小道具として村役場正面の円柱にはためいている四本の小旗である。その「緑がかった布地に金文字で染め抜かれて」いるのは「商業万歳」、「農業万歳」、「産業万歳」、「芸術万歳」という四つの標語だからである。あたかもこの公式の標語に盛りこまれた精神を反映するかのように、来賓の参事官リューヴァン氏は、「国民をしてよく戦争と平和を、工業、商業、農業、芸術を尊重せしめたもう」国王陛下への讃辞を、ありとあらゆる大袈裟で内容空疎な修辞学を傾けつつくりひろげることになる。しかも二日後のさる地方紙に掲載されたこの日の式典の報告記事には、国王陛下や農業はいうにおよばず、「麗しき姉妹たるかの産業と美術とに」乾盃がささげられたとさえ記されているのだから、この農業振興を目的とした行事に、芸術はおどろくべき頻度で登場しているわけだ。しかも、小旗に染めぬかれた金文字、来賓の祝辞中の一句、新聞記事といった具合に、感情を排した公式の言辞の中で、儀式的な修辞にふさわしい観念連想として、たえず農業や商業、あるいは産業などと結びついて用いられているのである。とりわけ、「麗しき姉妹」として産業と美術とが同じ一つの乾盃を誘っているという点が肝腎である。これは、産業と手を握ることによって芸術は始めてその未来を約束されるだろうという『紋切型辞典』の定義とほぼ同じ主旨の表現といってよい。そうすることで、芸術の振興は可能となるだろう。しかも、そのように口にするのは、芸術とは縁もゆかりもない農業共進会の主催者であり、来賓の参事官であり、新聞記事の執筆者なのである。もちろん、そうした視点が正しいか否かを問うことが問題なのではない。そのとき、芸術が、そうある必然性もないまま、物語の主題となってしまうという点が注目さるべきなのだ。農業共進会の主賓である参事官は、国王陛下の政治的手腕を讃美するにあたって、芸術の一語を口にすべき理由は何ひとつ持ってはいない。にもかかわらず、彼は、ごく当然であるかのようにその言葉を祝辞の中にまぎれこませている。芸術は、農業がそうであるように振興の対象とされねばならない。そうした善意の確信が希薄に共有されてゆくとき、その現象を、われわれは芸術の制度化と呼ぶ。いうまでもなかろうが、制度化された芸術とは、言葉の領域でのみ語られうる徹底した虚構にすぎない。虚構の一語は、神話とも幻想とも置きかえられようが、そう呼ぶことがいささかはばかられるのは、そこに形成される言葉が本物の芸術はいうに及ばず、その希薄な複製品とさえいっさい無縁なものであるにもかかわらず、また実体としてはいささかも人目に触れることのない抽象性にもかかわらず、きわめて具体的に存在を拘束する機械として作動してしまうからだ。芸術が制度化されるとき、その虚構を支える言葉は、明らかに芸術を語るべき対象として持ちながら、あたかもそれが人類の未来に必要不可欠なものであるかに話題にすることを各人に強要するばかりではなく、語る主体そのものを、それぞれの説話論的な役割に従って分節化し、語られているはずの芸術とは関係のないいま一つの芸術の物語のしかるべき一点に位置づけてしまう。制度とは、語りつつある自分を確認する擬似主体にまやかしの主体の座を提供し、その同じ身振りによってそれと悟られぬままに客体化してしまう説話論的な装置にほかならない。それは、存在はしないが機能する不可視の装置なのである。あるいは、きわめて人称性の高い個体としてあったはずの発話者を、ごく類型的な匿名者に変容させてしまう磁場だとしてもよい。この磁場に織りあげられては解きほぐされてゆく言葉、それがこの章の冒頭で触れておいた現代的な言説なのである。その担い手たちは、知っているから語ろうとする存在ではない。だからといって知らないことを饒舌に語ってみせる香具師のたぐいでもない。知ることも語ることもできるはずの主体を装置に譲りわたし、みずから説話論的な要素として分節化されることをうけいれながら、それを語ることだと錯覚する擬似主体こそが現代的な言説の担い手なのであって、誰もが『紋切型辞典』の編纂者たる潜在的な資格を持つその匿名の複数者たちは、それを意図することもないままに善意の連帯の環をあたり一帯におし拡げてゆく。おそらくはわれわれもまた、その波紋の煽りを蒙りながら思考し、語りつづけているのだろう。

語彙としての「芸術」

では、現代的な言説とは「芸術」の制度化とともに成立したのだろうか。いうまでもなかろうが、それ以前にもこの語彙がまったく口にされなかったわけではない。だがそれは、こうした善意の連帯とは無縁の領域で交換されていたにとどまり、決して国民的な話題となったりはしなかった。というより、そもそも「芸術」とは、それほど長い歴史を持った語彙ではないのである。いまここで、「芸術」と訳された art という単語の意味論的な変遷を十一、二世紀いらいたどりなおすつもりはないが、ラテン語に起源を持つ以上、フランス語の初期的な成立いらい存在してはいたこの語彙が、今日でいう「芸術」の意味を持つにいたったのは十八世紀に入ってからにすぎない。その場合ですら、中世いらいの技倆、翻訳、熟練といった意味との違いをきわだたせるべく複数型に置かれて、芸術諸ジャンルの意味で文学、絵画、音楽、等々を総称する les arts が用いられていた。しかも、芸術を意味する複数型すらが、十九世紀初頭のフランス社会が蒙った制度や生活様式の変化に見合ったかたちで進行した語彙の飛躍的な増大という現象の中で、新たな単数型としての意味を獲得したのだから、『紋切型辞典』の項目として選ばれた「芸術」は、ほとんど生まれたての新語といってもよいものだろう。

七月革命によって成立したルイ＝フィリップの立憲王政下のフランスは、ある意味では怖ろしい言語的な混乱期といってよい。規模においては明治時代のそれにおとっているとはいえ、英語を中心とした外来語の流入をはじめとして、それぞれの社会集団が新たな語彙を捏造すべき必然性に直面する。そもそも、蒸気機関を動力源として客車を牽引するあの途方もない装置を何と呼べばよいのか。また、王は存在するとはいえ議会の役割がより重視されることになった政治体制はどういう名を持つべきか。首府の街という街はいうに及ばず地方にまで拡がって行った商品を直売する店は、商業の発達にふさわしい名前を持つべきだろう。国家の財政を年単位で論ずるにあたり、それを呼ぶ統一的な言葉も必要となろう。いずれにせよ、産業、政治、商業、財政、等々の諸分野で、いまではごくあたり前に使われている言葉の一つひとつについて、新たな呼び方が採用されなければならなかった。蒸気機関車、議会主義、予算といった言葉は英語から、そして商店に関しては、購買意欲をそそるような見てくれのよい商店という言葉が既存の単語の転用として、この時代から流通しはじめたのである。こうした大がかりな語彙の増大は、しかし、あらゆる分野での新語が満遍なく社会に拡がって行ったことを意味しはしない。それには、特権化と排除という二つの相関的な現象が認められるのだ。

特権化とは、特定の単語の異常なまでの流通ぶりである。それによって、フランス社会の流行語という未知の文化現象をうけいれることになる。たとえば商業主義の発達は、たんに特殊性、特質を意味していた単語 specilaité を当店の特選品という流行語に仕立てあげる。特選品を派手に宣伝して得意客を獲得しえない商人たちは、文字通り流行からとり残されるほかはなかったのだが、ある土地の特産品といった意味をも含みつつフランス経済を支えたこの流行語は、ほぼ一八四〇年にその頂点に達する。商業資本は、まさにこの特選品という流行語とともに、その流通にもっとも敏感であった者たちのもとへと集中していったのである。

とうぜんのことながら、この流行語を積極的にとり入れ、商売を繁盛させることしか頭になかった連中への排除の動きが起ってくる。そのとき、特選品の一語は、拝金主義的な傾向に同調する人びとへの軽蔑の対象となる。そして、商業の分野でのこの流行語しか口にしない連中に対する距離を置いた揶揄の表現そのものが、新たな流行となりさえする。したがって、いまや、特選品の一語を積極的に顕揚すべき立場にいる人も、その人びとの流行への軽薄な追従ぶりを冷笑しようとする者も、ともにこの言葉の流通に大きく貢献することになるだろう。流行語としての特選品を不快に思う一群の人びとが、それを誇らしげに口にする者たちに示す拒絶反応そのものがまるまるその流通頻度を高めてしまうという現象、それこそまさに十九世紀が形成するにいたった説話論的な磁場の初期的形態というべきものだろう。この特権化と排除による流行語の定着そのものが、この社会の特選品だとさえいえるかと思う。

だが、流行語という十九世紀フランス社会の特選品は、ただちに現代的な言説を可能にするわけではない。特権化と排除という二重の運動は、それが意図的なものである限りにおいて、流行語をそのまま国家的な話題の域にまで高めはしないからである。特選品は、そのときあくまで商業的な知に従属しており、その知の所有者たちが、いわば一種の専門語としてその言葉を仲間うちで使っていただけなのである。それが商業的な言説の限界を越えそうになったとき、外部にいるものたちが不当な越境に抗う目的で、防禦的な身振りとともに、一過性の流行にすぎぬことを期待しながらその言葉を口にしていたまでである。結局のところ、ほとんどの流行語は、時の推移とともに流行語であることをやめ、たとえば特選品のように普通名詞として定着したり、忘れられたりする。それは、ごく当然のなり行きだというべきだろう。

いまここで問題としてみたいのは、流行語そのものが流行現象であった歴史的な一時期の言説と、現代的な言説との関係である。あらゆる時代に存在する流行語という現象を普遍的に考察してみようというのではなく、社会的な諸制度や生活様式の変化と同調しつつかつてない規模で進行した語彙の増大や、そうした現象の特選品としての流行語が導きだした特権化と排除の二重の運動が、必ずしも経済的な基盤に従ってではなく社会を幾つかの小集団に分割するにいたった歴史的な一時期の言説と、現代的な言説との間にあるのが発展関係なのかそれとも断続であるのかを究明することが、ここでの問題なのである。

語彙の増大、新語の捏造、外来語の急激な侵入によってもたらされる国語の乱れという現象は、もちろん純粋に言語的な事象とは考えられない。それは、しかるべき社会的な事件の反映であろう。だが、そこに流行語の流行という事態が生じるとき、言語的な変化の起源となりえたはずの事件は、改めて言語の領域に回収される。そしてその回収によって、現に進行しつつある社会的な事件そのものが説話論的分節を蒙り、原因と結果の関係はひたすら曖昧化されてゆく。事実、新語の流行という現象は、社会を確実に分割するからである。語られることのない事件というものはありえず、また語られた瞬間に、物語が事件を変容させる。そして事件の説話論的な変容そのものが、社会を変容せしめる事件となるとき、もはや、事件は現実であり物語は虚構だと信じつづけることはできないだろう。そこで、実際に起ったことがらを知っているものだけがそれを物語として語りうる特権の担い手ではないことが明らかになりはじめた歴史的な一時期に、人はたえず同じ言葉を語りつづけていたのか、それとも別の言葉を語りはじめているのかを知ることが問題となるのである。

すでに述べたごとく、流行語という現象は、説話論的な磁場に、特権化と排除という二重の運動を導き入れる。流行語とは、決して誰もが満遍なく口にしたがる言葉ではなく、それが誇らしげに流通している領域に対する反撥の力学によって突出する語彙である。特定の流行語を頻繁に口にする人びとには、しかるべき集団への帰属意識が顕著に存在する。特選品の一語を会話にまぎれこませる者たちは、明らかに一般の商人に対する特権性を弄んでいる。それを、特殊な利害の追求によって一定の社会的な地位を確保しようとする集団とみなし、彼らの言動と一線を画そうとする人びとがいま一方に存在する。つまり、相互に作用しあう排除の運動が目に見えぬ境界線を引いてまわるとき、その境界線は、保守的な嫉妬によって補強されもしようが、たえずあからさまな敵意によって維持されているわけではない。決定的な矛盾を露呈させることのない小葛藤のようなものを煽りたてながらも、最終的にはむしろ同じ利益につらなるものたちの間に偽りの対立を組織してまわるのが、この境界線なのである。

たとえば「議会主義」というイギリス起源の流行語が政治的光景を活気づけるにいたったのは、七月革命に先だつ王政復古期のことだが、ルイ＝フィリップの治下に入ってから、政治家たちは、その党派的な色彩を超えて、まさに彼らが政治的な言説の担い手であるという理由で、集団的な特権化と排除の対象とされるにいたる。議会では、物理学用語の「運動」だの「抵抗」だのがそのまま情勢判断の流行語となり、そんなわけのわからぬ言葉を口にする連中の演説は、まるで「手相見のわけのわからぬおまじないだ」と小説家バルザックを嘆かせる。実際、地方出身議員がかなりの数をしめる下院での討論は、首府の美しいフランス語の使い手たちにとっては野蛮人の言葉としか思えない。議会のみに通用する特殊な語彙を駆使するのみならず、彼らは、公式の席にあってさえ方言を堂々と口にする。とりわけ七月革命直後に大蔵大臣をつとめたストラスブール出身のジャン＝ジョルジュ・ユマンの演説は、ドイツ語系の方言となまりによってほとんど解読不可能な言葉とされ、それが、議会人という特殊な集団を、政治的な主張にかかわりなく、揶揄と軽蔑の対象とすることに大きく貢献したとされているのだが、その挿話は、今日的な意味での職業の典型化を推進したものが、衣服や容貌や出身などにもまして言葉である事実を立証しているといえるだろう。

それぞれの専門分野がしかるべき新語の流通を促すと、それを新聞や雑誌が国家的な規模にまで拡大する。ほとんどの場合、流行語は、それが決して理解不可能だったわけでもないのに、あたかも野蛮人の言葉のようにわけがわからないといった心情的な、あるいは感性的な反応を惹き起す。それを口にせずにおけばそれですむはずの人びとまでが、あたかも自分の領土を犯されでもしたかのような不快感を表明する。たとえば「運動」なり「抵抗」なりは政治家たちの言説に属しており、その限りにおいて小説家の活動を侵害するわけでもないのに、バルザックは言語的環境そのものに畸型化が及んだかのように苦々しい表情を浮かべる。そして文学者のみに限られていたわけではないこうした反応は、言葉を国民の共有の資産とみなし、それをみだりに乱す試みを許されてはならぬ犯罪だとする意識の定着を物語っている。占有されることがあってはならない国家的資産としての言葉という意識にとって、流行語となった新たな言葉は他なるものの理不尽な闖入を意味する。そこで、その単語が難解だという防御的な連帯の環をおし拡げることになるのだが、しかしそれが確かな内実をそなえた言葉であるか否かはともかくとして、「運動」にしろ「抵抗」にしろ、それに触れたとたんに対話が大がかりに停滞して伝達の経路が断ち切られるといった暴力的な記号ではなかろう。流行語である限りにおいて、むしろ記号の流通を円滑ならしめる機能をおびているとさえいえるだろう。それは理解不能でないばかりか、ある種の現象を明らかに指示しているし、またそれ以上に、ある時代の表情を的確に素描してさえいるのだ。

もちろん、あらゆる流行語が積極的に顕揚されるべきだというのではないが、少なくともそれが流行語だというだけの理由からことさら防禦的な姿勢に固執する者たちの言動と同程度には、歴史的な役割を演じているはずである。商業用語として拝金主義の象徴のようにみなされ排除された「特選品」が、その後の生活をさまざまな水準で支える単語となった点を考えあわせてみるなら、それは明らかだろう。なるほどあらゆる流行には、ときとして不快な軽薄さが露呈されているが、その軽薄さそのものを生活とは無縁の頽廃と見なして排除するなら、歴史に注ぐべき視線の抽象化を促進することは目に見えている。われわれは、流行という軽薄な現象を言葉の領域にとりこんだことで始めて可能となった世界に暮している。語ることが知ることへの従属から解放された時＝空に形成される言説は、物理学用語の「運動」だの「抵抗」だのを、政治家たちが軽々しく口にする現実を必須の条件としているのだ。そうした現象を前にして顔を顰めてみせることは、逆に、軽薄さが演ずべき説話論的な機能に対する敗北の表明の一形態というべきかもしれない。すでに敗北が決定的であるが故に、防禦的な排除の身振りしか演じられないのだ。流行語に対する防禦的な排除の運動は、たしかに一つの力学的な葛藤を導入しはするが、しかしその葛藤が決定的な矛盾として砕裂しないのは、流行語と、それに対する不快感の表明とが、ともに社会構造そのものの安定を潜在的に望んでいるからである。というより、特権化と相互排除の二重運動によって現象となる流行語には、社会そのものを物語として虚構化する説話論的な機能が含まれているとすべきかもしれない。流行語そのものが、鏡のように社会を反映するからではなく、それが特権的に煽りたてるかりそめの小葛藤が、社会全域に散在しているはずの複数の矛盾をそっくり隠蔽してしまうが故に、物語が勝利するのである。現代的な言説が、語ることの知からの解放に基づくものであるとするなら、それは、現代にふさわしい物語が、まさに現代そのものを見ることの無意識的な回避を契機として語られてゆくという特徴を持っているからなのだ。

だが、流行語という軽薄な現象を特製品として持つにいたった社会が、語彙の増大と、新語の捏造と、外来語の侵入といった新たな事態によって、それだけで現代的な言説の成立を意味しているわけではない。単語の変化にともなう意味論的な混乱も、物語の構造を決定的に揺るがせたりはしない。流行語そのものは、単語としてとどまる限り、説話論的な持続に変容をもたらしえないからだ。また『紋切型辞典』が、各種流行語の一覧表というわけでもなかったことを想起しよう。この定義集は、『一九世紀パリの新風景』に含まれる「流行語」の章とは異質の機能を帯びているのだ。また、かりに『紋切型辞典』が当世風の語彙の一覧表を目ざすものであったなら、その役割は、たんなる軽薄さを攻撃することに終っていたろう。注目すべきは、この辞典が、軽薄な現象の支配を告発する身振りに自足しうる軽薄さそのものを主題としているという点である。その意味で、とりあえず流行語の時代と規定しうるルイ゠フィリップ治下の言説とは明らかに別の言葉からなっているのだ。特権化と相互排除はいまなお機能しつつあろうが、そのこと自体をも語りうる言説が必然化されているのである。

第二帝政期の言説とルイ゠フィリップ治下の言説との違いをいささか図式的に述べてみるなら、流行語の時代には意識されることのなかった軽薄さが明瞭な意識の対象となった結果、そこから必然的に導きだされてくるある種の鈍重さが、この辞典から爽快さの印象を奪っているといえるかもしれない。この鈍重さに名前を与えるなら、問題の一語が選ばるべきかと思う。あらゆる項目がそうだとは断言しえないが、『紋切型辞典』に採用されたかなりの単語についてみると、それが思わず誰かの口から洩れてしまったのは、それがたんに流行語であったからではなく、思考さるべき切実な課題をかたちづくるものだという暗黙の申し合わせが広く行きわたっていたからである。その単語をそっと会話にまぎれこませることで一群の他者たちとの差異がきわだち、洒落ているだの気が利いているだのといった印象を与えるからではなく、それについて語ることが時代を真摯に生きようとする者の義務であるかのような前提が共有されているから、ほとんど機械的に、その言葉を口にしてしまうのだ。そこには、もはやいかなる特権化も相互排除も認められず、誰もが平等に論ずべき問題だけが、人びとの説話論的な欲望を惹きつけている。問題となっている語彙に下された定義が肯定的なものであれ否定的なものであれ、それを論じることは人類にとって望ましいことだという考えが希薄に連帯されているのである。

そこで、語彙の飛躍的な増大によって特徴づけられる時代の言説が流行語の言説であるとするなら、『紋切型辞典』の時代の言説は問題の言説だというとりあえずの定義が成立する。特選品という流行語によって象徴される特権化と排除の運動が、問題の言説を支える匿名化と平等の運動へと転化するのだといってもよいが、はたして、この二つの運動は置換可能な等価性におさまるものなのか、それとも構造的にそれが不可能であるかを確かめる仕事が残されている。

ところで、いま、流行語の言説から問題の言説へと呼んでおいたものは、一般には、ロマン主義からレアリスムへの移行といったかたちで位置づけられる時代史的な変化とかさなりあうものだといえるかもしれない。特権的な個の意識の覚醒とその社会的な孤立の物語から、匿名的な群への平等な埋没の物語へといった視点のほかに、不安定な昂揚期から挫折感に蔽われた停滞期へ、等々、ほかにいくらも定義しうるだろうこの変動を語ることは、それじたいとして何ら刺激的なところのない主題だというべきだろう。だが、そこで語られていた言葉が同じ構造におさまっていたのか否かという点に関して、人は、かなり曖昧な状態にとどまっている。十九世紀の文化史にとって、ロマン主義からレアリスムへという移行は、社会構造そのものの変化にそったごく自然な変化だと思われつづけているからである。その間の推移を改めて検討するにあたって、流行語の言説から問題の言説へと視点を組みかえる必要があるのは、そこに、あらゆる社会的な変動がきまって引き起すだろう説話論的な磁場の変化とは異質の変化が進行しているように思われるからだ。こんにち、われわれの思考が不可避的にそこへと吸引されてゆく説話装置は、はたして、流行語の言説を解読しうるのか、それともしえないのか。かりにその解読の不可能性にもかかわらず人がロマン主義時代の流行語をなおも口にしうるとするなら、そのとき起っているのは何ごとであるのか。流行語の言説の問題の言説への翻訳が行なわれているのか。それとも、問題の言説の外部に身を置いているのか。こうした点を明らかにすべく、ふたたび「芸術」の一語にたち戻らねばならない。それ自身が一つの流行語にほかならぬ「芸術」は、特権化と排除の運動をあたりに波及させる典型的な語彙にほかならぬからである。

「芸術家」の誕生

流行語としての「芸術」はルイ＝フィリップ治下に生まれた純粋の新語ではないが、そこで一つの意味論的な変化が起ったことが確実だという点にはすでに触れてある。先述の『一九世紀パリの新風景』に含まれる「芸術のための芸術」の章には、シャルル・テグレニの筆で次のように記されている。

> 誰もがその由来をよく心得ている美術という言葉のかわりに、芸術という言葉がまかり通っている。……心境小説だの、人に読まれることもない書物の序文で問題となっているのは、もっぱら芸術なのだ。

『一九世紀フランス語考察』の著者フランシス・ウェが「芸術」、「芸術家」、「芸術的」の三語を「衒学的にして野蛮な(=語法にそぐわない)」単語だと記すのは一八四三年のことだが、その指摘には明らかに特権化と排除とが作用している。使わぬにこしたことはないのに、ことさらその言葉を口走って他人たちとの違いをきわだたせようとする一群の存在が問題になっているからである。その場合の「芸術」とは、具体的な芸術上の一ジャンルというより、興隆期の市民階級に特有の功利主義的な生活様式にさからう、反=社会的な思考と感性のあり方のようなものだ。そうしたものの共有者たちが「芸術家」であり、彼らの特質をきわだたせる側面が「芸術的」ということになる。彼らは、一般の市民たちが前世紀から継承した複数型の「芸術」を排して単数型のそれを選ぶことで、決して未知のものであったのではないこの単語を、形態論的にも意味論的にも新たなものに仕立てあげたわけだ。その際、「芸術」は信奉さるべき抽象的な理想のごときものとなる。それが抽象的だというのは、差異をきわだたせるもろもろの可視的な記号を介してのみ「芸術」が語られ、また語られることによって改めて差異がきわだつという関係が、実体を欠いたかたちで戯れているだけだからである。問題は、彼らはわれわれと同じ領域には暮していないという意識の強調にあり、何が単数型の「芸術」であるかを積極的に定義しうる「芸術家」など誰もいはしなかった。その意味で、「芸術」は生活様式や社会構造の変化を反映しつつ増大した語彙の一つであるにとどまらず、社会的な幻想として成立したということができよう。特権化の方向を目ざすにせよ排斥の対象とされるにせよ、何よりもまず、それは語られることによって肥大するイメージにほかならず、また、語るものを社会的に分割する装置としても機能する幻想的な記号なのである。それじたいが物語の主題でもあり、同時に語るものを分節化する説話論的な機能を演じる記号でもある「芸術」は、それ故、流行語の中でも特権的な点に位置づけられることになる。つまり、社会的な幻想として成立した「芸術」は、説話論的な制度としておのれを条件づけたというわけだ。それが複数型の単語として流通していたかぎりにおいて、「芸術」は、物語の主題とはなりえても、語るものを分節化する説話論的な機能を帯びてはいなかった。ところが、単数型として交換される記号となるや否や、「芸術」はたちどころに幻想的な説話装置へと変貌し、これを主題とする物語のすべてを、類型的に体系化する働きを持つことになるのだ。

その体系化の運動は、まず境界線を引く。差異をきわだたせる力が、世界を二つの異なる領域に分割し、これといった正当な理由もないまま、この境界線を特権化するのである。ほかにいくらも可能な分割の条件の中からこれだけが選択され、あたかも決定的な身振りに操られたものであるかのように、そこで対立する二領域に思考を集中させる。しかも、何ものかがしかるべき意図にもとづいてその分割を統御しているわけではないのに、ごく曖昧に捏造された境界線は揺るぎなく存続する。特権化と排除の運動に従って新語が流行語となるのもそうした境界線を介してである。

幻想的な説話装置として社会的な機能を演じはじめる記号としての「芸術」は、ほぼ一八三〇年ごろから、必ずしも同調するわけではなく、むしろあからさまに対立しあうかにみえる二種類の「芸術家」の群を社会的に生産する。もっとも「芸術」が「芸術家」をつくりだすわけではなく、ここでの因果関係はごく曖昧なものなので、むしろ、その二つの記号が相互刺激によって捏造されたとすべきなのかもしれない。特権化と排除の運動はその両者に等しく認められるが、社会の進化に対する貢献という視点が両者を距てることになる。

一方には、まず、集団からの反＝社会的と呼ぶこともできよう孤立の姿勢によって、幻想としての「芸術」信仰を純化させようとする一群の「芸術家」が存在する。彼らの役割は文字通り「芸術」にのみ奉仕することであり、その理念を彼らは「芸術のための芸術」と呼ぶ。新興ブルジョワジーのさまざまな価値基準に異をとなえることでおのれの存在理由を特権化するこの種の「芸術家」たちは、テオフィール・ゴーチエが一八三五年に『モーパン嬢』の序文としてその流派の宣言文を発表する、いわゆる「芸術至上主義」的な傾向を共有し、文芸雑誌『芸術家』に結集する。これは、同世代的な意識で結ばれあった若者たちで、独特の衣裳と、髪型と、語彙と資質とをあわせ持ち、あえて市民階級との差異をきわだたせながら、金銭的な無頓着という共通の姿勢を誇示する風俗的な存在といってよい。ほんらいが幻想にすぎない「芸術」への信仰が希薄化するにつれ、流行現象としての風俗のみが残され、いわゆるラ・ボエームへと行きつくほかはない連中がそれにあたる。結局のところ、「芸術家」という物語の登場人物として説話論的な機能を演じているにすぎないこの種の反＝社会的な存在は、市民階級の興隆が必然的に生み落す制度的な異分子にすぎない。彼らがきわだたせようとする差異は、捏造された境界線を確信しているが故にあくまで相対的なものにとどまり、そこに流行現象として生ずる葛藤は決して社会を揺るがせるにはいたらない。

歴史的にみて、その最初の大がかりな出現という点でそれなりの興味を惹かぬでもないこの種の「芸術家」が、すでに十九世紀の初頭から存在していた事実を、一八〇八年版の『俗語辞典』が証言している。ジョルジュ・マトレが報告するその辞典の「芸術家」の項目には、「道化師やこの上なくいかがわしい香具師どもが、パリではしばらく前から芸術家を僭称しはじめている」とある。前掲の『一九世紀パリの新風景』にも「芸術家」の章が含まれていて、「今日の専制君主は芸術家の一語だ。正統的に王位を継承した君主といえども、これほどの臣下を従えてはいまい」という慨嘆が筆者フレデリック・ピアの口から洩れている。「特権的な資質の持ち主による例外的なものであるべき芸術は、いまや、誰もが試みるものになってしまった」。それは、青年層をとらえる熱病のようなものだというのである。彼らが何より嫌うのは、職業につき家庭をもって「ブルジョワ化」することだ。だが、いまでは無名のあの連中も、やがて年をとって有名になるともっともらしい生活にもどるだろうと、当時、流行の歓楽街となったイタリア座大通りにたむろするその若者たちにバルザックは皮肉をとばしている。しかし、『ラ・ボエームの王子』に読まれるそうした評価さえがすでに類型的な断定の様相を帯びてしまうほどに「芸術家」の一語は、捏造された境界線をますます強固にするかたちであらゆる領域を自由に行きかう流行語となっていたのだ。とはいえここで見落しえないのは、若いうちは誰だって詩人を夢みるが、彼らとてしかるべき年齢に達すればこんな風変りな生活とは縁を切るに違いなかろうから、その言動にことさら苛立ってみても始まるまいと高を括る姿勢そのものが、この流行現象と同時的に流行したという点でなければなるまい。みんなと同じように貧乏人といえばよいのに、わざわざ「プロレタリア」などと奇妙な単語を口にする鼻もちならぬ新語癖ゆえに、国語としてのフランス語を乱す元兇として「芸術家」たちを攻撃するという感性的な反撥とともに、こうした異分子の存在をめぐる想像可能な反応のすべてが、すでに出そろっているのだ。そして、特権化と排除の運動が煽りたてるいくつもの「芸術家」の物語が、程よい葛藤を演じつつもその徹底した類型性によって社会の安定に貢献するという構図が、この時期にほぼ確立したという点は記憶しておいてよい。いらい、「芸術家」の一語はさまざまな語彙によって置き換えられながらも、この構図そのものは今日まで生き続けている。

ところで、同時代の支配的な風潮からの距たりの意識の風俗化とは異なる水準に、理念的な「芸術家」像がその新たな役割とともに定着する。これは、市民社会の諸価値からの離脱を目ざしつつ無償性の儀式的顕揚に行きつく流行現象と異なり、「芸術家」には社会を先導する予言者的な役割がそなわっているとする視点である。のちに空想的社会主義者として分類されるサン゠シモンの思想に基づくものである以上、第一の「芸術家」と比較すればはるかに由緒正しげにみえはするが、何しろ実現さるべき未来社会における「芸術家」の効用が問われているのだから、ここで「芸術」が占める位置もやはり抽象的というほかはない。熱力学の進歩がもたらした動力革命が進行しつつあるとき、期待さるべき諸産業の発展にふさわしく社会を組織する中心的な理念に「芸術」を据えるサン゠シモンにとって、「芸術家」とは、何よりもまず創意と直観とに恵まれた存在であり、いわば想像力の祝祭を司る新たな聖職者でなければならない。「想像力の人である芸術家は道を切り開いてくれるだろう。人類の未来を宣言してくれるだろう」と彼は書く。

大革命以前に生まれているサン゠シモン伯爵クロード゠アンリ・ド・ルヴロワが死ぬのは一八二五年のことだから、その予言的な著作は七月革命によるルイ゠フィリップの立憲王政の成立よりはるか以前に刊行されていたわけだが、秘密結社的な色彩の強いその教義は、アンファンタンやバザールといった直系の弟子たちの祖述、あるいはその批判的な後継者ともいうべきオーギュスト・コントの『実証哲学講義』などの著作を通して、一八三〇年代に入ってから社会階層のさまざまな部分にまでその影響が浸透してゆくことになる。彼の著作に記述されているのは、現実の社会の具体的な分析ではなく、世襲制によって維持される貴族階級とは異質の産業人を中心に据えた未来社会の理念的な素描にすぎないのだから、その体系にあって「芸術家」が演ずべき指導的な役割もまた、一つの幻想にすぎないだろう。だが、社会組織をその動態において分析する方法などまだ人類の資産にはくみこまれていなかった時代のことだから、サン゠シモンの「芸術家」像が空想的でしかないことは必ずしも彼自身の思考の欠陥を意味しはしない。というよりむしろ、その書物の空想的な抽象性は、「芸術家」に前衛たる機能を認めていることでかえって現実感を帯びていさえするのだ。風俗現象としての「芸術家」たちが社会の歩みそのものから顔をそむけ、「芸術のための芸術」として純化された幻想を信奉しようとしていたその時期に、「芸術家」の側ではなく、社会理論家の側から、創意と直観力の持ち主たちに前衛性が認知されたのだ。彼の周辺にそうした役割を完全にはたしうる「芸術家」たちが現存していたわけでもないのに、サン＝シモンは彼らが発揮しうる特殊な才能に着目しつつ、未来社会の知的＝感性的な司祭として創意と直観に生きる人びとを選びとる。かくして、この予言的な選択にふさわしく、「芸術家」が誕生しなければならない。来るべき産業社会が新たな相続権の固定によって停滞するのを避ける目的で、「芸術家」は、社会を不断の祝祭状態に置き、活性化しつづけねばならない。ちょうど、有機体としての人間存在が、諸器官の総体的な運動によって生きるように、社会もまた、生理学的に活動すべきである。その活動に積極的に加担すべく、「芸術家」たちが求められることになるのだ。

こうしたサン＝シモン的な思考体系が前衛として招集する「芸術家」は、いうまでもなく、語彙としてあらゆる階層で交換されることになるのだが、その事実は、流行語の時代が同時に予言の時代でもあったことを思い起させてくれる。風俗現象として多くの人がそれについて語る特権的な主題が、一人の予言者の口から、やがて登場するだろう作中人物の名前としてつぶやかれる瞬間、人は、もはやその物語から逃れることができなくなる。その物語は、社会の歩みそのものを否認するかたちで離脱してゆく消極的な存在が、また一方では、社会の来るべき姿を予言する前衛であり、積極的な存在でもあると告げているのである。だとするなら、物語の主人公はいずれにせよ救われるわけで、「芸術家」を自称することには、もはやいかなるうしろめたさもないだろう。

こうして「芸術家」は、物語の二重の保護のもとに誕生することになる。あるときは特権化と排除の挿話と快く戯れ、またあるときは空想的な予言性の挿話と誇らしげに戯れながら、彼らはいつまでもその説話論的な磁場を離れる必要を感じない。だから、こんにちにいたるまでこの一群の存在はさまざまに変装しつつ生きのびている。それは彼らがその中で生誕した説話論的な磁場が、いまなお構造的に同じ機能を演じる装置であることをやめていないからなのだろう。それが知識人と呼ばれるにせよ、文化人と呼ばれるにせよ、積極的でありかつ消極的でもあるこうした物語的な役割を根本的に否定する近代社会は、歴史的に存在しなかったのである。立憲王制であれ共和制であれ、「芸術家」は社会的に公認された集団として物語的な環境の内部で生まれ、その説話論的な体系に従って分節化される宿命を担っていたのだから、意識的であろうとなかろうと、彼らの存在は制度的なものだったといわざるをえない。流行語という新たな文化現象をその特選品としてかかえこんだ七月王政下の社会が、同時に予言の時代でもあったという事実は、何よりもまず、「芸術家」たちが、物語への忠実さを条件として生きるものだったことを意味する。だから「芸術家」の物語が「芸術家」を生み落したのであり、その逆なのではない。説話論的な持続にもっともよく自分を同調しえたものだけが、「芸術家」となる資格を持つだろう。そこには、知りえたもののみが語るという説話論的な構造の明らかな変容が認められる。それと同時に、「芸術家」はもはや持って生まれた才能の問題ではなく、集団的な欲望の次元で語られるべき現象となったのだといえる。使命感によって正当化される風俗的現象への模倣の欲望、それを制度が再生産するとき、現代的な言説の担い手としての「芸術家」が困難な誕生をつげることになるだろう。

Ⅳ　流行から問題へ

語ることと真実

現代的な言説の担い手としての「芸術家」は、その存在が予言されていながらも空位のまま残されていた場に自分を位置づけなければならない。それには、長髪を肩になびかせ、頬から顎を髭で蔽い、仲間うちだけで通じる新語を口にしながら市民社会を罵倒するだけ——では充分でない。前衛として社会を先導することが彼らの任務でもあるのだから、誰にも通じる言葉を組織しながら、知と感性の司祭とならなければならない。だからといって、その言葉がそのまま聞きとどけられるほど彼らは雄弁でもなければ才能豊かだったわけでもない。というのも、「芸術家」として生まれなかったが故に、「芸術家」になろうとしているからだ。

「芸術家」たろうとして意識的に存在を組織すること。それには、すでに語られている

「芸術」の物語に自分をなぞらえさえすればよく、「芸術」的な感性を特権的に所有している必要はない。こうした風潮の蔓延は、すでに人が流行語の時代に暮していないことを意味する。特権化と排除の運動が、そうした意志にかかわりなく、存在を「芸術家」と「芸術家」ならざるものとに分割していたのが流行語の時代だったからだ。もちろん、差異をきわだたせようとする動きは強力に作用していたが、そこにかたちづくられる境界線が虚構にすぎないことはすでに述べたとおりである。それはあくまで相対的な距離の意識にすぎず、ほかの連中と違っていさえすればもう充分だったわけだ。しかも奉仕すべき「美」の概念の定義を問い返してみる以前に、風俗としての流行現象が無償性への埋没という姿勢を正当化してくれたのである。それは、物語の内部での無意識的な「芸術家」の誕生と呼んでおいたものにほかならず、予言の時代にこそ可能であった世代的な特権でもあるだろう。だが、予言に呼応し、空位のまま残されていた創意と直観の聖職者に自分をなぞらえようとするとき、事態はさほど自然に推移しはしない。知的＝感性的な前衛たる「芸術家」の必要性は、ことあるごとにくり返された予言によって社会的に認知されている。しかし、その先導者的な役割を演じる「芸術家」はいまだ存在してはいない。流行語と予言の時代は、それ以前の社会に生まれた才能ある「芸術家」たちを持っているが、流行語と予言の時代にふさわしい「芸術家」を生み出すにはいたっていないのだ。流行語を流行語として語り、予言を予言として口にしているだけでは、予言は実現されないからである。では、どうすればよいか。いま必要とされているのは、予言の実現へと向けて言葉を組織することだ。

人は、こうした自覚とともに現代的な言説の領域へと踏みこむ。現代的な言説は、だから定義からして風俗としての流行語を超えるものでなければならない。ただ流行がそれにふさわしく忘れられて行くのを待つだけではなく、新たな水準へと向けて乗りこえられねばならない。語彙の急激な膨張によっていくつもの新語をかかえこんでしまった社会は、その新たな文化現象そのものを、とりわけ特権的な流行語となった「芸術家」たちの先導者的な想像力によって活性化されねばならない。というのも、流行現象は、それがどれほど新鮮な印象を与えようとも、想像力の飛翔を規格化し、変動の契機を社会から奪う機能を帯びているからだ。実際、物語を模倣することでその主題としての「芸術家」を反復する「芸術家」には、予言者たちがその特性として指摘した創意も直観もそなわってはいない。流行語という新たな文化現象とともに始まった七月王政期は、その前期に、豊かな「芸術的」な達成を示したものの、演劇、詩、小説などさまざまな諸ジャンルでフランスの文学的な感性の変容をなしとげたヴィクトル・ユゴーやバルザック、あるいはアルフレッド・ミュッセ、スタンダールといった人びとは、十八世紀から十九世紀初頭に生まれた作家たちで、彼らの才能がこの時期に開花したというだけのことである。そして、一八三〇年からほぼ二十年続くこの立憲王政期の末期になっても、彼らを超える作家はひとりとして生まれてはいない。前衛たる任務が公式に「芸術家」に求められた時に、その要請に応えるべき人材が社会から消滅してしまったのである。流行も予言も、それが生みだしたのは「芸術家」の物語ばかりであって、説話論的な磁場がかたちづくられはしたものの、「芸術家」たろうとする欲望はそこで空転するしかなかった。七月王政末期におけるフランスの「芸術的」活動の減退が、その事実を何よりも雄弁に物語っている。実際、文学的な書物の出版という統計的な数字だけをみても、二月革命直前の一八四七年には、出版点数は五五三〇冊という一八二一年いらいの最低の数字に落ちこんでいる。

だが、こうした現象の中に読むべきは、流行のむなしさと予言の実現の難しさではない。物語の外部に生きるものと、その内部で生きることを余儀なくされたものとの存在の条件の違いにこそ注目されねばならない。七月王政の初期に、いわゆるロマン主義的文学運動の担い手となった小説家や詩人たちのまわりには、模倣すべき流行現象も実現すべき予言もありはしなかった。彼らは才能によって選ばれた者たちであり、それと意図することなく予言者的な資質をもって生まれてしまった者たちなのだ。つまり、社会による「芸術」的な教育を蒙ることなく、才能に導かれて「芸術家」となったにすぎないという意味で、彼らは制度の外部にいる。「芸術」の制度化に貢献しはしたが、説話論的な装置によって捏造されたものではない。つまり、才能の有無にかかわりなく、それが社会的な流行であったが故に、「芸術家」たることを夢みたわけではないのだから、彼らは、ごく自然な説話論的な構造にしたがって、知っていることを語ればよかったのである。それが虚構の散文であれ、幻想的な韻文であれ、異国を舞台とした戯曲であれ、空想的な独断であれ、そこでの物語は構造的に知に従属している。だから、彼らの作品は、ここで問題になっている現代的な言説ではない。題材という点を度外視すると、より現代的な複雑さと繊細さをかねそなえているとはいえ、ヴィクトル・ユゴーの戯曲も、スタンダールのほとんどの小説も、言説としてはそれ以前の世紀に属している。古典主義的な文学理論に対するロマン主義の勝利の象徴のごとく文学史が語っている一八三〇年のユゴーの『エルナニ』は、たしかに詩法の上で古典的な規則を無視しているし、三一致の法則と呼ばれる劇作上の規定に忠実ではなく、またジャンルの混沌という野蛮な振舞いにも及んでいるとはいえ、この五幕韻文劇は、形式の上でも、精神の上でも、一八五二年のアレクサンドル・デュマ・フィスの同時代風俗劇『椿姫』にくらべてみれば、十七世紀に成立したフランス古典劇にはるかに近い。舞台の言説として、一八五二年を一八三〇年から距てる距離が、たとえばピエール・コルネイユの生きた十七世紀の前半と『エルナニ』上演の年とを距てる距離よりもはるかに大きいという事実は、流行語と予言の時代の持つ歴史的な役割の重要さを明瞭に指し示している。みずから予言者的な資質をもって生まれ、その先導者的振舞いが「芸術家」という流行現象に大きく貢献したにもかかわらず、ユゴーの栄光を夢見つつ連帯しまた反撥しあいもした「芸術家」たちの群は、誰ひとりとして『エルナニ』のような戯曲を書きはしなかった。いや、実際にはユゴーに触発された戯曲の習作が無数に書かれはしたが、流行現象としてのロマン派演劇がユゴー自身の作品の興行的な失敗によってほぼ十年で途絶えたこともあり、また、才能の欠如という事実も介在して、その直接の後継者は生まれなかったのである。

しかし、ここで問われるべきは、たんに流行と才能の問題ではない。舞台の言説という点で、ユゴーの語る言葉が流行現象を支える社会の説話論的な磁場と同調しえなかったという点が重要なのだ。ヴィクトル・ユゴーをめぐって語られてゆく物語と、ユゴー自身の語る物語とはまったく別の言説の領域に属していたのである。『エルナニ』は例外的な霊感の語る言葉であり、ユゴーがあたりに煽りたてる言葉はそうではなかったからである。

だがそれは、創造行為とその受容との行き違いという普遍的な関係を意味しはしない。語彙の増大と外国語の侵入、あるいは新語の流行といった新たな文化現象が、「芸術」という幻想的な主題をめぐる説話論的な磁場を社会の全域にまで波及させてからというもの、「芸術家」は霊感によって選ばれた例外的な存在であることをやめてしまった。もちろん、その後も才能ある「芸術家」が出現しないわけではなかったが、彼らにあっての才能は、語られる言葉そのものにではなく、物語が知に従属するが故に自分は特権者として語りうるのだという決して消滅したわけではない確信を揺るがすようになる言語的実践として語りうるものとなったわけで、いずれにせよ、彼らは例外的な傑作によって「芸術家」たることを保証されたのではなく、「芸術家」の物語を模倣することですでにその説話論的な要素となっていたのである。

物語が知に従属するという関係が堅持されている限りにおいて、語ることは選ばれた例外的な少数者の特権である。説話論的な欲望は、才能とともに生まれた少数者のみに訪れるごく自然な現象だったといってよい。劇作家としてのヴィクトル・ユゴーも、小説家としてのバルザックも、こうした例外的な存在であり、あくまで霊感によって語りえた彼らは、言葉の真の意味での現代的な言説の担い手ではないというべきだろう。だが、ここで二つのことがらについて触れておかねばならない。自然なという意味と例外的な少数者という意味とを明らかにしておく必要があると思われるからである。ここで自然なというのは、社会的な言葉の磁場で言説を担う正当性を保証されていないものに、あらかじめ禁じられている発話行為を不当だと断じさせないような葛藤の緩和装置の機能に従って、という程度のことだ。言葉を奪われたものがそのことを自覚することさえなく、したがってあたかもすべてが自然であるかのように進行していたのである。いっぽう、例外的な少数者とは、必ずしも階級的な特権者を意味するものではなく、ある偶然からしかるべき事件に立ち会ってしまったり、何ごとかを発見した場合であろうとまったくかまわない。また、たまたまその証人となった事件が幻想的な体験であったとしても事態にさしたる変化は起きないだろう。

この装われた自然さと例外性とは、語るものをたえず真実の側に置くことになる。語るにあたって選ばれる言葉は、その真実を照らしだす鏡のようなものである。この鏡としての言説が、いつ、どのような契機で成立し、どんなかたちで人びとの思考を捉えるにいたったかを詳述することはさしひかえよう。ここでは、ただ、現代的な言説の成立にさきだつ十七、十八世紀を通じて、フランスの小説家たちがいかにして作品を提示していたかについて、簡単に触れておくことにする。というのも、古典主義時代いらいロマン主義時代まで、文芸の諸ジャンルの中ではギリシャにその型を持つことなく、それ故に定義を欠いた曖昧なジャンルと見なされてきた小説は、公式の美学によってさげすまれしいたげられつつも徐々に読者層を拡大していったわけだが、そのとき小説家たちは、その作品の作者としてより、むしろ物語の発見者、もしくは報告者として自分を位置づけており、その姿勢の中に、形而上学的な言説から科学的な言説までをもとらえている物語の知への従属という現象を認めうるように思うからだ。

たとえば一七三一年に書かれたアベ・プレヴォーの『マノン・レスコー』は、『隠棲せるさる貴族の回想』の一部を占める『騎士デグリューとマノン・レスコーの物語』として読者に示されることになるのだが、その序章ともいうべき部分で、作者は、あるとき偶然の機会から蒼白い顔の青年と出会い、言葉たくみに彼からアメリカ滞在中のできごとを聞きだすことに成功する。

私は読者に申しあげねばならぬのだが、私は彼の話を聞き終るや否やその物語を書きとめたので、したがって、ここに述べられていること以上に正確でかつ忠実なものは何もなかろうと安心していただきたい。……これから彼の物語を読んでいただくが私は最後まで彼の言葉以外のものはさしはさむまいと思っている。

ここでの作者は、その物語の語り手ですらなく、忠実な報告者であるにすぎない。偶然に出会った青年の身に起った現実の体験を、できるかぎり正確に語ることで読者に真実を提供しようとするのが作者の任務である。物語が知に従属するとはこうした現象にほかならず、この時代の小説は、しばしばこれに似たかたちでの知と真実の優位を強調する作者の配慮に従って提示されるという特徴を持つ。ここで十八世紀フランス小説史を復習するつもりはないが、その出版の日付の古さにもかかわらず、いまなお資料としての価値を失っていないS・P・ジョーンズの『一七〇〇年から一七五〇年までのフランスの散文フィクション作品リスト』（一九三九）によると、この時期の散文には回想録の形式による小説が二百篇以上も存在するという。つまり、正真正銘の自伝だという口実のもとに多くの虚構が読者の手にゆだねられていたわけだが、そこでの作者は、納屋の中から一包みの手記が発見されたとか、家族から故人となったある人間の原稿をゆだねられたとかいった理由を執拗にくり返す。いずれにしても、それにいっさい手を加えずに発表するという姿勢が一貫しているのだ。

いうまでもなく、それは装われた姿勢にすぎないわけだが、書翰体の小説が書物として提示される際にもとられるこうした配慮は、十七世紀前半のいわゆるバロック期に流行したいかにも真実味を欠いた夢物語によって信用を失った「小説」という言葉が想起させがちなあからさまな虚構性を、なんとか真実の幻想によってつぐなおうとする小説家たちの持続的な努力のあらわれと見ることができる。虚偽の物語ではなく真実の物語であるが故に、この小説は読まれるに価するという考えから必然化される作者たちの言訳は、やがて一つの形式主義へと堕してゆきもするが、真実を知りえたものだけが語る権利を持つという風潮がひろく容認されていた事実を立証するのは、むしろそうした形骸化された作者の任務であるともいえるだろう。

「この物語を読者にゆだねる前に、私がそれを手に入れたいきさつを語らねばなるまい」という一行で始まるマリヴォーの長篇『マリアンヌの生涯』の場合は典型的である。ある地方に一軒の田舎家を買い求めたのが半年前のことだと記す作者の私は、さらにこう続ける。

二階の間どりをちょっと変更しようと思ったのだが、壁の窪みに置かれていたたんすの中に、全篇女性の筆跡からなるノート数冊の原稿が見つかったのであり、そこにここに読まれる物語が含まれていた。その原稿がとどけられると、私は、滞在中の二人の友人とともに読んでみたのであり、いらい二人は、それを印刷すべきであるといいつづけた。誰もそれで迷惑するものもいないだけに、私はそれを認める。原稿の末尾に見出された日付によると、書かれてから四十年たっている。……

ここでも小説家は、たまたま自分の知ることになった真実の生涯の物語の報告者でしかないが、十八世紀小説のこの典型的な説話論的な形式は、もちろん十九世紀にまで受けつがれたし、「このノートはアントワーヌ・ロカンタンの書類の中から発見されたものである。われわれはいっさい手を加えずにもとのまま発表する」という刊行者の緒言を持つジャン゠ポール・サルトルの『嘔吐』の中に、パロディーとして再生されたものでもある。

筆者というよりは刊行者の地位にとどまりながら、真実によって作品を正当化しようとする作者の試みは、みずからが話者となる小説形式においてさえ認められるもので、その場合は、しばしば「小説」概念の破壊にまで行きつく。「赤裸々な男心」と副題されたレチフ・ド・ラ・ブルトンヌの『ムッシュー・ニコラ』は、すでに序文の段階から「誓っていうが、そこにはじっさいに書かれた書翰のうちに記録された真実の事件しか書かれていない」と予告されているが、その冒頭の数行は次のようなものだ。

真理の友よ！　臆せず読みたまえ！　うわべの華やかさに惑わされることも、語られた事実に騙されることもないであろう。真実の基礎と想像とがごっちゃに入りまじっている、「小説」なるものをつくる作業に私は飽きてしまった。まじりけのない真実に私は飢えている。それを私は諸君に提供するつもりだ。この「作品」が役立つ途はそれをおいて他にありえないからである。

真実の提供者としてのこの誇らしげな自負は、そのままバルザックのものである。「このドラマは、作り話でもなければ小説でもない。All is true（すべてが真実）なのだ。あまりにも真実なので、誰でも自分の身辺に、たぶん自分の心のなかに、その萌芽を認められるはずだ」という一行を持つ『ゴリオ爺さん』は、一八三四年に完成していながらも、大革命直後に発表されたレチフの自伝的な長篇と、小説としては同じ説話論的な形式におさまっている。物語は、まぎれもなく特権的な知に従属している。All is true（すべてが真実だ）と断言しうるものだけが語る資格を持つという暗黙の了解が、作者と読者の双方に共有されているのである。その際、何が真実であり、またその真実がいかなる表象形式に従って伝達されうるのかという疑問は誰にも訪れてはいない模様だが、そのことはさして重要でない。また、語ることとそれじたいが虚構的な身振りではないかといった点も、ここでは深く掘りさげずにおく。重要なのは、むしろ、真実を知りえたもののみが語る資格を持つという確信が、たやすく人を納得させえた時代が歴史的に存在し、その時代にふさわしい言説が、小説にとどまらぬほかの多くの領域で、さまざまなかたちで思考を拘束していたという事実だ。『告白録』の著者ジャン゠ジャック・ルソーは、この時代の言説を、巧妙に、かつ感性豊かになぞる以外のことは何もしていない。「これは自然のままに、そしてまったく事実のままに、正確に描かれた唯一の人間像であり、このようなものはまたとなく、おそらく今後もないだろう」とその序言を始めるルソーは、そう語り出すことで、明らかにこの時代の誰とも同じようにおのれを例外的な特権者として位置づけている。世界像の把握の直接性、心性の襞の奥深くまでまさぐりうる筆遣いの繊細さといった相対的な個人差を度外視するなら「これまでけっして例がなかったし、また今後も真似をして行なうものもない」ような仕事として企てられた『告白録』は、その説話論的な構造においては、むしろ同時代の小説的言説を模倣してさえいる。むろんルソーの側に小説を意図的に模倣するつもりなどありはしなかったが、にもかかわらず、これが知に従属する物語の典型的な言説としてあることに変りはない。社会における個人の意識、自然における人間の位置といったものの歴史的覚醒の瞬間をことさら重視する読み方が小林秀雄いらいわが国に定着しており、そうした視点から『告白録』の告白を近代的な自我とやらの確立の身振りにほかならぬと意味ありげに強調する人が跡をたたないが、まさに、告白こその物語の知への従属なくしてはありえない形式なのであり、その意味で、ルソーをもって私小説の祖とするしたり顔の常識家は、事態を正確に逆転させているというべきである。『告白録』の冒頭の章句が、納屋の中から発見された手記の信憑性を強調する小説家たちの口調にどれほど似ているかはあえて強調するまでもあるまい。ジャン゠ジャックは、明らかに知に従属した物語の話者としてある。彼が知りえた真実がたまたま自分自身であったことが、説話論的な構造をいささかも変えてはいないのである。ルソーは、マリヴォーと構造的に同じ言葉を語っているのだ。実際、人は、それが他人に関するものであれ自分に関するものであれ、知りえた真実を語る以外の語り方を持っていなかったし、それに耳を傾ける以外の聞き方も知らなかったのである。

そうした場合、小説の言葉は、真実を正確に反映する鏡であればそれで充分だろう。というより、小説に限らず、鏡の機能を演ずる以外に言葉の存在理由はなかったといってよい。それは、『言葉と物』のミシェル・フーコーがいう、「古典主義時代の記号」の特性の重要な局面としての表象性とほぼ同じものと考えてよいかもしれない。だがここでは、この時代の言語の機能ぶりとその原理の分析ではなく、真実を知りえたとする確信が、ごく自然に物語を導き出すことが可能で、あとはただ巧妙に語りうるか否かの技術的な問題にすべてが還元されてしまっていたという点にのみ注目することにしよう。知に従属する物語とは、言葉が鏡であることによってのみ可能なものだ。それ故、真実に保証されて語るものたちは、鏡の表面を精緻に磨きたてることに腐心すればよい。内面に隠されたものの繊細な震えと、外部にたち騒ぐものの複雑な運動ぶりとを正確に反映する鏡としての小説という概念は、いまなお定義を欠いたまま、蔑まれつつも次第に読者層を拡大しつつあるこのジャンルに対する作家たちの思惑や姿勢の違いを超えて、多様性の背後に一つの持続性を保証することになる。

たとえばサド侯爵にとって、小説は人間の心の鏡であることが望ましい。『アリーヌとヴァルクール』を発表するにあたって彼がしたためたいくぶんか自己防衛的な小説論の一節には、こんなふうな言葉が読まれる。

このジャンルで仕事をするとき、何より把握せねばならぬのは自然であり、また自然の作品中もっとも奇妙なものというべき人間の心なのであって、美徳などでは全くないのである。なぜなら美徳などというものは、どんなに美しかろうと必要であろうと、小説家が深い研究を必要とする、あの不思議な人間の心の一形態にすぎないからである。そして小説家は、この心の忠実な鏡なのであるから、心のすべての陰影を描きだすことが、ぜひとも必要なのである。

こうした心の鏡としての小説という概念は、スタンダールによってより広い芸術一般の理念にまで高められ、幾つかの絵画論や演劇論の中に「自然の忠実な模写」という視点となって現われたのち、やがて『赤と黒』のエピグラフの一つに、サン＝レアルの言葉として引かれるあの名高い「小説とは、道にそって移動させる一つの鏡である」という一行に凝縮することになる。スタンダール自身によって必ずしも堅持された原理とはいえないが、サド侯爵の鏡が人間の心を映す鏡であったとする意味でなら、スタンダールの鏡の表面に反映すべきものは社会一般ということになろう。『スタンダールの小説の諸問題』のジョルジュ・ブランによって「鏡の美学」として詳細な分析の対象ともなっているこうした現象は、真実もしくは自然への忠実さによって保証される物語の知への従属を前提としており、いずれも、知りえた例外的な特権者のみが語りうる言説をかたちづくるものだ。マリヴォーやアベ・プレヴォーからスタンダールやバルザックまで、ルソーやサド侯爵を通過しながらジャンルとしての小説が進歩し発展したことは疑いをいれない。それは、深さと拡がりとが小説的言説につけ加わってゆく歩みであり、鏡の表面に反映する心理も社会も、われわれの知っているものに着実に近づいている。だが、内面に推移し外界に生起する現象を映しだす鏡の表面がより繊細で複雑な光と影までも反映しうるようになったとはいえ、この言説は現代に対する有効性を欠落させていたとしかいえない。というのも、この鏡には絶対に映らないものが世界には存在し、しかもそれが、一八三〇年を中心にして、社会の構造そのものを変容せしめるかたちであたりに氾濫しはじめるからである。

小説という鏡に絶対に映らないもの、それはほかでもない、言葉だ。新語、外来語、流行語として社会現象となった言葉そのものを、小説家は、あたかもそれが世界に所属しないものであるかのように、小説から排除する。その点に露呈されるのが、知に従属する物語の限界である。とりわけ、「芸術」という幻想的な主題をめぐる説話論的な磁場が社会の全域にまで波及し、そのことが「芸術家」から霊感による選択という特権を奪うという決定的な事件を構成しているというのに、みずからの生の条件そのものにかかわるそのできごとを、鏡としての小説は捉える機能を持っていないのだ。それを無理に映しだそうとするなら、鏡は自分自身の上にそり返り、砕け散るほかはないだろう。

事実、鏡は破裂する。小説を読むために必要な辞書ではなく、小説の中に含まれ、その作中人物によって筆写されることを目的とする辞典という『紋切型辞典』の着想は、まぎれもなく鏡としての小説が砕け散ったのちにはじめて可能となるものである。霊感によって選ばれた少数者が語る知に従属した物語ではなく、匿名の複数者が口にする既存の言葉の引用のみからなる物語、それが現代的な言説とこれまで呼んできたものにほかならない。

だが、現代的な言説について語る以前に、なお触れておくべき問題が一つ残されている。すでに設問されてはいたが、いったん宙に吊られてしまったものである。それは流行語そのものが流行現象となった歴史的な一時期に、はたして現代的な言説が成立したと断言しうるかどうかという問題である。その点をめぐっては、部分的に一つの答えを用意しておいた。流行語という未知の文化現象をその特選品としてかかえこんでしまった社会と、問題というこれまた新しい事態を風俗として持つにいたった時代とは、必ずしも同じ言葉を語ってはいないというのがそれである。そのことの意味をより詳細に考えてみよう。

匿名性と芸術

いうまでもなかろうが、流行語と問題とは多くの点で重なりあう側面を持っており、ときには同じ言葉がその両方の機能をほぼ同時に演じることもありうる。すでに触れておいたように、「芸術」の一語は、流行語として世間に広まり、問題として社会に定着したのである。流行語が特権化と排除の運動を、そして問題が匿名化と一般化という運動を煽りたてるという点も指摘しておいた。その点から明らかになるのは、流行語の時代の言説が、ある意味で物語を知に従属させたままでいたという事実である。「芸術家」たちが、あくまで少数者たることに自覚的でありながら流行現象を支えていたからだが、みずから霊感によって選ばれ、才能とともに生まれたのではないことに無自覚な彼らには、風俗的な模倣への欲望が演じたてる特権化と排除の運動を律義に反復すること以外に、語るべき知は何ひとつ持っていなかったといってよい。しかも、模倣の対象たるべき特権的な少数者の語る物語はあくまで知に従属しているのだから、それが、流行語という未知の文化現象を支えつつそれで保護されてもいる彼らの生の条件を語る言説とはなりがたい。第二のヴィクトル・ユゴーたる栄光を夢見ることは、流行語の時代にはふさわしからぬ振舞いでありながら、にもかかわらず、その矛盾をたやすくは解消させまいとする暗黙の了解が、流行語の繁栄の基盤にあったのだといってよい。つまり、鏡は砕け散ることなく維持されながら、そこに反映すべき内面も外界も鏡を避けて通ってしまうのである。あとには、磨くために鏡を磨くという無償の身振りのみが残される。それが、この時代を特徴づける「芸術のための芸術」という過渡的な運動となってあらわれもしたわけだが、ここで重要なのは、いわゆる「芸術至上主義運動」の文学史的な位置づけでも、その社会史的な意義でもない。問題なのは、流行語という社会現象をその特選品としてかかえこんでしまった歴史的一時期が、「芸術家」たちの間に一つの階層的秩序を導入したという事実である。偉大な才能に恵まれた特権的な芸術家が、いくぶん時代錯誤的でもある晴れやかさで未来を予言し、来るべき「芸術家」が演じるはずの前衛的な役割など論じたてているかたわらに、それにおとらぬ野心と情熱をもって「芸術」を信仰しながらも、奇嬌な言動においては予言者たちよりも徹底しているその言葉が、「芸術家」という特権的な集団の外部にはついにとどくことのない一群の作家たちが誕生していたのだ。つまり社会は、流行語の時代にいたって、マイナーな「芸術家」の存在を許容することになったのである。先導者たる善意よりも邪悪な反抗精神にとんでいた彼らは、背丈も寸づまりだし声も低い。つまり偉大であることより矮小さに徹したその群小作家たちは、知に従属した物語を反復しつづけることの時代錯誤ぶりには気づいていながら、彼らの風俗的な存在にふさわしい説話論的な構造を発見するにはいたらなかったのである。それは、大作家の栄光を支える群小作家として、歴史によって忘れられるべき存在なのだ。

一八七二年に書き始められたテオフィール・ゴーチエの『ロマン主義の歴史』には、この流行語の時代を熱狂的に生きぬいたマイナーな「芸術家」たちの肖像が、いわば第二世代の不幸ともいうべきものへの郷愁をこめた回想の形式を借りて描きあげられている。文化現象としての流行にとって象徴的な役割を演じたヴィクトル・ユゴーの『エルナニ』上演をロマン主義の側から支え、古典派の攻撃から守ろうとした一群の「芸術家」の中心人物であったゴーチエは、「この新進気鋭の連中」に加わりえたものの義務として、「理想と詩と芸術と自由のために、いまではもはや想像することもできないほどの情熱と武勇と献身とを発揮しつつ」戦った無名戦士たちを顕揚しようとする。群小作家とは、文字通り、名前を持たない人たち、つまりは有名たりえなかった連中である。誰もがよく知られた名前の持ち主であった予言者たちにくらべて、彼らは文字通り無名で終るほかはない存在なのである。彼らにふさわしい物語は、無署名に近い新聞雑誌の記事であり、匿名性こそが彼らの言葉であった。実際『ロマン主義の歴史』のゴーチエは、匿名や偽名のたぐいがこの時代の「芸術家」たちの流行であったことを記している。今日では文学史がもはや群小作家として扱うことをやめてしまったネルヴァルでさえ、この流行に無感覚ではなかった。というより、彼は率先してとりあえずの名前と戯れた存在だといってよい。

その時分、彼はジェラール・ド・ネルヴァルとは名乗らず、ラブリュニールと呼ばれていた。ジェラールというのは彼の洗礼名だった。スタンダールのように、彼も様々な匿名を使って自分を隠すことを好んでいた。彼は仮面を見抜かれると、それをかなぐり捨てて、別な仮面、別な覆面をしたものだった。彼は次から次へとフリッツだとかアロワジウスだとか、そのほかいろいろな名前で署名をしていた。

「薄暗がりの仄かな色合いを求める」のを好むこうした匿名癖を「変った幸福感もあったものだ」と驚嘆しつつ回想するゴーチエは、ジェラールの奇態な性質によるものだと考えているが、実は流行語の時代にもっともふさわしい物語はとりあえずの名前が語るものだろう。知に従属した物語の正統性を保証するものは、名前という自己同一性である。その名前は、選ばれたものの天性の資質の保証でもある。誰だかわからない人間が交わした言葉ではないが故に、それは真実の物語として聞きとどけられたのだ。そうした説話論的な構造が崩壊しはじめたとき、それに変るべき語り方は、断片化しつつ拡散して決して自己という中心に帰着することのない無責任な言葉のはずである。流行語とは、文字通り無責任な文化現象にほかならない。

実際、匿名とは、たんなる仮面として本当の自分を隠す手段なのではない。隠すべき真実を欠いた存在がそのつど選びとるとりあえずの自分が匿名性というものだ。自分はたえず複数であり、物語を知に従属せしめる自己同一性などとは無縁の存在である。その自覚は、とうぜんのことながら、マイナーな群小作家に徹することこそ、流行語の時代にふさわしい姿勢だという確信につながっている。それ故、ジェラールの匿名癖や彼が名もない雑誌に書き散らしたジャーナリスティックな記事のたぐいは、おそらく、来るべき社会における「芸術家」の制度的な在り方を予告しつつあるという意味で、真の前衛性をそなえているというべきだろう。流行語という社会現象を知ってしまった「芸術家」のかかえこんだ矛盾からもっともよく逃れえたジェラールの匿名的複数性は、制度としての「芸術」が成立する基盤に無名のまま忘れられてゆく群小作家が多数存在し、彼らの聞きとどけられることのない言葉が、霊感によって選ばれた大作家の予言をきわだたせるために背後に低く響きつづけねばならぬ時代の到来を、身をもって示しているのだ。匿名の集団的な欲望の対象として社会の一領域に定着した「芸術」が、その欲望をそのつど流産させながらも失望の意識そのものを価値づけるものとして機能しはじめたとき、中心に位置するものが、失望の連帯に無意識なまま知に従属した物語を語りつづけるとしたら、その説話論的な構造はあくまで時代錯誤的であり、前時代の言説が周縁の犠牲において生きのびたにすぎず、いまという時代の言葉とはなりがたいだろう。大がかりな失望を身をもって生きえたものがたまたま中心に位置するなら、その中心はいつでも置き換え可能な匿名者の一人でしかなく、またそのことを意識しつつとりあえず中心の役割を演じるものだけが、時代の言葉を語りうるはずだ。いずれにせよ、もはやそれは才能の問題でも霊感の有無でもなく、たんなる流行現象にすぎない。もはや、自分自身を積極的に「芸術家」として正当化しうるものなど、一人としていはしない。「芸術家」として生まれる特権はもはや誰のものでもなく、その事態が煽りたてる失望を社会的な試練としてくぐりぬけつつ、人はかろうじて「芸術家」となるにすぎない。いつでも失望へと姿をかえうる欲望の対象は、「芸術」そのものではなく「芸術」の物語にすぎず、それは語られる主題であると同時に語りつつあるものを説話論的な要素として分節化する。つまり、人は、物語の作中人物として「芸術家」となるのであり、役割に応じて中心に位置づけられたり周縁に追いやられたりもするが、その役割を正当化するものはもはや真実ではない。だから、あらゆる名前はとりあえずの虚構にすぎず、説話論的な持続の内部でしか意味を持ちえないだろう。事実、われわれが生きているのはいまなおそうした時代なのだ。だとするなら、匿名であることが、われわれの言葉のあり方ではないか。いずれにせよ、名前は物語をいささかも正当化することはない。

要約しよう。流行語の時代は予言の時代でもある。だが予言者の言葉は流行語の時代よりも前の時代の言説に所属する。そしてこの矛盾を歴史的な現実として露呈しうるのは、匿名性に徹することで予言という説話形態の時代錯誤ぶりを孤立させる言葉の失望体験にほかならない。ジェラールが前衛的だというのはそうした意味においてである。この匿名性こそが、大作家と群小作家というかたちで導入された中心と周縁との対立を崩壊させうるのである。有名であることと無名であることの対立が文化の領域に形成する階層的な秩序も、それによってたえず攪拌され、一つの錯覚にすぎないことが明らかにされるだろう。

だが、「作者の死」という主題としてそうした事態が論じられるのは遥かにのちのことであり、またいまでも、「変った幸福感」と慨嘆するゴーチエの回想とほぼ同じ反応がジェラール的な匿名性をとりまいてさえいる。それは、前衛を失望体験の同義語であるとする姿勢を社会がたやすく認めようとはしないからだ。先導者は、積極的な未来図を提示しなければならない、と誰もが考える。予言者の言説が物語を知に従属させたまま生きのびてはならないという現実を身をもって示すことこそが前衛的な身振りとなるべき時代に暮していながら、人は、具体性よりは抽象的な展望を選び、時代錯誤の言説を顕揚しつづける。だからこそ、誰に頼まれたのでもないのに、予言者として振舞う「芸術家」たちが跡

める人びとは、誰かの利益のため

を絶たないのである。彼らは何ごとかを代弁する役割を義務と信じて、誰かの利益のために語り続ける。事態をより鮮明に視界に浮かびあがらせるために、あるいはより真摯な思考へと人びとを導くために、彼らは予言しつつ代弁する。しかも、とりあえずのものにすぎないその予言＝代弁の役割を彼らはどこまでも真剣に演じようとする。そしてその演技を滑稽だと断ずる正常な感性は徐々に麻痺してゆくだろう。というのも、抽象的であることは、誰にとっても快い体験であるからだ。抽象性とは、生きることと物語の作中人物になることとをとり違えることなのだ。「芸術家」として社会を先導しようと思うことは、社会にとってひたすら無益な存在たろうと望むことと同様、ともに物語の内部でのみ意味をもつ対立にすぎず、その対立を介して「芸術家」の物語は不断に語られつづけてゆく。

模写と複製

予言者の言葉を模倣する言説が醜悪なものとはみなされず、その信じがたい時代錯誤ぶりにもかかわらずかえって意義深い言葉として傾聴されてしまったりするのは、人が物語の内部に暮しているからだ。流行語の時代が終息してもなお「芸術家」の物語に固執するものたちは、もはや防禦的な境界線を張りめぐらせて特権化と排除の運動を煽りたてたりはせず、それを、誰もが平等に思考する権利を持つ国民的な話題として組織しなおそうとする。流行語から国民的な話題への変質は、明らかに歴史的な過程である。語彙の水準で進行していた事態が、統辞論の水準へと移行することになるからだ。語彙数の飛躍的な増大という現象の内部で起っていたのは、ある種の単語が特権化され、それがめまぐるしい頻度で流通するということにすぎない。流行語は、その他を排する輝きによってしばしば文脈から逸脱し、奇異の印象を与える。いまや、その特権的な語彙を文章として組織することが問題となる。つまり、これを馴致し、構文上の秩序に従って位置づけねばならない。

たとえば流行語としての「芸術家」をめぐって、人は境界線の向う側とこちら側とに意識的でありさえすればよかった。肝腎なのは、それが「芸術家」であるか否かの判断だったのである。ところでいま問われようとしているのは、語の定義だ。そして、あらゆる定義が「とは何か？」という暗黙の問いへの答えとしてあることはいうまでもないだろう。もちろん、誰もが厳密な定義を模索したのではないし、明確な答えを用意しようと苦心したのでもない。ただ、それについて誰とも同じように語る資格を得るにはどうするか、という点が新たな関心となったのである。自分が「芸術家」の側にいるか否かにかかわりなく、その一語をどんな文脈におさめれば自然であるか、たとえば美術と産業的芸術、つまり工芸とはどう違うかと問うた共和国大統領のナポレオンⅢ世の挿話は、すでに「とは何か？」という暗黙の問いが社会的に共有されていたことを証拠だててもいようが、彼が自分のものにしたかったのはもちろん語の美学的な定義ではないだろう。

「美術」という語でさし示されるものと「工芸」と呼ばれるものとを彼が知らなかったわけではなかろう。自分が知っているものをめぐってどのような話題を提供しうるか、つまり、その語がいかなる文脈におさまればよいのかという構文上の問題が、その関心事だったのである。

ここで重要なのは、それ故、語の定義そのものよりも、「とは何か?」という暗黙の問いがはば広く共有されるにいたったという事実だ。そしてこの潜在的な設問は、それを話題にすることがよいことだとするいま一つの暗黙の了解となって希薄に拡散してゆく。思考することの善意が前提となって維持されるこうした定義の試みが、既知の事実をめぐっての物語であるという点に注目しよう。つまり、誰とも同じやり方でそれを話題にしうるとき、人は自分がそれを知っていると確信しうるのだ。ここにおいて、物語がもはや知に従属するものではなくなっていることは明らかだろう。知っているという特権が語りを保証するのではなく、物語る権利の共有が知ることとの同義語となっているからである。語ることが知っていることに従属するのをやめてしまった時＝空に形成される説話論的な磁場とは、こうしたものだ。その表層に結ばれてはほぐれてゆく現代的な言説は、何ごとであれ、それについて語るのはよいことだとする前提によって支えられている。語ることが知っていることとの保証となり、同時に思考の同義語でもあるような世界、それこそわれわれがとりあえず現代と呼んでおいたところのものだ。潜在的な設問が社会のさまざまな領域にまで行きわたっているはずだという暗黙の了解は、現代という歴史的な一時期に、到るところで物語を希薄化し、問題という言葉で想像しうるもののイメージを矮小化してゆく。というより、物語が知に従属するのをやめたとき、人は、奇妙なやり方で問いと答えとを混同することになったのだというべきかもしれない。誰に促されたというのでもないのに、人は、潜在的な設問に回答を用意しておくことが現代にふさわしい義務だと確信する。そして、用意された回答を口にしながら、その身振りを問題の提起だと勘違いすることになったのだ。

現代的な言説と呼んでおいたものは、こうして問題をめぐる言葉として組織されてゆく。そこではとうぜんのことながら、希薄化された物語と、矮小化された問題とが出会いを演じることになるだろう。矮小化された問題とは、暗黙の問いの共有意識が導きだす設問と回答との混同である。希薄化された物語とは、故のない義務感が捏造する設問を装った回答のことだ。そしてその二つが遭遇した地点に、『紋切型辞典』がかたちづくられるのである。そこに読まれる語の定義は、それを口にすることで知が保証されることになる希薄な物語であり、いずれも無意識のうちに「とは何か?」という潜在的な設問への答えとして用意されたもので、厳密な定義たろうとする意志などその辞句のどこにも見あたりはしない。つまり、専門的な知に従属した物語とはなっていないのだ。そればかりか、体験的な知に基づく結論といったものでさえない。何が問題であるかを心得ている者同士が、そのことをたがいにうなずきあうための符牒として言葉がつらねられているだけなのである。紋切型とは、何よりもまず防禦的な連帯を強調する言辞であり、流行語が煽りたてたあの特権化と排除の運動はどこにもない。

そこで、『紋切型辞典』の「芸術」の項目を改めて読みなおしてみる。

芸術 まったくもって無駄である——それよりみごとに、また迅速にやってのける機械がこれにとってかわったのだから。

まず、この定義が、いかなる潜在的な設問への回答として用意されているのかを考えてみる必要があろう。確かなことは、「芸術」とは何かという本質的な定義が求められていたのではないという点だ。「無駄である」つまり役に立たないものだという冒頭の断定が、むしろ「芸術家」の役割とはなにかという暗黙の問いを前提とした回答の試みであることを証拠だてている。次に、機械の能力と「芸術家」の資質とが比較されたうえで、結果はあまりに明らかだろうと結論が下される。この結論は、先述したナポレオンⅢ世の問いに対する一つの回答として読みうるものだろう。産業的芸術、つまり「工芸」と「美術」とを距てるものは、機械の精緻さによる現実の再現能力において、前者が格段にすぐれていると宣言されているかにみえるからだ。もちろん、ここで比較されているのは「芸術」一般と機械一般ではなく、絵画的な表現技法と写真術という、きわめて具体的な手段である。だが、かりにその比較が可能であるとしても、その場合の「芸術」は、流行語の時代の偉大なる予言者たちが社会の先導者として思い描いた創意と直観の持ち主とは異質の存在でなければなるまい。というのも、豊かな想像力に恵まれた者の特権的な創造行為と、機械的な手段による大量生産品とがくらべられなければならぬ文脈は、そこにはなかったからである。にもかかわらず、あえて比較が試みられているとしたら、それは『紋切型辞典』の編集者のまわりで行きかっていた語彙としての「芸術」が理念的な幻想であることをやめ、誰もが知っている具体的な作品として話題となりうる状況ができあがっていたからだ。人は、「芸術」がどんなものであるかを体験によって知っている。そして、知っているという事実を確信するために、それについて語られる言葉に同調しようとする欲望があたりに希薄に漂いだしているのだ。その欲望が物語の知への従属を崩壊させるにいたった点はすでに触れたとおりである。あるいは、物語を通して知っているものしか知ろうとはしないという説話論的な磁場が新たに形成され、その表層に綴りあげられてゆく現代的な言説にあって、誰もが恰好な主題として口にする「芸術」の内容がきまって写真に似たものだったとしてもよいのだが、そこでは「模写」という概念が二重の意味で重要な役を演じるだろう。

まず、写真術の現実再現の能力の絶対視として「模写」の概念が人びとに共有される。

この歴史的な認識は文化現象として重要だが、それにもまして、誰もが、物語によって知っているものしか知ろうとはしないという説話論的な構造を律する模倣の欲望が重視されねばならない。つまり、知が知として確信されるには、それが物語を「模写」するものでなければならないのだ。こうした二重の意味作用を担う「模写」の概念が、流行語としての「芸術」を問題の域にまで高めることに貢献したのである。逆にいうなら、「芸術」が国民的な話題となるためには、それが霊感によって選ばれた特権的な存在の想像力の戯れであることをやめ、誰もが知っているものを誰もが知っているものとして再現する手段となる必要があったのだ。

　そのとき「芸術」は、鏡の比喩を捨て、新たな流行語としての「写真」という語彙をそのイメージとして獲得する。真実を映し出す鏡としての小説といった自然の比喩は放棄され、十九世紀の特権的な発明品ともいうべき光学的な複製装置が、修辞学的な視野に浮上したのである。つまり、比喩は文化的なものとなったわけだが、説話論的な磁場に「模写」の概念を導入した最初の複製装置は、決して写真ではない。写真術の発明以前に、すでに銅版画がその役割をはたしていたのである。たとえばシャルル・ボードレールは、その『現代生活の画家』をこんなふうに書きだしている。

　世間には、いや芸術家の世界にさえ、ルーブルの美術館へ行きながら、第二級のものではあるがたいそう興味のあるたくさんの絵の前は、ちらと眺めることすらせず、さっと通りすぎ、ティツィアーノやラファエロの、版画のおかげで最も人口に膾炙した絵の前に、夢見心地で立ちどまっている人々がある。それで満足して外へ出がけに一人ならずの者が、「私も美術通になった」と独語する。

この夢見心地の鑑賞者たちの快感が、複製手段によって既に知らされていたものと、いま目にしつつある美術作品との類似によって保証されるものであることはいうまでもない。ここでの美術評論家ボードレールの関心は、名高い大作家にしか興味を示そうとしない公衆と、無名の小詩人たちの擁護者との関係、つまり普遍的な美と特殊な美との対立といった視点から現代の風俗画家を論じることにあり、模写や複製といった現象がそのまま主題となっているわけではない。だが、われわれにとってのさしあたっての関心事は、ほどなく写真が演ずるであろう機能を、すでに版画が演じているという点にある。人は、明らかに類似の確認を求めて美術館に足を運び、物語の正しさに安心して「芸術」をおのれのものにする。「模写」の正確さが、いま「芸術」の物語を模倣しつつある自分を正当化してくれるわけだ。

もちろん、こうした現象は、こんにち、より大がかりなものとしてわれわれのまわりに起りつつあり、何ら珍しいことがらではない。だが、そのことの是非を問うことが問題なのではない。「私も美術通になった」と独語しうる匿名の群の量的な増大が「芸術」を堕落させたといって顔をしかめてみても始まらないからである。ただ、こうした現象があくまで歴史的なものであり、その歴史性を無視した「芸術」信仰はもっぱら抽象的な言説しか生み落しえないだろう。そのときいらい、「芸術」は、「芸術家」という特権的な才能の排他的な身振りが煽りたてる流行語であることをやめ、誰もが語りうる共通の話題となったのである。あるいは、「芸術」は問題となったといいかえてもよい。

ただ、それを「芸術」の大衆化といった視点でのみ捉えるのはやめにしたいと思う。なるほど現象としてなら、それはたしかに大衆化したといってよいし、科学技術の進歩、義務教育の徹底化、余暇の増大、農村的社会構造のゆるやかな崩壊といった事実とともに進行する大衆化がこんにちの世界をかたちづくったのだともいえるだろう。だが、真に歴史的であるのは、誰もが想像しうる大衆化といった現象が十九世紀に萌芽的に起りはじめていたという事実なのではない。注目すべき点は、大衆化と呼ばれてさして不都合でもないこうした現象を介して、知に従属していたはずの物語が徐々にその従属関係から解放されていったという事実の歴史性である。そのとき「芸術」は、物語の知への従属を支えていた説話論的な構造を維持するかたちで、つまりは選ばれた特権的な存在を容認する方向にそって問題となったのである。流行語であることをやめ、選ばれた才能の問題とはなりがたくなった瞬間から、「芸術」が才能ある特権者の物語として説話論的な磁場に定着することになったというのはいかにも奇妙である。問題とは、こうした矛盾を無意識に隠蔽しようとする大がかりな運動にほかならない。物語が知に従属するのをやめた瞬間から、あたかも物語が知に従属する事実の大衆的な発見がなされたかのように、事態は進行しはじめたのだ。物語の希薄化とはこうした現象にほかならず、これまで現代的な言説と呼んできたものは、こうした問題の周辺に歴史的に生産された言葉にほかならない。ことは、「芸術」にかぎられてはいない。歴史的な産物としての問題は、ことごとくこうした矛盾としてかたちづくられている。そしてその矛盾を矛盾として露呈させまいとする周到な配慮が、現代を問題の物語として不断に綴りあげてゆくことになるだろう。

説話論的な偏差

予言者と流行語の時代から大衆と問題の時代への移行を促すものは、では何なのか。それは、ほとんど社会構造の変化としては感知しえないほどのわずかな説話論的な偏差である。その偏差というか間隙をのぞけば、予言者と大衆とは矛盾なく同居しあっているし、流行語と問題もまた共存しつづけている。だから、そこに一つの歴史的な変容を認めることは至難の業なのだ。素描されたにすぎないものが大胆な筆遣いで完成図へと近づいてゆくかにみえるその過程は、差異よりは同一性を、変質よりは一貫性を証拠だてていさえする。歴史を分節化する事件はすでに起ってしまっており、その余波が徐々に見えやすい輪郭のもとに浮きあがってくる連続的な過程を誰もが想像する。そこに一つの変容が起っていたとするなら、それはあくまで説話論的な領域に限られていたのであり、その構造の変質を触知するには、それにふさわしい説話論的な磁場に身を置かねばならない。歴史は、いまだ、説話論的な変容を事件として捉える感覚を自分のものにしていないからである。それ自身が物語としてある歴史が、物語の説話論的な構造の変質を事件として感知しえないという事実のうちに、現代的な言説の最大の矛盾が問題化されるといってもよいが、事実、歴史が語ろうとしてきたのは、もっぱら説話論的な主題の変遷であるにすぎない。もっともそのとき、歴史は、知に従属したかたちで言葉を綴りつづけていたわけで、その限りにおいて、流行語の時代から問題の時代への推移は、必然的な発展としか映らないだろう。実際、流行語の時代の「芸術」と問題の時代の「芸術」との間に、説話論的にはいかなる変化も起っていない。変っているのは、ただ語られかたの構造にすぎない。だが、物語と知とがとり結ぶ関係を考慮に入れた場合、そのわずかな説話論的な偏差が一つの事件となる。

たとえば、科学の進歩と産業の発展という文脈にそって複製装置としての写真の歴史を物語る場合、ほとんどの論者は、その技術的な開発者ダゲールの名を流行語の時代に位置づけ、それを発展させた最初の写真家ナダールを問題の時代の初期に刻みつけようとする。一八二六年の化学者ニエプスによる偶発的な写真的映像の定着から、一八三九年のフランス科学アカデミーの総会席上でアラゴーによってダゲレオタイプとして公認されるダゲールの銀版腐蝕による複製装置の発展の歴史は、まぎれもなく予言と流行語の時代の言説におさまっている。この段階において、写真術は、物語としてあくまで知に従属していたといってよい。ダゲールにせよ、ニエプスにせよ、彼らはまぎれもなく科学者であり、特権的な知の所有者である。しかも、その化学的な技術による装置が国家的な援助のもとに発展するに際して、アカデミーの終身書記長でもある高名な政治家アラゴーが、いわば予言者として、雄弁な科学思想の普及者の役を演じ、その未来を約束しているという点にも注目しなければなるまい。以後、複製装置としてのダゲレオタイプは、語彙として、またそれが定着する映像として、社会的な欲望を大がかりに組織してゆくことになるのだが、そのとき流通するダゲレオタイプの物語は、もっぱら知に従属したかたちで、特権的な中心から周縁部分へと向けての拡散運動をかたちづくる。人が流行語的な熱狂の中でダゲレオタイプと口にするとき、その背後には、科学的な知の特権的な所有者ダゲールがひかえており、その複製装置が定着させる映像への欲望が組織されるときもまた同様である。由緒正しい予言者アラゴーによって年金と勲章とを授与されたダゲールこそが、唯一の正統的な存在としてその物語を統御している。すべては階層的な統序におさまっており、そこにはいかなる曖昧さもまぎれこむ余地がない。ダゲールは、あの知っているが故に語る真実の報告者としての小説家たちのように、科学的な真実を語ったのであり、そのこと故に、彼はダゲレオタイプの作者として正当化されるのだ。しかも、そうした小説家たちにとって、彼らの作品が内面と外界の鏡であったように、ダゲールもまた、その作品を鏡として提示したのである。

鏡といっても、そこにはいかなる小説的な比喩もこめられてはいない。写真の初期形態としてのダゲレオタイプは、文字通り鏡そのものである。一つの被写体に対して、ダゲレオタイプは一つの作品しか生産しえなかったからだ。その表面が化学的に腐蝕することで得られる映像は、モデルとの左右の関係が逆転した唯一無二のコピーなのである。これは、こんにち口にされている意味での複製ではない。写真が複製装置と呼ばれうるのは、それが同時に複数のコピーを生産しうるからである。それ故、ダゲールの開発した複製装置は、一つの真実に対応する一つの作品を生む特権的な装置であり、断じて大衆的なものではない。こうした直接陽画方式によって得られる左右の顚倒現象がそのまま鏡の反映の原理につらなるものであることに注目するなら、この技術的開発は、明らかにスタンダールの「鏡の美学」に対応していることがわかる。だから、ダゲレオタイプは、あのボードレールが語る「夢見心地」の「美術通」を量産することはできないのである。

写真術が真の複製装置の名にふさわしくあるためには、銀版腐蝕の直接陽画方式とは異質の発想を持つ、ネガの濃淡による反転焼付の方式へと移行しなければならない。この移行は、たんなる技術的な発展を意味しはしない。美しいイマージュというギリシャ語に発想を得たカロタイプと呼ばれるネガ方式は、ダゲレオタイプの流行と時を同じくして特許をとり、科学アカデミーでの公聴会のようなものも開かれはしたのだが、ダゲレオタイプのそれに似た流行も国家的援助も得るにはいたらなかった。そこにはさまざまな政治的な理由が介在したといわれるが、その最大のものは、流行語の時代を支える予言者たちに、鏡の原理を超えて、一挙に複数のコピーが生産可能となるネガ方法の持つ現代的な意義が、説話論的に理解できなかったからだとしか思えない。コピーという点でなら、ダゲレオタイプもカロタイプもともに現実の複製でしかない。だが、前者にあっての物語の起源はあくまで被写体としての現実であり、そこでの複製は、唯一無二のコピーとしてあくまでその代理物である。後者もまた代理物として機能しながら、モデルとの類似を確認する手段を絶たれたものとしてそれは流通する。しかも、カロタイプ方式のネガの反転焼付による複製装置は、それが流通する段階で、きまって被写体としての現実に先行するのである。版画として家庭にまでとどけられるティツィアーノやラファエロの複製がそうであったように、本物は、複製が語っている物語の正しさを、後から確認するための口実にすぎなくなる。唯一無二の現実が、匿名の複数性と戯れあう風土の中で、人は、もはや正統的な語り手に統御された物語を反復し、拡大するのをやめてしまっているのだ。

そのとき、現実の代理物にすぎないはずのコピーは、もはや代理物としては機能せず、新たな現実として物語の起源となる。オリジナルに律義に対応することが確認されるからではなく、コピー同士の類似性が、複製たる資格の保証になるからである。私の見た写真も、あなたの見た写真も実によく似ている。彼らの見たものもまた同様だろう。重要なのは、この類似なのであって、私の見た写真がその被写体と類似しているか否かではないのである。こうした、匿名の複数性相互の類似によって形成された説話論的な磁場というものを、ダゲレオタイプの強力な援護者たちは、理解しえなかったはずである。何しろ彼らは、あくまで知に従属する物語しか口にしえなかったのだから、鏡とは異質の複製手段が演じうる新たな説話論的な機能というものを想像することはできないのである。

流行語としてのダゲレオタイプが徐々に駆逐され、予言的な複製装置としてのその限界が明らかになってゆくにつれて、その背後にいかなる特権的な存在も隠れてはいないカロタイプが写真としてうけいれられ、知に従属する物語とは異質の言説の場がかたちづくられる。人は、自分が他人に先んじて何かを知ったが故に語るのではなく、誰もが自分と同じことを知っているという前提が発話行為を支えることになる。こうした説話論的な磁場の変容が、写真史の上でダゲレオタイプからカロタイプへの発展として語られた一時期に相当していることが重要なのだ。われわれが強調したいのは、そこに認められるのが発展ではなくむしろ断絶に近い現象だという点である。ダゲレオタイプとカロタイプとは、同じ一つの言説が技術的な進歩として達成した一連の装置ではなく、異質の言説がそれぞれの説話論的な分節化に従って生み落した別種類の装置なのである。われわれがこれまで

「現代的な言説」と呼んで来たものは、決してダゲレオタイプを生み落すことはないだろう。それは、あくまで鏡の美学がその機能を演じつくした後の、いわば「問題」の時代にふさわしい装置だからである。現実に存在するはずの一つの真実の代理物ではなく、それとの律義な対応を確認される以前に、たがいに類似しているという理由で戯れあういくつものコピーたちが、被写体そのものの特権性を曖昧に崩壊させ、鏡の原理を基礎づける反映とは異質の、複数化の力学となって物語を支える。そこで物語は、誰もが知っていることの確認のために綴られる。ちょうど、顕在化することがあってはならないが必須の媒介物としての陰画が写真の複数的類似を保証するように、現代の物語は、共通の知を陰画のように介在させつつ同じ一つの説話論的な構造を形成する。その構造が決定する現代の言説が、「問題」の言説と呼ばれるものだ。「流行語」の言説と「問題」の言説は、だから構造的に異質のものである。それは、ダゲレオタイプとカロタイプとの関係がそうであったように、因果律に従っての発展はなく、越えがたい断絶が両者を分け距てている。もはや、鏡とその反映という比喩を物語に適用することはできないからである。

『紋切型辞典』はあくまで鏡が砕け散ったあとにかたちづくられる物語の断片からなっている。そして、この辞典の項目となるべきいくつかの定義が編纂者自身の手で最初に書き記された一八五二年ごろ、説話論的な磁場に、これまで充分には論じられることのなかった不可逆的な変容が起ったのだ。その変容は、こんにちのわれわれにとって、たとえばフランス大革命といった公認の歴史的な事件よりもはるかに重要なものに思われる。にもかかわらずそれが充分に論じつくされていないのは、われわれがまだ、それを語るべき説話論的な構造を自分のものにしていないからに違いない。この一八五〇年を境として進行した変化は、あくまで説話論的な変容であり、その変容なしには、おそらくこんにち、いかなる物語を語ることも不可能だと思われるほど重要なものなのである。

なるほどそれは、地球上のごく限定された社会に起ったものにすぎない。だが、ごく特殊な社会集団が「流行語」の時代から「問題」の時代へと移行したとき、その二つの時代を距てる説話論的な断層が鮮明な変化として視界に浮上しえなかったということは、時間的にも、また空間的にも、きわめて意義深いできごとなのである。たとえば、この不可視のできごとを読みとるとき、われわれのまわりの多くの物語の具体的な解読が可能となるはずのものなのだ。

物語が物語としての自分を維持しきれなくなり、みずからの限界を厳しく認識することなしに、ごく曖昧についえさり、それに変って新たな説話論的な磁場が形成されることにもまったく無力でしかありえないという事態が、いつでも、またどこにでも確実に起っており、しかも、それをできごととして語る言葉を、われわれがまだ持ってはいない以上、それはわれわれ自身の問題なのである。

現代的な言説とは、必ずしも大衆化した社会にふさわしい物語を意味しはしない。なるほど、物語を享受する層の飛躍的な増大という現象は、それとまったく無縁ではなかろう。美術館への入場者、音楽会の聴衆、新聞の購読者、書物の読者といった人たちは明らかに数を増している。だが、数の増大という点からいうのであれば、それは「流行語」の時代からすでに顕著に認められることだといってよい。問題は、だから特権的な知の民主化ともいうべき記号の享受層の拡大そのものではない。知の民主的な共有は、物語の知への従属と決して矛盾するものではなく、むしろその必然的な帰結でさえあるだろう。ここで問われているのは、量の変化ではなく、あくまで構造的な変容である。ところで、その構造的な変容がいかなるものであるかについては、すでに触れてある。それはこれまで、語ることと知ることとの新たな関係と呼んでおいたものだ。人は、もはや、知っていることを未知の存在に向けて語るのではなく、既知のものたちが、知っているということを確認しあうために語るのである。そして彼らが語るものは、たとえば「芸術」の語彙がそうであったように、自分がそれとは無縁の生活をいとなんでいるにもかかわらず、より正確にはそのこと故に、国民的な話題として共有されたものについてである。「問題」とは、まさしくそれなのだ。「問題」は、きまって他者の問題なのである。というよりむしろ、「問題」とはどんな場合も他者の言葉だというべきかもしれない。だがしかし、この他者の言葉を、自分の言葉を持ちえないものの軽薄な模倣の振舞いといった程度のものにとらえてはならない。それは、現代を生きるためには誰もが等しく思考すべき課題というものが存在するという確信から、あえて他人のために語ることを義務として引きうける者たちの言葉と理解されねばならない。つまり、それは二重の意味で他者の言葉なのである。

ギュスターヴ・フローベールがほぼ一八五二年ごろにその編纂を思いたち、ついにそれを刊行することなく死なねばならなかった『紋切型辞典』とは、このような意味での他者の問題からなっている。その「芸術」の項目に読まれる「まったくもって無駄である」の一句は、二重の意味で他者の物語なのである。「それよりみごとに、また迅速にやってのける機械がこれにとってかわったのだから」という理由の説明も、産業の発展と技術的な進歩の時代を生きつつあるものが、他人の身になって「芸術」の未来を憂えている言葉にほかならない。それというのも、いまや「芸術」の未来とは一つの国民的な話題となっているからだ。誰もが芸術とは何かを知っており、その知の共有ぶりを確認しあうには、こうした言葉を口にするのがもっとも有効だったのである。

ここで注目すべきは、「芸術」がもはや「芸術家」たちだけのものであってはならないという連帯の意識である。「芸術」もまた、国民全員の問題でなければならず、あの連中の独りよがりは許されてはならない。「流行語」の時代なら「芸術」は「芸術家」に固有の問題でよかったのかもしれないが、彼らとていまや社会の一員として容認されている以上、「芸術」の物語は「芸術家」の特権的な知に所属することは許されず、社会の言葉にならなければいけない。誰もがそれについて語ることのできる話題としての「芸術」は、こうして他者の問題になる。そこにはもはや一時代前の特権化と排除の力学は作用していない。現代的な言説とは、したがって、きまって同化の磁場に形成される。だから、いつでも他人の言葉として提起される問題は、必然的に他者の物語へと分節化されるのだ。

このような排除の力学から同化の力学への推移は、『紋切型辞典』の「芸術家」の項目の一部に明らかな姿をとって現われている。

> **芸術家**　ことごとくいかがわしい連中だ。
> 　彼らが利害を超越している点をほめること（古い用法）。誰とも同じ服装をしているのに驚くこと（古い用法）。……

この括弧にくくられた古い用法の語に注目しよう。辞典の形式に従って、それぞれの定義が時代遅れの古義だと註記されているのである。それが古義だというのは、もちろん「問題」の時代からみて、「流行語」の時代にこの語に下されていた定義の古さが指摘されているということだ。かつては金銭の観念の希薄さと、着ているものの奇態さとが、「芸術家」を説話論的に特権化し排除していたのだが、いまや、経済的な利害の点でも社会的な衣裳の面でも彼らはわれわれと異なるところがないのだから、もっぱら差異のみをきわだたせる定義を物語として生産していた説話論的な磁場は、崩壊せざるをえないのである。それ故、彼らの問題はわれわれの問題であり、また彼らも、われわれの問題を共有すべきである。かりに「芸術家」がことごとくいかがわしい存在であろうと、だからといって彼らはいささかも特殊な人間なのではない。そうした認識が、括弧にくくられた古い用法の一語で逆説的に表現されているわけだ。

　このような認識は、人がいかなる審美観をもって世界を眺めようと、誰もが真摯に思考すべき社会的な課題というものが存在し、それを避けて通ることは許されないという意識を前提としている。つまり、他者の問題は、あらゆる人間に共有さるべきものだという認識である。他人の物語に無自覚であってはならないという「問題」の時代に特有の認識は、とうぜんのことながら、「芸術家」の側からも表明されることになる。『紋切型辞典』の編纂者の親しい友達の一人であったマクシム・デュ・カンにとって、「芸術」はあくまで社会とともに歩むべきものである。少なくとも、フローベールがその『辞典』の草稿を書き記したのとほぼ同じ時期の彼は、そう考えている。そして一八五五年に発表されたその処女詩集の「序文」で、建築をはじめとして絵画や彫刻はいうにおよばず、音楽も文学までがかつて享受しえたその栄光を見失っているとしたら、それは「芸術」が科学の進歩や産業の発展といった身近な社会的な現象にまったく顔をそむけてしまっているからだと彼は宣言する。詩人は、過去の名声を夢みて廃墟の美をうたったりするのではなく、あくまで現在を見据えなければならない。現代は発明と発見の時代ではないか。にもかかわらず、文学はいまだ文明の所産ともいうべきものを問題としてはとりあげていない。文学はなぜ、蒸気機関や電気の発明を描こうとしないのか。あるいはまた、工場の美しさを描こうとしないのか。さらには抑圧にあえぐ少数民族に対する人道主義的な共感や援助の実態を描こうとしないのか。「人道主義的な運動、科学的な運動、産業的な運動、この三つがたがいに充足し協力しあいながら、現代を確かな変容へと向けて推進させている」のだから、「芸術」はそうした運動と歩みをともにしなければならないと結論するマクシム・デュ・カンは、あまり本気で読み返されることのないその処女詩集『現代の歌』の長い序文の中で、社会にとって思考さるべき切実な課題を、詩人もまた共有すべきだと執拗に説いているのである。

十九世紀が達成しつつある科学的な進歩、産業的な発展、人道的な関心の高まりを象徴的に示す蒸気機関車を主題とするいささか拙劣な韻文作品を書き残した滑稽な詩人として記憶されているデュ・カンの宣言は、その文学的な質の低さにもかかわらず、一つの歴史的な文献として読み返すに価するものを持っている。だが、それを読んで得られるところのものは、「芸術」が社会的な諸問題ととり交わすべき現代的な関係が、発生期に特有の漠たる表現をとっているとはいえ、原理的には今日でも通用しうる言説として詳述されていることの確認につきるものではない。ここで注目すべき重要な点は、「芸術」が選ばれた才能の持ち主たちの例外的な感受性の戯れであったり、特殊な審美観の形象化として捉えられることなく、もっぱら他者の問題へと同調しようとする意志として語られている点だ。誰もが「芸術」が何であるかを知っており、その知っているという潜在的な状態を顕在化するために、人は「芸術」について語る。その物語に、「芸術」は同調すべきであり、かりに偏差への意志がきわだった場合があるとするなら、その逸脱を修正する権利を物語が持つ。だから、「芸術」は、いまや、至上の価値への信仰の連帯としてではなく、それについて語りうる権利の共有として成立したということができる。特権的な言葉に刺激されたからではなく、平等に分配された権利に従って、「芸術家」であるとないとにかかわらず、あらゆるものが「芸術」について語るのであり、それが「社会」のためにも「芸術」のためにも望ましいことなのだ。

かくして「芸術」は権利の問題となる。誰もが留保された権利を持つことによって、それはまた原則の問題ともなるだろう。権利はたえず行使されるわけではないが、それが潜在的なものとしてとどまっても、物語の説話論的な構造を維持しつづける磁場として、他人の言葉を支えることをやめないだろう。いわば権利であり、また原則でもあるこうした他人の言葉は、才能の有無とは関わりなしに、たえず「芸術家」をその内部に再生産しうるという暗黙の了解を前提として綴られる善意の連帯だと呼んでもよい。善意とは、意図的な排除を目指すことがない、というほどの意味である。この原則的な善意に同調しうるかぎり、特異な才能は、決して特権ではないがだからといって排除の対象とされることのない、蓋然的な現象だということになるだろう。「問題」の時代の説話論的な磁場は、その不意の介入によって乱されることなく機能しつづけ、それをおのれの文脈に従って分節化する。他人の言葉の強靭さとは、こうした不断の分節化作用にほかならない。いまや、すべてが、真摯に思考さるべき現代の課題なのである。

V　現代的な言説

抑圧と無意識

「問題」とはきまって他者の問題であり、それについて語りうるのは、いつでも他人の言葉である。「問題」とは、だから他人の物語の説話論的な主題なのだ。だがそのことは、自分の「問題」の喪失だの自分の言葉の崩壊だのを意味しはしない。そもそも、自分の「問題」だの自分の言葉だのは存在したりはしなかったのだ。もちろん、近代的な自我の確立の困難さが、その形成をはばんでいたのではない。個人という主題は、現代的な言説の成立とともに、その説話論的な磁場に出現した「問題」の一つでしかないからである。それは、あくまで他人が語る他者の「問題」にすぎず、人は、他人の物語の説話論的な主題として、個人の言葉を学んだにすぎない。だいいち、個人の一語は、「流行語」として特権化と排除の力学を波及させたこともなければ、「問題」として善意の連帯を煽りたてたこともなかった。だから、現代的な言説は、個人という「問題」を説話論的な主題とすることなく充分に成立しうる他人の物語なのである。他者の問題が「問題」として現代的な言説を支えるにいたるまで、人は、語ることを学んだためしはなかったのだ。そして、他人の語る物語の説話論的な磁場の外部に、自分が語る自分の「問題」が構造化されうる場など存在するわけもない。

だが、現代的な言説の成立は、他人の言葉と自分の言葉とが構造的に異質のものであるという確信を基盤としている。この確信、というよりむしろ錯覚が、現代的な言説に特有の矛盾を導きだす。他人が語る他者の「問題」を主題とした他人の物語に同調し、その説話論的な持続のしかるべき一点へと分節化されることをうけいれることなしには、語ることを体得しえないというのに、そこで教育された説話論的な欲望が、自分の「問題」を自分が語る自分の物語を支えると考えることは、文字通りの矛盾というほかはあるまい。他人との共有を排した特権的な知が存在に物語を保証しているのではなく、善意の連帯によって共有を許された知が、権利として確実に共有されている事実を納得するために語っているというのに、人はなお、自分の語っていることが自分だけの知に従属しているかのように錯覚する。その錯覚は、「流行語」の時代に特有の説話論的な構造が、無意識のうちに虚構として生きのびていることを明らかにする。あるいはそこに、二つの異質な説話論的な構造が抽象的に共存しているのだといってもよい。抽象的というのは、それが現実には起りえない現象であるからだ。実際、「流行語」の時代と「問題」の時代とを同時に生きることなど、虚構としてしかありえないだろう。だが、あたかもこの虚構が現実であるかのように事態は進行してしまう。特権的な才能に恵まれ、その独創性の証として「芸術家」となり、排他的な知に従ってその物語を綴っているのではなく、いわば原則的な権利によって他人の言葉と不断に接しあうことで、その物語を模倣する匿名の個体として、何ら排他的特権性を示すことなく「芸術家」として生産されたものが、いったんみずからを「芸術家」として演じはじめるやいなや、おのれの生産された過程に働いていたはずの他者の問題や他人の言葉の分節化作用を捨象し、なお、自分が口にする言葉に他人の物語とは異質の要素がそなわっていると錯覚するとき、「芸術」は二重の意味で自分の言葉を奪われ、他者の問題として確かな説話論的な構造におさまる。二重の意味でというのは、まず、自分が「問題」の時代の説話論的な磁場に形成された他人の物語の作中人物にすぎず、であるが故に独創性といった特権的な才能の有無に関わりなく「芸術家」の物語を語りうるのだという過程を抽象化し、またそれにとどまらず、ほんらいは他人の言葉にすぎない自分の言葉が、自分がそれには所属していない「流行語」の時代の説話論的な持続に従って特権的な構造におさまりうるという錯覚にたどりつくことになるからだ。

この二重の抽象化と錯覚とは、すでに触れる機会もあったように、現代的な言説に内在する矛盾である。逆の視点をとるなら、純粋な現代的言説というものは存在せず、それが顕在化する瞬間には、きわめてありえない共存なり混同なりが起らざるをえないのだ。あるいは、それを口にするものを必ずある種の欲求不満に陥れるという特質を現代的な言説は持っているのだとすべきかもしれない。そしてその矛盾なり欲求不満なりが顕在化するのをさまたげるものとして、他者の問題にすぎない「問題」が、真摯に思考さるべき課題として説話論的な磁場に形成されるのだ。「問題」の周辺に物語を構築するかぎりにおいて、人は、他人の言葉を語りながらも、それが自分の言葉でないことに苛立たずにいることができる。現代的な言説は、こうした「問題」を提起する能力をそなえた不純な言説なのである。純粋な現代的言説が存在しないとは、そうした意味にほかならない。「問題」の中でもとりわけ重要な「問題」が、いわば、「流行語」の時代までその説話論的な構造の基盤となっていた、あの特権的で排他的な知の代理物として機能しはじめたのである。物語は、特権的な知の代補にほかならぬ「問題」に従属し、言葉はその真実を映し出す新たな鏡となる。こうして現代的な言説は、砕け散ったはずの鏡の代理物をもその説話論的な磁場に回収することになる。現代的な言説の歴史は、鏡の破壊という歴史的な事実が説話論的な記憶に浮上しそうになる瞬間、そのつど新たな「問題」を提示することで鏡の代補的な機能を維持し、言説そのものの矛盾を視界から遠ざけ、欲求不満そのものを思考することへの善意へとすりかえる試みにほかならない。こうして不断に提起される「問題」が織りあげる網状組織が、物語の説話論的な抑圧というものである。それじたいが他人の言葉にほかならない「問題」が交錯しあってかたちづくる体系は、とうぜんのことながら抑圧的に作用する。そしてその抑圧の対象は、まさしく現代的な言説そのものなのだ。現代的な言説が純粋な構造として露呈されることを、「問題」体系がはばんでいるのである。かくして現代的な言説にふさわしい物語は、みずからの構造そのものを怖れる言説と定義されることになるだろう。他人が語る他者の問題は、それが他人の物語としてしか語られえないことを無意識のうちに否認するほかはないからである。

この無意識という言葉は、比喩的にうけとめられることがあってはならない。無意識とは現代的な言説の成立とともに「問題」の説話論的な磁場に形成された他人の問題の一つにほかならないからだ。あらゆる無意識は、説話論的な構造を持った他人の物語なのだ。そしてその他人の物語は、しかるべき「問題」体系の中では、イデオロギーという名の他人の物語ともなる。無意識もイデオロギーも、人が権利として語ることを学び、原則として語ることを実践しはじめた「問題」の時代にはじめて自分のものにした、秀れて歴史的な主題にほかならない。それらは、現代的な言説に特有の発見であり、「流行語」の時代は、それらを語るべき物語を持ってはいなかった。それは「問題」の時代の説話論的な構造に従ってはじめて物語の主題となりえたものであり、また同時に、そうした諸「問題」

を語るとき、人は知らず知らずのうちに、現代的な言説そのものの露呈を遅延させる。だから、「問題」の時代の説話論的な磁場にあっては、無意識を語りイデオロギーを語ることそのものが、語る言葉にとっての抑圧として機能せざるをえないだろう。

だが、いまはこうした点を詳述すべきときではない。さしあたって必要なことは、無意識やイデオロギーそのものではなく、それ自身が提起する「問題」の体系によってみずからの構造を隠蔽する現代的な言説が、その物語にもっともふさわしい無意識のイデオロギー的な個体として作家という存在を生産したという点である。作家が無意識的な存在だというのは、自分の言葉が二重の意味を奪われていることに自覚的であるかぎり、誰も作家たろうと欲望することはなかろうからである。そして、その物語が現代的な言説の構造の露呈をさまたげるのに貢献するという意味で、作家はイデオロギー的な存在たらざるをえまい。

すでにみたように、「芸術家」とは、「流行語」の時代に、特権化と排除の力学の中で物語の作中人物となったわけだが、そうした説話論的な磁場が消滅したとき、「芸術家」もまたその説話論的な機能をなかば喪失したといってよい。作家とは、そうした状況をふまえたうえで、なお「芸術」の特権的な知が物語を支えうると信じつづける者たちである。このとき、「芸術家」は、作家と知識人とに分裂したとすることができるかもしれない。記号流通の次元で作家も知識人も「問題」となったわけではないが、現代的な言説の内包する抽象化と錯覚に対して示す姿勢の違いによって、明らかに異質の存在が生み落されているのは確かなのである。その際、作家は、鏡の破壊によってもたらされる現代的な言説を隠蔽しつつ自分の物語を組織しようとする。いっぽう知識人は、予言者の言説の構造を継承しながら、他者の問題の中でもとりわけ重要な「問題」への同調を促す。その意味では、抑圧にあえぐ少数民族の独立の運動に対して人道主義的な加担ぶりを示すべきだと説く『現代の歌』のマクシム・デュ・カンは、知識人的な「芸術家」だといえよう。知識人にとって、「問題」体系には階層的な秩序が存在し、その頂点に位置する「問題」を語ることと人類の未来との関係が強調される限りにおいて、その姿勢は予言者の言葉を模倣している。だが、そのことじたいもさして重要でない。才能という排他的な資質に恵まれた存在の特権的な知に物語が従属していた時代の説話論的な構造を、無意識のうちに生きのびさせようとする試みは、それが作家と呼ばれようが知識人と呼ばれようが、あるいは「問題」に対する態度がどのようなものであろうと、二重の意味で他人の言葉を語らざるをえまいという点で重要なのだ。他人の言葉によって自分の言葉を二重に奪われた者たちが、その奪われたさまを隠蔽すべく提起する「問題」、それをたとえばジャン＝ポール・サルトルであれば、大革命によって王殺しを演じた自分にうろたえるブルジョワジーたちが、王の代理として捏造した新たな幻想と呼ぶかもしれないし、あるいは神の死に続いて起った必然的な事態と呼べば、話はより明確であるかもしれない。また、神の死は、それことと同時に個人の自己同一性を崩壊させたのだといいそえれば、さらにわかりやすいというこどもあるだろう。だが、神の死も、自己同一性の喪失も、現代的な言説の成立を説明しうるものではなく、あくまでその説話論的な磁場を活気づける「問題」の一つにすぎないのだ。それらは、他人の語る他者の問題として他人の物語に登場する一挿話の域を決して越えることはないのであり、その意味で、現代的な言説の構造を露呈させうるものとはなりがたい。「問題」の時代の言説が、神の死や自己同一性の喪失を物語の主題として導入するのであって、その逆ではないのである。だから人びとは、現代にふさわしい「問題」が何であるかを知っている自分を確認するために、神の死を語り、自己同一性の喪失を好んで口にするのである。それが、善意の連帯による他人の物語の真の機能というものにほかならない。そこでは、抽象化が避けられたわけではないし、錯覚が晴らされたというわけでもない。現代的な言説は、その根源的な矛盾をはらんだまま、他人が語る他者の問題に埋もれている。

作家の誕生＝作家の死

自分の問題を自分で語ることが作家たることの証であるというなら、現代的な言説は作家の誕生を禁じる言葉の環境というほかはない。事実、「問題」の時代の説話論的な磁場は、作家という存在を容認しえないのだ。他人の語る他者の問題の中で目覚め、他人の物語を模倣しつつこれと同調することなしに「芸術家」の生産は不可能なのだから、そこから自由な空間は見出しえないのである。

もちろんそのことは、才能というものが完全に失われ、凡庸さのみがすべてを支配しつくしているということを意味しはしない。このようにして生産された「芸術家」の中には、多少とも独創性に恵まれていたり、いなかったりする作家はいるだろう。だがそうした才能は、現代的な言説の維持にのみ貢献し、その説話論的な構造にいかなる変化も導入することはない。作家は、持って生まれた才能の有無にかかわりなく、自分が形成された環境にとどまり、ほどよく面白い物語を綴ったり、それに失敗したりするだけのことだ。知識人たちが語る物語にしても同様である。刺激的な「問題」の提起もあれば、ごくありきたりな「問題」の提起もあるだろう。もちろん、面白い物語を語りうる才能の持ち主はそれなりに評価さるべきだし、刺激的な「問題」の提起者もまた、それにふさわしく評価さるべきである。才能が無意味になったというのではないし、繊細な思考にいかなる価値もないというのでもない。ただし、われわれがそこで評価するもののほとんどが、「流行語」の時代の物語を特徴づける細部であって、「問題」の時代のそれではないのである。たとえば文体、この文学的な価値は、排除と特権化の力学に従って差異をきわだたせる説話論的な主題であり、明らかに今日まで生きのびているとはいえ、現代的な言説をきわだたせるものではない。文体が消滅したわけではないが、それはかえって、二つの異質な言説の断層を人目から蔽ってしまうという非＝歴史的な役割を演じてしまうのだ。いかにみごとな文体も、自分の問題を自分で語ることを可能にはしないのである。そのことによって、人は決して他人の物語から自由になることはない。物語とは、あくまで構造の問題であり、ある種の類型化をうけいれるものだとはいえ、文体は構造を欠いており、時代によってその変遷ぶりを観察しうるものの、歴史的なできごとではないのである。そこに歴史が露呈するのは、文体においてではなく、あくまで説話論的な構造であり、かつまたそれを統御する説話論的な磁場なのである。

では、現代的な言説は、どのようにしてその歴史性を可視的なものにすることができるのか。誰もが等しくその説話論的な磁場に囲いこまれており、そこに交錯しあう「問題」体系の配置に従って思考し、他人の言葉をあたかも自分の物語であるかのように錯覚することで、結局は他人の物語の説話論的な構造にふさわしく分節化されてしまうことになるというこの言語的な環境は、何を契機として解読可能なものとなるのか。進歩の「問題」、階級の「問題」、貧困の「問題」、人道主義の「問題」から、終末の「問題」、権力の「問題」、差別の「問題」、環境汚染の「問題」、等々へと、そのつど「問題」体系の配置を組みかえながらも、現代的な言説はその構造を維持しつづけてきた。また、それが維持されている限りにおいて、その歴史性は隠蔽されていたわけである。そこでわれわれは、現代的な言説を口にしながら、あたかもそれが普遍的な環境であるかに錯覚しつづけるほかはなかったのである。だが、すでに何度も触れる機会もあったように、「問題」の時代の説話論的な磁場は、明らかに歴史的な事件としてあるとき形成されたものである。だからそこでの言葉は、普遍的な抽象ではなく、具体的な歴史性を身にまとっている。われわれは、「流行語」の時代がそれを閉ざすことになった一連の真実の言説ともいうべき時代を生きた存在のようには思考していないし、また語ってもいないはずなのだ。にもかかわらず、その二つの異質な物語の説話論的な断層を意識することなく、あたかもそれが同じ言葉であるかのように語り続けている。つまり、自分を捉えている言語的環境の表情だけは見まいとしているのだ。その事実は、もちろん、現代的な言説がおのれの構造の露呈を怖れる言説だという事実とかさなりあっている。これをあえて露呈させうるものが構造主義でないことは確実である。というのも、構造主義的な言説は、構造という「問題」によって事件の歴史性を人目から遠ざけることしかしないからである。もっとも、現在、構造の一語が「流行語」の特権化と排除の力学をいまだに身にまとっているのか、それとも「問題」の匿名性と連帯の段階に達しているのかは意見のわかれるところかもしれない。だが、構造主義的な言説は、明らかに「問題」としての構造をめぐる物語なのだから、かりにこの語彙に異常な敵意を示し排斥の気配を漂わせるものが一部にいたところで、人は、権利として、また原則として、その語彙を他者の問題として共有しうるのである。もちろん、現代的な言説の歴史性の露呈にとって無効性を宣言されたからといって、それは構造主義そのものの限界を意味するわけではない。別だん、マルクス主義に、あるいは精神分析学にそれが可能であったわけでもないからである。おそらく、それを露呈させる方法は存在しないのだ。方法もまた、「問題」にほかならない。ではどうするか。

おそらく、それには物語を語ろうとする話者の姿勢を変えなければなるまい。現代的な言説を特権的な知と想定し、物語をそれに従属させてはならないのだ。「問題」の時代の説話論的な磁場について、一篇の物語を語ってみせたりするのではなく、そこに形成されては組み替えられてゆく「問題」体系の配置そのものを、誰もが知っている他者の物語として、話者を介在させることなく語らせなければならない。現実には、話者は物語から消滅しえないから、作家が、その匿名の説話論的な機能を模倣せざるをえまい。すると作家が語る物語は、現代的な言説の構造そのものを周到になぞることになるだろう。そのとき、他者の問題を語っているのは、あくまでも他者の言葉である。「問題」がきまって他者の問題であり、それを語るのがかならず他人の言葉であるなら、まさに他人が語る他者の問題だけがそこに露呈されるはずだろう。小説を書いたり読んだりするために必要なのではなく、それじたいが小説の一部をなし、しかも作中人物たちが、誰もが知っている既知の物語からなるその項目を律義に筆写するという意味で再現の対象となる『紋切型辞典』とは、文字通り、他者の問題を語る他人の言葉そのものとなるだろう。この倒錯的な辞典を書くものは、それを読むものと同様に、自分の問題を自分の言葉で語ることをそのつど回避するという奇妙な言語体験をしいられることになる。だからここでは、物語に対する語るものの姿勢が変っているのだ。

だが、変っているとしたら、それは何との関係においての変化だというのか。たとえば小説を内面と外界の鏡だとする比喩を許容していた時代の言説にあっての、物語と話者の関係に対してである。だがここで改めて想起してみるなら、小説が人間の心の鏡であったり社会の鏡であったりするという場合、言葉は、心なり社会なりを決してそのまま反映しているわけではない。言葉というものが映し出すことができるのは、あくまで描かれたもののイメージであり、そのイメージは具体的な現存ではなく、想像の働きを介しての徹底した不在にすぎない。言葉はそれじたいとしては、描かれた内面なり外界とは絶対に似ていない。人が現実に読み、かつ書くことができる言語記号は、それが意味している内容とはいかなる類似点も持ってはいないからである。にもかかわらず、そうした一連の言葉に接するものが鏡の比喩を援用するのは、それが想像力に働きかけて喚起するものが、描かるべき対象にイメージとして似ているという印象を与えるというだけのことだ。そして、一般に秀れた作家と呼ばれている才能ある個体が、その特権的な知に物語を従属させえた場合、まさしく作家個人の自分の問題が自分の言葉で語られているという印象が、不在の類似を強調することになる。ところが、誰もが知っている他者の問題が他人の言葉で綴られている物語が、そっくりそのまま他人の物語として提示されたとき、人が読むのはイメージという不在の類似ではない。具体的な言語記号としての言葉が、まさに他人の言葉そのものとしてそこにあるからである。類似の印象が個人の独創性によって誇示されるのではなく、作家的資質の有無にかかわりなく、まったく同じものとしてそこに再現されているのだ。人は、言葉を正確に再現することはできるが、不在のイメージを正確に再現することはできない。それ故、自分の問題を自分の言葉で語った小説が与えうる類似の印象と、他人の問題を他人の言葉で語った物語の語句の再現とは、まったく別の次元の問題であり、前者に鏡の反映の比喩をあてはめるとしたら、後者にはそれはまったく妥当性を持ちえないのだ。「問題」の時代にいたって鏡が砕け散ったといったのはそのためである。小説という鏡には言葉は映らない。とりわけそれは、他人の言葉の前には徹底して無力というほかはなかろう。鏡とは正当化の手段にほかならず、それが正当化するものは、小説的才能による類似の印象ばかりである。バルザックの描いた十九世紀前半のパリは真実味を帯びているし、サド侯爵が摘出してみせた人間の心にも、普遍的な真実がそなわっているといった具合に、人は、選ばれた才能の保証によって、不在のイメージと描かれたものとの類似を納得する。だが、他人の言葉の再現にあたって、この種の正当化は不要である。それが、あらゆる人によって既知の物語とみなされているが故に、再現が再現として容認されるのだ。だからここには、鏡はもはや正当化の手段としては機能していない。特権的な才能のみが実現しうる類似の印象ではなく、同じものの律義な再現があるばかりだからである。

鏡の比喩とその破壊という現象は、それじたいが比喩的な機能を演じるものであってはならない。小説という領域で進行したこの変化は、すでに触れておいた写真史の言説におけるダゲレオタイプからカロタイプへの変化とまったく同じ種類の、きわめて歴史的な変容なのだ。前者が鏡の原理の技術的な開発であるとするなら、後者はそれとまったく無縁である。カロタイプの技術的な繊細化として実現された今日の写真の説話論的な特質が、誰の見る写真も結局は同じだという実感を基盤としており、モデルとの類似の印象が決して一義的なものでないという点も、すでに触れた通りである。したがって、「問題」の時代を生きる物語の語り手がその姿勢を変化させねばならぬのは、鏡の比喩に対してであり、そこに形成される正当化の手段に対してなのである。『紋切型辞典』に含まれる物語は、類似を正当化されるまでもなく、他人が語る他者の物語と、そっくりそのままのものにほかならず、ひたすら同じであることしかできない。実際、同じものがどうして類似していたりすることが可能なのか。だから、現代的な言説の歴史性は、同じものに類似を口にすることは不可能だという点に露呈されねばならない。

とりあえずの秩序

「この書物のはじめから終りまで、ぼく自身がつくりあげた言葉は一つとして挿入されること」がないようなものとして構想された『紋切型辞典』は、しかし、他人の言葉のみからなる他者の物語として完成されることはなかった。無謀というほかはない編纂者フローベールが、その完結以前に死ななければならなかったという理由のほかに、この奇妙な辞典が、『ブヴァールとペキュシェ』という小説に包みこまれてしまうという構想の変化が、執筆中に起ったからだという点も、これまでに述べたとおりである。だが、そのことによって『紋切型辞典』の着想はいささかもそこなわれてはおらず、かえって意義深い造型性を獲得したのだとさえいえる。というのも、これが長い序文をともなった独立の書物として刊行されていた場合、その倒錯的な側面が、逆に一つの特権的な才能としてきわだつことにもなりかねなかったからである。だが虚構としてのごく当然の配慮に従い、物語の筋、作中人物の性格、時代背景、舞台となった土地の風土的特色、などを持った小説に包みこまれることによって、この辞典は、「流行語」の時代と「問題」の時代との間にうがたれた説話論的な断層を、歴史的な事件として輪郭づけることになるだろう。『紋切型辞典』を包みこむかたちとなった未完の長篇小説『ブヴァールとペキュシェ』の物語は、その時代背景として、二つの言説の移行期にあたる十九世紀の中葉を持っている。より正確にいうなら、一八三八年の夏に始まり、挿話が一八六一年の夏に達したと思しき時期に中断しているのだ。その二人の主人公が『紋切型辞典』の項目を筆写しはじめるのはそれよりも後のこととなるだろう。だが歴史的な背景としては、一八四八年の二月革命から五一年のナポレオンⅢ世のクーデターという政治的な変動期を中心として、ほぼその前後二十年ほどが描かれているといってよい。この前半の十年は、いわば「流行語」の時代であり、後半の十年が「問題」の時代ということになるかもしれない。ところで、二つの異質の言説の移行期に物語を設定したこの小説の特質は、それぞれの説話論的な磁場がたがいに共存不可能である点を実践的に生きてみせている点にあり、その意味で、これは厳密に歴史的な実験小説だということができる。別だんここには前衛的な意匠が凝らされているわけではなく、抒情的な挿話を欠いていることからくるとっつきにくさはあるにはあるが、退職間ぎわの中年の二人の筆耕の出逢いではじまるこの小説は、世界の鏡という比喩の中でさえ充分に読むことのできるごく普通の小説としてはじまる。だが、その説話論的な持続は、途中で鏡の比喩が比喩として機能しえなくなる一点につきあたらざるをえない。というのも、ここでの描かるべき対象が、たんに内面と外界であるにとどまらず、言葉そのものでもあるからだ。この小説の主題は、まさしく説話論的な磁場そのものなのである。

二人の筆耕は、まず、特権的な知に従属した物語を解読することで、みずからの無知を埋めようとする。思いがけない遺産がころがりこんだことから役所勤めをやめ、ノルマンディーの田園地帯に隠棲することになるブヴァールとペキュシェは、みずからの農場を切りまわす必要に促されて「書棚から、『田園の家』四巻を引っぱり出し、ガスパウニの講義録を注文し、農業新聞の購読を申し込んだ」。この何でもない身振りが引き金になって、一八三八年に四十七歳であった二人の独身者は、八十歳に手もとどこうという年齢にいたるまで、園芸術から造園術、化学、医学、薬学、衛生学、天文学、博物学、地質学、考古学、建築学、歴史学、文学、文法、文章法、美学、社会主義、女性論、救急法、動物磁気、催眠術、降神術、魔術、存在論、形而上学、哲学、宗教、教育学、骨相学、等々といった、知の体系の中をひたすら歩きまわり、書物という書物を読み漁ってノートをとる破目に陥る。そして、作者の死によって中断された原稿の残りの部分を草案によって補うなら、未完部分の最後で、「われわれは研究を重ねてきたのだから、読む権利がある」と主張するブヴァールとペキュシェによって、村人たちを聴衆とする講演会が持たれることになるのである。つまり、彼らは、自分の言葉で自分の問題を語ろうとする説話論的な欲望をいだき、その権利を主張しようとさえする。

もっともそこで、彼らはこれといった独創的な見解を開陳するわけではない。税金が高すぎるから防衛予算や宗教関係の予算を撤廃せよとか、僧侶が妻帯せず、姦通を軽視し、女性を解放せよと叫ぶのは偏見にすぎないといったことがらが、ただ脈絡もなく語られているにすぎない。この講演会は、いうまでもなく「恐ろしい混乱のうちに終る」。その失敗の原因を、草案は、彼らの言葉のはしばしに顔をみせている危険思想を怖れる「田舎者の悪知恵」だとしてはいる。だが、危険思想などと呼ばれるにふさわしい一貫した主張など、そこにはまるで含まれてはいない。にもかかわらず、「宗教や秩序に害を及ぼし、反乱を煽動した、等々の理由」で二人が告発され、拘留状を手にした憲兵までが登場し、村人たちによって監禁の必要性が論じられてしまいもするのだが、その最大の理由は、自分の問題を自分の言葉で語っているつもりの彼らの物語が、いつの間にか、他人の言葉による他人の問題を扱った他人の物語となってしまっているからである。その演説が危険な問題をめぐって語られているが故に、人びとが怖れるのではない。ましてや、その主張の愚かさが人を苛立たせているのでもない。他者の物語が、文字通りその裸の構造を露にしていることが、事態を混乱させているのである。

徹底的に他人の言葉である物語とは、それが自分の物語として仮構されることがないかぎり、説話論的な脈絡におさまることがない。そこには、物語の論理というものが機能していないからだ。露呈された他人の物語には、説話論的な因果律が欠落しているのである。もちろん、人は税金が高いことを嘆くことができるし、僧侶の妻帯を禁ずることが偏見だといつのることも各人の自由である。だが、防衛予算の撤廃と姦通の軽視とは、同じ文脈にはおさまりがたく、そこに演説として前後の脈絡をつけることは不可能だろう。それらは、たがいに異なる「問題」体系に属するからである。かりにこうした諸「問題」に一つの秩序を導入しうるとするなら、あらゆる辞典に共通のあのアルファベット順をおいてはないだろう。他者の物語が「問題」の時代の言説にふさわしくその説話論的な構造を明らかにしたとき、人は、だから構造の不在を過激なものとして怖れるのだ。その意味で、演説が憲兵隊の出動によって終ったとき、もとの筆耕に戻ろうと決意するブヴァールとペキュシェが書き写すことになるのが『紋切型辞典』であるのはきわめて象徴的なことだといえる。それが、アルファベット順というとりあえずの秩序に従って配列された他者の物語群だからである。

他人の言葉による他者の問題とは、それを統御しうる説話論的な構造を持つことのない、徹底して断片的な複数の言葉であり、それぞれが、中心を持たずに偏心しつづける短い物語となるほかはないだろう。だからブヴァールとペキュシェの二人は、「問題」の時代の言説を支える説話論的な磁場には、拡散しつつ断片化する言葉の力学が交錯しあっており、そこには説話論的な構造が存在しないという事実を、『紋切型辞典』を書き写しながら身をもって示すことになる。そこには、複数の「問題」が、前後の脈絡もないまま、同じ資格で戯れあっている。内容の点でその配列を正当化しうる論理は存在せず、それを物語として提示することの可能な唯一の秩序といえば、アルファベット順というあくまでとりあえずの秩序でしかないだろう。ABC順でもアイウエオ順でもかまわないが、いずれにせよ、「問題」の中にいかなる階層的な秩序も構築することのない方法が必要となるわけだ。方法といっても、それは暫定的な秩序が正当な理由もないまま肯定されるという点で、方法とは呼びがたいものといわねばなるまい。事実、『紋切型辞典』とともに彼らが書き写すことになる『各種文体の標本』、『比較対照句集』、『当世風思想一覧』などは、いかなる分類原理もない断片的な物語の羅列にすぎず、そこには正当化さるべき説話論的な秩序は存在していない。そうした物語は、いずれも同時に、しかも同じ資格で複数の人間によって口にされても不自然ではない他者の問題なのである。現代的な言説とは、原則的に、また権利の点で、誰が何を語ることも可能であり、特権的な知が中心的な主題と叙述の秩序を正当化することのない、匿名的な複数性によって定義づけられる。だから、そこでは自分の言葉による自分の問題と思われたものさえが、他人の言葉による他人の問題たるほかはないのである。

すでに見たように『ブヴァールとペキュシェ』の物語は、彼らをいかに処置すべきかをめぐって村人たちと県知事との間に深刻な書翰の交換があった事実を発見した二人の独身者が、自分たちを「無害な患者」と断じ、監禁の必要なしと報告する医師からの返事を、あたかも他人の物語であるかのように書き写す光景で終ることになっている。作者フローベールの身に訪れた死が、この奇妙な作品を完成させえなかったこともすでに記したとおりだが、この作者の死は、決して偶然のものではないだろうし、また、誰にでも訪れるあの普遍的な宿命でもないはずだ。医師の知事あての報告書はブヴァールとペキュシェの言動を記述した長い書翰の形式をとるべく構想されていたのだから、かりにこれが小説として完成されていたとするなら、ここでは二人の主要な作中人物が、いま一人の副次的な作中人物によって語られたことが確実な彼ら自身の物語を、そっくり他者の物語として書き写し、したがって語られつつある他人の言葉を一字一句正確に引用するという作業が行なわれるわけで、類似の印象という虚構の鏡の機能を超えた再現という事態が演じられることになる。それ故、物語からは、作家という特権的な存在は消滅せざるをえないのである。『ブヴァールとペキュシェ』が歴史的な実験小説であるというのは、それが「問題」の時代にふさわしい物語として、一方で現代的な言説に説話論的な構造がそこなわれてはいないという現実をあからさまに示し、また他方では、他者の物語に作者という特定の個体が存在しえないという事実を身をもって生きてもいるからである。その意味で『紋切型辞典』の無謀なる編纂者の死は、厳密に歴史的な死なのだ。あらゆる歴史的なできごとがそうであるように、作家の死は実験的な死でなければならない。一八八〇年という年代記的な日付に位置づけられることなく、その実験的な死は、「流行語」の時代と「問題」の時代とを距てる説話論的な断層を、歴史の上に刻みつけずにはおかぬのである。

説話論的な断層と歴史

これまでその形式もジャンルをも限定することなくもっぱら物語と呼ばれてきたもの、それは、言語記号のしかるべき配置によって何ごとかを語るという説話論的な実践の意味を持つ体験のすべてを総称したものだ。一つの文章で完結してもよいし、複数の文章の集合からなる言説であっても、そこに何かが語られていればそれが物語なのであり、架空の事象であろうと、現実のできごとであろうと、理念的な論述であろうと、すべてそう呼ばれてさしつかえない。ただし、それはあくまで語られなければならぬ。音声言語としてであれ文字言語としてであれ、具体的な言語体験があったとき、そこに物語が生産される。したがって物語の生産を統御する説話論的な磁場とは、たんなる幻想領域といったものではなく、言語的な実践と同時に機能する具体的な装置である。だが、その装置は、ある種の言語学的な言説が定義づけるパロールに対してのラング、あるいはメッセージに対するコードといった潜在的な不可視の体験なのではない。それは一方で、しかるべき「問題」体系へと説話論的な欲望を誘きよせる磁場でもあると同時に、また他方、その磁力に従って語ろうとする者から自分の言葉を奪い、語る行為そのものを、他者の物語の説話論的な要素として分節化する装置としても機能するものなのだ。ここにあって語るものは、無意識のうちに他者の問題に同調しつつ、他人の言葉の一部へと自分を組み入れることを容認してしまう。語るものは、決して特権的な個体ではなく、複数の話者たちとの説話論的な関係の中でしか言語的体験を実践することができない匿名の複数者なのだ。だから、現代的な言説の限界とは、誰もが同じ言葉を鸚鵡返しに口にしてしまうという画一化の運動の中に認められるものではない。それぞれに別のことがらを主張しているはずの者たちが、「問題」へと加担する姿勢の対立関係を堅持しながらも、補完的な説話論的な機能を演じてしまうところに、現代的な言説の限界が存在しているのである。それはちょうど、無意識という他者の物語に対して、分析医と被験者とが演じる相互補足的な関係といってもよいし、あるいは、制度という他者の問題に対して、その擁護者と反＝制度論者とが演じる補完的な関係を考えてみてもよいだろう。いずれにせよ、問題なのは、思考の画一化そのものではなくあくまで構造の同一性なのだ。

明確な定義も示さぬままにここまで使用されてきた構造の一語に、さして深い意味があるわけではない。それとても多くの定義を持つものだとはいえ、いわゆる構造主義者たちが定義する構造の概念ともこれは無縁の言葉である。たとえば、複数の「問題」をめぐって、複数の文章が綴られようとする場合、そこに正当化されうる秩序を想定しつつ継起的に配置する場合と、アルファベット順といったとりあえずの秩序を導入して列挙する場合とでは明らかに物語の語られ方が違うわけだが、その差異をきわだたせる形態を構造と呼んだまでで、これはあくまでほかの単語と置換可能な言葉である。また、自分だけが知っていることがらをみずから語りうることの特権として語る物語と、誰もが知っていることがらを、連帯の証として語ろうとする物語とでは、知と物語との関係が明らかに違っており、形式的には同じ文章構造にもおさまりうるこの二つの物語が、それを支える説話論的な欲望の側面で示すことになる差異の形態を、これまた構造と呼んでみたのである。この場合、知と物語という関係を想定しない限り、そこにいかなる形式的な差異もないことは明らかである。「流行語」の時代と「問題」の時代とを距てる説話論的な断層という概念を介入させたのは、知と物語との関係の変化をきわだたせる目的からであって、個々の例をとりあげてみれば、いまだに「流行語」と「問題」とは矛盾なく共存しあっていることもあるだろう。また「流行語」の時代と「問題」の時代とは、それぞれの社会の政治的＝文化的な状況に応じて、幾つもの異質な説話論的な断層を歴史に刻みつけてもいるだろう。しかし、「問題」がきまって他人の語る他者の問題だという構造は、どこにあっても変ることがない。

たとえば今日の日本には、戦後という他者の問題が「問題」化している。戦後は、いま、他者の物語としてしか語りえないのだ。戦後を、自分の言葉で自分の物語として語りえたのは、それが「流行語」であった時代のことでしかない。いま、戦後を自分の問題として語ろうとすれば、他者の言葉としてすでに構造化されている説話論的な持続へとみずから分節化されてしまうほかはないだろう。もちろん、だからといって戦後を語ることを放棄せよというのではない。語るには戦略が必要であり、その戦略を誰もまだ手にしてはいないというだけのはなしである。実際、戦後という「問題」の肯定的な側面を顕揚するものも、その否定的な側面の強調に固執するものも、それじたいは貴重なものであったに違いなかろう個人的な体験の記憶や、それなりの物理的な苦労を伴うであろう文献調査などといった手続きによって、それぞれが物語を特権的な知に従属させ、いずれも「流行語」の時代の排他的な力学に従って語ることで、自分の言葉を正当化しうると信じている。その意味では、戦後が一つの「問題」であるという点にさえ、彼らは無感覚なのである。「問題」の時代に暮している我が故に戦後という他者の問題を語りうるのだという説話論的な条件そのものに無自覚なものが語る言葉は、「流行語」の時代の説話論的な磁場に作用していた特権化と排除の力学に固執する。だが、共有しえないはずの説話論的な構造を混同することは、非＝歴史的な抽象へと自分を譲り渡すことにほかならない。その抽象的な言語体験は、「問題」体系の中に虚構の階層的な秩序を導入する。それじたいが複数の断片的な「問題」系列からなっているはずの戦後という他者の問題の、しかるべき側面のみを特権化し、しかも戦後とはあからさまには呼ばれないにしてもそれと同じ資格で戦後を語りうるはずの多くの「問題」を視界から排除する。その上で、正当化されるはずもない配列の秩序を導入し、「問題」の時代にはふさわしからぬ虚構を語りはじめるのだ。その抽象的な虚構こそ、自分自身の説話論的な構造の露呈を怖れる現代的な言説の実態なのである。それをイデオロギーと呼ぼうと神話と呼ぼうといっこうにかまわないが、たとえば国家といった他者の問題があたかも特権的な「問題」であるかのように視界に浮上するのには、こうした異質の説話論的な磁場の抽象的な混同がなければならない。

国家とはたんなる幻想ではなく、誤った「問題」であり、国家論とは誤った物語なのだ。誤ったというのは、真実と照応して正しくないという意味ではなく、「問題」体系の複数的配置を抽象化しているが故に、非＝歴史的だという意味である。しかもその歴史的な誤りは、自分自身の露呈を怖れる現代的な言説に包まれる必然的な矛盾なのだから、われわれはこの「問題」を、異なった二つの言説を距てる説話論的な断層で捉えなおしてみることで、歴史性を回復しなければならない。この説話論的な断層を改めて体験することで、人ははじめて「問題」の時代の言説を具体化しうるのだ。

たとえば今日のマルクス主義の「問題」、あるいは「問題」としてのマルクスは、明らかに「流行語」の時代の言説とは異なった物語をかたちづくっている。その語彙は、もはや特権化と排除の力学を煽りたてることなく、誰もが語りうる他者の言葉として説話論的な磁場を活気づけている。だが、自分が「問題」の時代に暮していることの気安さから、マルクスが正しいか正しくないかと断ずることは、非＝歴史的な抽象でしかないだろう。そこには、異質の説話論的な磁場の混同が起っているからだ。多くの反＝マルクス的な言説が教条主義的なマルクス主義の言説を超ええないのは、その混同によって、説話論的な断層を体験することがないからである。それもまた、誤った「問題」であり誤った物語なのだ。いずれにしても、戦後にしろ、国家にしろ、マルクス主義にしろ、誰もがそれについて気軽に語りうるのは、それが「問題」の時代にふさわしい他者の物語として他人の言葉で語られているからにすぎない。つまり、説話論的な磁場に変容が起ったが故に、特権的な知の所有者であると否とにかかわらず、こうした語彙を主題とした物語を口にしうるというまでのことだ。それは断じて自分の言葉とはなりがたい何ものかであり、どんな姿勢をとったところで、説話論的な断層を体験することなしに自分の物語として正当化されることはないだろう。

もっとも、価値の多様化などという現象がこうした「問題」をめぐる視点を複数化したからそうなのではない。価値の多様化ということじたいが現代的な言説の好んで戯れる他人の物語にすぎないのだから、その説話論的な構造はいつでも同じものなのだ。「問題」とは、すでに述べたように、ひたすら断片化しつつ偏心する中心不在の言葉の群なのであり、かりにそれが人を納得させうる一貫性におさまったにしても、その物語的統一を正当化しうるものなどなにひとつ存在しはしない。だからことによると、現代的な言説にふさわしく国家を、戦後を、あるいはマルクス主義を語るとするなら、アルファベット順というとりあえずの秩序に従って配列された、複数の物語の無限引用といったかたちしかないのかもしれない。あるいは『紋切型辞典』を含む『ブヴァールとペキュシェ』の説話論的な構造の中に、国家の「問題」が、戦後の「問題」やマルクスの「問題」とともに散在していると考えるべきかもしれない。拡散し、散在することこそが、現代的な言説にふさわしい唯一の「問題」のあり方なのだ。ある「問題」を解決することで何ごとかが確かな輪郭におさまり、それを中心とした構図をかたちづくる視界が晴れわたるといった事態は現代には起りえない。すべての「問題」は同じ資格で戯れあい、その戯れの運動が「問題」

体系のおさまりがちな階層的な秩序を不断に攪拌する。だから、どこから始めようとそれはとりあえずの始まりでしかないし、何で終ろうと、その終りは決して終局的な結論とはなりがたい。ちょうど、現代的な辞書や百科事典がそうであるように、「問題」の配置は、「流行語」の時代の特権化と排除の磁力にはどこまでも抗うものなのである。字引は、文字通り説話論的な構造を欠いた言葉の引用ともいうべきものなのだ。

だが、だからといって辞書や百科事典がそれじたいとして現代的な言説なのだと主張したりしてはなるまい。まず、そこには戦略性が欠如しているし、また、その断片的な物語は明らかに知に従属しているからである。その意味で、普遍的な客観性を装いながらも、徹底した他人の言葉だとはいいがたいのである。字引には、倒錯的な資質が不足している。いかなる辞典編纂者も、無謀な存在ではなく、その知の特権性によって正当化されうる個体でしかない。だから、辞典は、現代的な言説と見えながらも、説話論的な断層をくぐりぬけた記憶を持たぬ抽象的な物語にすぎないのである。われわれが必要としているのはあくまで、倒錯的な辞典であり、無謀な編纂者である。その無謀な倒錯性は、まさしく説話論的な断層を体験することによってしか、形成されることはないだろう。

残された問題

いまや、『紋切型辞典』という書物が存在しえない理由は明らかである。その構想を未完のままに残した編纂者の死は、この書物の不在とはいかなる関係もない。編纂者は、その構想を得た段階でほとんど死んでいたというべきだろう。そしてこの辞典が一つの長篇小説に含まれないという方向で構想がかたまっていったとき、彼は、その死を着実に死たらしめることができたわけだ。二つの異質な言説の説話論的な断層そのものをみずからの生の条件とすることによって、この無謀な編纂者の生きた死は、歴史的な死となったのである。その結果、『紋切型辞典』は、世界に類似した何ものかではなく、世界と同じものになったのだ。

とはいえ、そこに世界の総体が閉じこめられたわけではない。これが倒錯的であるのは、まさに統合の原理を欠いているからにほかならず、そのあらゆる断片が、世界の断片と同じものだからである。この場合、他者の問題を他者の言葉で語った他者の物語群というのが世界のことである。そのあらゆる断片は、不断に更新される現在としてしか存在しえない。そしてその集積は、いかなる場合も、それを正当化する理由を持たないとりあえずの形態しかとりえないだろう。だから、どこから読み始められ、どこで読みおえても、またどんな順序で読み進めてもかまわないわけだ。と同時に、誰がいつ、どんな言葉を書き加えてもかまわないだろう。総体としては収縮もすれば膨脹もするが、そのどの部分に触れても、そこには現代的な言説の説話論的な磁場としての世界の現在が語られている。あらゆる言葉が、潜在的に、この辞典の項目たりうるものなのだ。あらゆる人間が、その潜在的な編纂者たりうる資格を持っているからである。

つまり『紋切型辞典』には終りもなければ始まりもないということだ。それは、補遺としていくらでも項目を付加することのできる開かれた書物なのである。開かれているといっても、それが精神において開かれているといった程度の比喩としてそうなのではない。物質的に開かれているのだ。事実、ここに、『フローベールをめぐる現代批評の当世風思想と紋切型の小辞典』という書物が存在する。その編纂者がダニエル・サルナーヴと呼ばれる現代フランスの女性流行作家であり、彼女がつい最近ある文学賞に輝いたといった事実は、それが発表された刊行物が、リール第Ⅲ大学の『人文科学雑誌』の一九八一年第一分冊、通算一八一号だといった事実とともにさして重要な指摘ではない。また、この編纂者が無謀であり、この辞典が倒錯的であるかどうかを知ることも、さしあたってはどうでもよいことだ。その「文章（フローベールの）」という項目に「俳句の等価物（最近の意味）」といった定義が読みとれるという意味で充分に「問題」的だということだけは確かなこの『小辞典』には、もちろん「芸術家」の項目もそなわっており、「エクリチュールのフローベール化は、作家の贖罪である」という『零度のエクリチュール』のロラン・バルトの言葉のやや簡略化された引用が見出されたりもする。そしてごく当然のことながら『紋切型辞典』の項目もそこに読みとることができる。

辞典（紋切型の） あらゆる作品を限界づける地平？ この辞典にはいらいらさせられると白状すること、しかし何か評論でも書くときにはこの辞典をだしに使うこと。

何か評論でも書くときにはこの辞典をだしに使うこと。この言葉が何か深遠な真理を含んでいるなどとはいうまい。ましてや、それが気が利いているから引用したというのでもない。また、これまで語られてきた言葉が、『紋切型辞典』の正統的ではないが故に補遺たる資格を持つ『小辞典』の定義をはるかに超えるものだとも、主張しないつもりだ。ここに読まれ終えようとする言葉がいかなる機能を演じるべきものであるかといえば、それは、決してフローベールがその編纂者たる資格を専有してはいない『紋切型辞典』に、一つの長い項目を追加するためのあらずもがなの序文としてだということは可能である。追加されねばならぬ語彙、それは物語の一語だ。いま、物語という語彙が「問題」となりつつあるからである。その「問題」としての物語から「流行語」の時代の特権的排除性をいかにしてそぎ落し、現代的な言説にふさわしい形態に組織すべく戦略的に倒錯するか、それが残された問題である。

「Ⅱ」

Ⅰ　プルースト　または遊戯の規則

屈託のない予言者たち

誰もが自分の始めたわけでもない遊戯の終りを予言することができる。なるほど、ついに終りそびれた遊戯というものを人類は知らないのだから、みんなが遊戯するものに許された屈託のなさを装い、その遠からぬ終りを口にする権利を持っているわけだ。人智を超えた全能者の気まぐれな介入が終りを確立させるのではない以上、その予言は、あらゆるものに平等に分配された資格だといってよい。いずれ決着はつくのだからと高を括る連中の顔には、神託をつげる巫女たちの入神状態も、あの予言者たちの謎めいた大袈裟な表情も認められはしない。さいわいなことに神はとうの昔に死んでくれているのだ。

なるほど、終焉の儀式はいくぶんか荘重に演じられねばなるまい。だが、遊戯であるかぎり、その終りはあくまで呆気なく到来すべきだろうと彼らは考えている。もっとも、それは不意撃ちの呆気なさとは異なり、誰もがそうと納得しあえる遊戯の規則に従っての思い切りのよさといったものである。もちろん、持続を唐突に断ち切る切れ味のよさこそが終りにふさわしいのだが、それはいささかも宿命を思い起させることがあってはならない。あくまで遊戯の規則に従っての終りとして、いかなる悲劇もそこで生きられはしまい。ちょっとでも規則に通じていさえすれば、誰もが遊戯の推移を目で追いながら終りの気配を察知し、そのことを個人的な見解として表明する権利を持つ。膠着状態と呼ばれるものも、確実に到来する終りの一瞬との関係で解読され、賞味されもすれば退屈と断じられもする遊戯の表情の一つにすぎない。

たとえばプルーストのロベール・ド・サン＝ルー。この貴族出身の優雅な将校もまた、ある種の屈託のなさを共有しつつ、遊戯の終りを予言する。「いや、ぼくは非常に短期の戦争だと思う」と彼は自信をもって宣言する。ここで短期に終ると予想されているのは、第一次世界大戦のことである。ゲルマント家につらなるこの名門軍人がそんな予言を口にするのが、マルセル・プルーストの『失われた時を求めて』の最終巻にあたる『見出された時』の冒頭近くであることは、さしあたりどうでもよいことだろう。四年続いたことがはたして短期の戦争と呼びうるかどうかも、いまは問わずにおこう。いずれにせよ、作者は、話者自身をのぞけば、遠からぬ終戦を予言する作中人物だけをそこに登場させている。

ロベール・ド・サン＝ルーにとって、戦争の終りは、心おきなくワグナーの楽劇を聴くことのできる時間の再開を意味している。前線でふと耳にした小鳥のさえずりに『ジークフリート』の一景を思い起し、病身のためパリにさえとどまりえない話者あての手紙で、この敵国の作曲家について軽く触れているのである。彼が戦場から書いてよこす書翰の文面には、銃後ではばかられるほどの頻度で、ドイツの芸術家や哲学者たちの名前が姿を見せているが、あの崇高な旋律に浸れる瞬間を戦争状態の終結まで延期する覚悟でいるところをみると、サン＝ルーすらが遊戯の規則には忠実なのだろう。

もちろん、前線で甦ったワグナーへの抑えがたい願望が、彼に短期の戦争を予言させているわけではない。「私」、つまり『失われた時を求めて』の話者に向ってそのことを語るための論拠として、彼は、大戦の勃発に先だって出された布告に、「平時予備軍の補充が計画されてもいなければ、予測さえされていない」という理由を持ち出す。その事実から上層部の思惑を推測して得られたサン＝ルーの予言は、「戦争は十日とつづかず、フランスの目ざましい勝利によっておわるだろう」という話者の召使フランソワーズの妄信とは明らかに質を異にしている。だが、無知からくる「完全な即時の勝利」への確信も、貴族軍人の戦略論的な状況判断も、結局はともに屈託のない予言に行きつくという点では同じ姿勢を示しているといわざるをえない。そして、彼らの予言を裏切り「戦争はいつおわるともなく長び」くことになるからである。

しかし、「勝負のつかぬ長期戦を予言する勇気もなければ、予言するだけの想像力もなかった」のは、貴族と召使のみに限りはしない。従軍記者たちが書きちらす「野獣は絶体絶命、無力と化す」といった戦時にありがちな美辞麗句はともかくとして、空襲警報のサイレンがワルキューレのように響きわたるパリの社交界には「たしかな筋からだといって、講和談判がはじめられている」とまことしやかに告げてまわるものがひとりやふたりにとどまらない。もっとも、「条約の箇条まで列挙して」みせたりもする彼らは、戦局が長びけばいつしかそんな予言のことなどすっかり忘れ、自分たちの便利な記憶喪失にたやすく同調しないものを、時代遅れとしてサロンから排除しようとさえするのだから、そこでは別の遊戯の終りが問題となりはじめているのだといえるかもしれない。ほとんど倒錯的というほかない頑強さで敵軍ドイツへの共感を公言してはばからぬシャルリュス男爵は「戦前派《アヴァン・ゲール》」と呼ばれて社交界から遠ざけられるのだが、サン＝ルーと同じゲルマント家に属するこの老齢の男色家は、すでに終ってしまった戦前という遊戯をいまなお演じ続けているが故に、規則をわきまえぬ厄介ものとみなされるわけだ。「戦前派」と彼を呼ぶものたちは、もうあの方もおしまいですねとうなずきあっているのである。

事実、『見出された時』の冒頭でのシャルリュスは、その遠からぬ終りをあらゆる人によって予言された存在として姿をみせている。「世俗的な社交界の雰囲気のなかから、歴史と、美と、絵画性と、諧謔と、はなやかなエレガンスとをふくむ、一種の詩情をひきだすことのできた詩人」として振舞っていた彼を社交界はもはや必要とはしていない。「社交界を軽蔑しているような口を利きながらひきかえに社会学や経済学の理論を得々と述べたてる」ものたちにくらべて、その詩的役割は明らかに時代遅れのものとなってしまっている。「毎月のように、来月こそドイツが粉砕されると信じ、一年経ってもやはり新しい予測に確信をもちつづける」といった生活を、シャルリュスの詩人としての繊細さは我慢できないわけだが、そんな苛立ちも遊戯の規則には何ら有効な批判とはなりがたい。自分が始めたわけでもない遊戯の終りを予言する屈託のなさに顔をそむけるなら、遊戯から排除されるほかはないだろう。世間体など気にもとめないその「貴族としての誇りから」ますます過激に倒錯と戯れようとするシャルリュス氏をみるにつけ、それが「氏の病気の新段階であると十分に感じていた」話者は、「ヴェルデュラン夫人の予言と願望通りに」、男爵の死が「いまではそう遠くないにきまっていた」とつぶやかざるをえない。こうして「私」もまた、あらゆるものに平等に分配されている終りを予言する権利を行使することになる。

「いや、ぼくは非常に短期の戦争だと思うんだ」とサン゠ルーにつぶやかせる根拠となった作戦の指揮に関わる布告に、「戦争が短期のものであるという見通し、戦争が今後どうなるかという見通しを、欠くものとして解釈させるべき」ではないかと懐疑的であった話者の「私」は、気軽に終りを予言しようとはしない例外的な存在として、シャルリュスとともにほかの登場人物とは一定の距離を保っているかにみえる。だが、予言に同調しないことで遊戯から排除されようとしている男色家の死に関してはおおかたの予測を肯定せざるをえなかったように、「私」も、話者としての特権性をその距離によって維持しようとしてはいない。「私」もまた、あることの終りが間近であることを思わずにはいられない身だからである。

「私」にとって一刻も早く終るべきもの、たとえ錯覚にすぎぬとは知っていても、なおその到来を待ち望まずにはいられぬもの、それは、「私」をパリから離れた世界へと転地させざるをえない病気の全快にほかならない。『見出された時』の冒頭に語られているのは、二重の膠着状態、つまり戦闘と病気とがいつまでも引きのばされてゆくという事態である。事実、話者は、召使フランソワーズの楽観的な勝利への確信をからかう意地悪な給仕人頭ですら、戦争の終りが明日にも来ることを願っているのだと念を押しながら、次のような文章で、ここにはいかなる例外もないことを強調している。

意識せぬ愛国心のはたらきで、彼もまたすべてのフランス人のように（病気になってからの私と同様の幻影《ミラージュ》にとりつかれたすべてのフランス人の例にもれず）、勝利が――私の場合には快癒が――あすのものであることを信じていたからである。

戦争と病気との並行関係が語られているこの引用文は、勝利と快癒とに対する同様の期待によって、「私」がすべてのフランス人と何ら異なることのない終りへの確信をいだいていたことを雄弁に告知している。病身の「私」もまた、シャルリュスを苛立たせもしたろう「一年経ってもやはり新しい予測に確信をもちつづける」ほかはない存在だという点で、いささかも特権的ではないのである。その期待がむなしいものだという自覚はあっても、また、明日の快癒をいたるところで予言してまわる屈託のなさは持たなかったにしても、それが短期の戦争だとつぶやかざるをえなかったロベール・ド・サン゠ルーと異質な世界に身を置いてはいない。性急に戦争の終りを予言する人びとに対しては、「まるで恋をしているときのように、目かくしをして、新聞を読んでいる」のだとその意図的な無自覚の大がかりな連帯ぶりを指摘し、もっぱら「愛人の言葉に耳を傾けるように、主筆の甘言に耳を傾け」、「事実を理解しようとはつとめ」ない連中にとって、敗北すらが勝利と映ってしまうという虚構が支配権をふるうにいたる事態を、距離を置いて観察する余裕は残されている。だが、それがいったん自分の肉体を冒す病気のことになると、こうした虚構への確信にひたすら同調するのみで、距離を置いてみる余裕などありはしない。

そのとき「私」は、自分を戦線はいうに及ばず首府の社交界からも遠ざけている病気によって、戦争に加担することになる。あたかも兵士たちが「何か月か経てば帰れるつもり」で戦場へと出発するかのように「私」もまたパリを離れ、明日の快癒を信じながら長い療養生活に入っており、前線の兵士たちが時おり休暇でパリに戻るように、全快したわけでもないのにパリに帰ってきたりもする。こうした病気と戦争との並行関係は、誰の目にも明らかなかたちで記述されているのだが、何とも奇妙なのは、「私」のかつての知人たちがひとりとしてその病状に興味を示さないように、話者自身も「私」の療養生活については、ほとんど語ろうとせず、「あるサナトリウムで過した長い年月」としか記していないことである。この長い年月が、戦争の膠着状態に対応しているのはいうまでもない。しかも、戦場のサン＝ルーがワグナーを聴く楽しみを戦争の終結まで放棄しているのと同じように、「私」もまた転地さきでの「その長い期間中は、書く計画をまったくすててしまって」いる。だから『失われた時を求めて』の最終巻の冒頭で「私」は、話者としての自分が記述しつつある世界の表情と恥しいまでに似ているのだといえる。

いうまでもなく、この類似は意図的なものである。比喩として、戦争が病気を、あるいは病気が戦争を表象するということじたいはさしてめずらしいものでもあるまい。皮膚の表層に痕跡を残す外傷から体内を蝕む不可視の細菌の作用、そしてそのさきに待ちうける死といったもろもろの段階で、この二つのものは親しい響応関係を生きうるだろう。

事実、比喩ということでなら、シャルリュス男爵の言葉の中に、戦争と病気とはしばしば他を説明する恰好のイメージとして姿を見せてさえいる。拳闘の試合にたとえるのは間違いだと念をおしたうえで、彼はいう。「戦争とは、一ところでなおったように見えて、また他のところに出てくる病気のようなものなんですね」。あるいはまた、長期にわたる戦争には、その勝利にすら危険が含まれているというとき、「はじめて試みられる手術が人体の組織にどんな反応を示すかを語るのは、むつかしいことです」といった言葉がその口から洩れもする。こうした比喩形象が、「勝利が——私の場合には快癒が——あすのものであることを信じていたからである」という話者の言葉と通じ合っているのはいうまでもない。それは同じことを語ってはいないが、同じ事態を述べているのだ。事実、快癒したわけでもない「私」が戦時下のパリに二年ぶりで戻ったとき、「唯一の関心事だった戦争の話がききたかった」ので、ヴェルデュラン夫人に会いに行こうと思う。そして「五時にいらして下さいな、戦争の話をしに」という言葉に素直に従い、自分の始めたわけでもない遊戯の終りをめぐる屈託のない予言が際限もなくくり返されている領域へとかけつけることになるのだが、その振舞いは、話者自身も触れることをせず、また誰も興味を示そうとはしない「私」の病気のことを語ろうとするのとほとんど同じことである。というのも、戦争の話をすることとは、終りに対する期待がいまだ失われずにいることをたがいに確かめあおうとする儀式にほかならぬからである。

なるほど、戦時下にヴェネチアまで旅行したヴェルデュラン夫人が、何に感動したかといって夜空にのびるサーチライトのみごとな光学的効果だなどと口にしながら、イタリアの建築や美術館をあからさまに無視してみせるとき、彼女はこうした儀式からは遠い地点に立っているようにみえる。だが、「話題を悲しみや感傷に向けるのを避けようとする人たちのひそみにならって」こうしたことを話題にするヴェルデュラン夫人にしても、戦争があくまで例外的な事態であり、それがいずれは終るであろうからと信じていればこそ、「目新しい」話題としてサーチライトを持ちだすことができるのであり、決してその逆なのではない。このような語り方で戦争の話をするものたちにしたところで、「一般の人が翌日またはもっとおそくでなくては知らないことを、せめて電話でなりとも、きいてからでなくては、誰一人として眠れなかったであろう」。電話をするというのは、もちろん総司令部のしかるべき高官のところにである。彼女の言葉に、総司令部の略称であるG・Q・Gの語が頻出することが、事態を何よりも雄弁に物語っている。新聞以前に知りえた政府の公式発表を参列者に告げるとき、その口調はごく自然に屈託のない予言者のそれに似てくるほかはあるまい。

新聞記事や論説ももちろんそこでの話題となる。だが、徴兵を逃れる口実から編集部にもぐりこんだものたちの論説には、巧妙な仕掛けがほどこされている。それは、予言を未来時制では語るまいとする配慮にほかならない。そうした語法の奇妙さを「私」に指摘してみせるのもシャルリュス男爵なのだが、何かにつけて機を見るに敏であるが故にパリに残って主筆の座を占めるくらいの人間なら、「まさに実現されんとする一つの真理として自分の願望を表現しようとするとき、事件が起ってから反駁されるおそれのある単純未来形を用いること」は周到に避けるはずだと彼はいう。その説明をすぐにはのみこめずにいる「私」に向って、いまではヴェルデュラン夫人のサロンに出入りするのをやめてしまった男爵は、戦争の長期化がある編集長の語法を微妙に変化させてしまった事実に気づきませんかという。老巧な新聞人たちは、未来形に置かれた動詞であからさまな予言はしなくなってしまった。そのかわり、ある動詞の特殊な補助動詞的用法によって、未来時制が語るのと同じ内容を表現しながら、しかも事件がその予言に忠実でない場合にも、そこに未来形の動詞が存在しないという理由で、その責任をとらずにおくというのが連中のやり方なのである。

ここでフランス語の動詞の時制や法をめぐる慣例の体系を論じようとは思わないが、シャルリュス氏の指摘の要点は、「知る」を意味する savoir という動詞を、断言を避ける語調緩和の条件法に置き、それを補助動詞として、編集長の個人的な願望をすることもありえよう、せずにはおかぬはずであるといったかたちで表現している文章が、新聞紙面に氾濫しはじめたという事実である。そこに語られているのは、期待であると同時に一つの指令でもある。もちろん、一刻も早く実現さるべしという指令なのである。

たとえば、「正義がくりかえしこのように侵害されることに、アメリカは無関心たりえないだろう」と書かれていた場合、合衆国の参戦への期待と、その実現が緊急のものでなければならぬという指令とをそこに読むべきなのだが、合衆国は何ごとかを知りうる主体であるからまだよろしい。しかし、「湖沼地方は短時日のうちに連合軍の手に落ちざるをえないであろう」といった文章となると、無生物である沼沢地帯がいったい何を知りうるのかとシャルリュス氏は皮肉っぽく笑う。この大袈裟な語法は、たんなる未来形でしかないのであり、しかもそこには、書き手にとっては火急のものと確信された要請、つまり、「これ以上待てば、おそきにすぎる危険がある」と論じらるべき願望が語られているのだから、構造においてはこれまでに見た屈託のない予言と何ら変ることはないのである。だがそれにしても、何という予言。人は、自分が予言しつつある事実をあえて隠し、どうしてこれほどまでに遠からぬ終りを予言しつづけねばならないのか。プルーストは、ここで一つの人間的な宿命について語っているのだろうか。終りへの期待という普遍的な事実を戦争という例外的な事態がきわだたせることになったのだといいたいのか。多年の観察によって得られた真理、みずからもそれから逃れることのできない人間的な真理を語っているのだろうか。

たしかに『失われた時を求めて』に、そうした側面がまったくないとはいい切れない。だが、こんな具合に終りへの期待に憑かれたものたちを総動員するとき、小説はまだ終ってはいない。話者は「作者」になってさえいないのである。「私」がこうして遠からぬ終りを屈託もなく予言しあう人びとと出会ったのは、「長い療養期間」の途中でパリに戻ったほんの短い期間のことであるにすぎない。われわれは、これからまた長い病気が「私」をパリから遠ざけ、文字通りこの『失われた時を求めて』にほかならぬ作品の執筆にとりかかる時期が、もっと先のことになるだろうことを知っている。「私」というのは、ここではもちろんマルセル・プルーストその人ではなく、自分自身をここで私と一人称単数で提示している話者のことだ。みずからを「私」と呼ぶ話者の言葉に従うかぎり、「私」はこのとき、作品の終りを準備してさえいない。実際、書き始められてさえいないものをどうやって終えることができるのか。それとも、書くことの終りが、誰もが確信した勝利や「私」にとっての快癒のように、それを「あすのものであると信」じることなしには実現しえないものであろうか。

死の宣告＝長い不在

一つの呆気ない終りが「私」の短いパリ滞在に終止符をうつ。戦争は短期のものになろうと予言していたロベール・ド・サン＝ルーの戦死がそれである。退却する部下たちを援護しつつ敵弾に倒れたというのだが、自分がその場にいあわせていたわけではないこの不慮のできごとによる不意撃ちも、「私」を深い悲しみの底へとつき落しはしたものの、予定されていた出発をほんの数日延期させただけで、その生活にさしたる変化を導入したわけではない。「私」は、「私を治癒するにはいたらなかったことでは最初の場合と変りはしなかった」という、二つ目のサナトリウムへ引きこもるのみである。戦争のように、もちろんその病気も終りはしない。そして、ふたたび長い年月が流れる。その年月がどれほど続いたものか、「私」は語ろうとはしない。それは、ただひたすら長いだけなのである。その間、戦争が、いつ、どんなふうに終ったのかさえ、読者は知らされない。また、戦争のように永びくその病状についても、話者は沈黙するばかりだ。「私」がいささかの効果をあげたとも思えない二度目の療養生活を切りあげてパリに戻るのは、「多くの歳月が過ぎてから」といった漠然とした一時期のことにすぎず、結局、「私の長いパリ不在」がどれほど続いたのかについては、まったく触れられていないのである。明日にも訪れるはずだと期待されていた「快癒」がもたらされたわけでもないのに、「私」は、これといった契機も明示せぬままパリに戻る。こうしてその到来がいたるところで確信されていた終りは、曖昧についえさってゆく。別だんほかの確信がそれにとってかわったわけではないが、人は終りを記憶から無意識に排除し、その排除の身振りすらがそれと意識されないのだ。あたかも終りへの確信など誰の心をも領していなかったかのように、というより事態が予測を裏切るかたちで進行することが遊戯の規則であると自然に納得されでもしていたかのように、終りという言葉そのものが人類の語彙から失われてゆく。

もちろん、われわれがそうした印象をいだくのは、話者たる「私」がもはや予言については語ろうとしなくなっているからだ。「私」が予言に言及することがなくなったとき、読者は話者の言葉の配置に奇妙な変化が導入されたといった印象を改めて持つ。短期の戦争終結を予測したロベール・ド・サン゠ルーが長期の戦争によってその生命を奪われたときから、短いという言葉そのものが文章から姿を消し、かわって長いという言葉が頻繁に口にされるように思われるのである。あるいは長い＝短いという対立概念にある種の価値の転倒が起っているようだといいかえてもよい。では、その転倒とはどんなものか。

すでに述べたように、「私」は何かが終ったわけでもないのにその療養生活を切りあげる。パリへの汽車に揺られながら、「自分には文学的才能が欠けている」という思いにとらわれもするが、もはやその確信さえ「私」を絶望させはしない。それはいくぶんか「悲しい」思いではあるが、サン＝ルーの戦死の知らせがそうであったように、何ら決定的なものを含まぬ想念にすぎない。もちろんその「悲しい思索」は「私」を「滅入らせ」はするが、だからといって、「長いパリ不在」ののちの生活を変化させようとは思いはしないのだ。「あんな長いまえから毎日あすこそは着手しようと思いつづけている例のあのような『仕事』のためにつくられた人間ではない」という自覚と快く戯れつつ、「私」はそれまでどおり社交界に出入りすることになるだろう。

そこでの話者は、「時」が残酷に刻みつけた傷跡をいくつもの親しい顔の上に認めることになろうが、ヴェルデュラン夫人に同調しつつその遠からぬ死を予測せずにはいられなかったシャルリュス男爵は、あらゆる予言を裏切るかたちで、戦後の首都に生きのびている。卒中による諸器官の麻痺からは何とか立ち直ったものの、その顔は、もはや詩人としての繊細さから上流社会に距離を置くことの誇りをまったく失ってしまっている。男爵にとって可能なことは、「彼の一族、あるいは彼の社交界の、いまは亡い人たちのすべてを、つぎからつぎへと数えあげる」ことばかりである。つまり、他者の死を思い出すことで、「自分の健康の回復をよりよく意識する」というのが、彼に残された唯一の生の儀式となっているのだ。あの男も、この男も「死んだ!」とくりかえすとき、そこには「ほんど相手をうち負かしたような冷酷」さが感じられる。「私」には、その一語が、死者を「ますます深く墓の底におしこもうとして墓掘人がやけにふりかけるますます重いシャベルの土」のように思われるのだ。終りは、もはや予言の対象ではなく、確実に起った過去のできごととして語られる物語の主題となっている。物語を語りうるのは、終りに立ち会いえた生者ばかりなのである。

長い不在ののちに「私」が耳にすることになるのは、これに類する不吉な物語ばかりである。「私」は、この「死んだ!」の合唱が久しい以前から奏でられていたことに改めて思いあたる。文学は、いまや「無意味な有閑人」のためにあるのではないといったスローガンが、多くの理論家たちの筆を通して、「もう文体ではない」、「もう文学ではない、生活だ!」といった性急な宣言として身軽に行きかっていた一時期が確かにあった。また「スピードの時代の芸術は切りつめられた短いものになるだろう」といった、長い芸術を否定する言辞もつぶやかれていた。そうした未来派的な気運を「あたかもある種の人たちが、大戦前に、こんどの戦争は短いだろうと予言していたように」、といった比喩で語ってみせるとき、話者たる「私」の内部に二つのことがらが起っていたことは明らかである。

まず、芸術なり文学なりが、その長さと短さに従って現代への適応性を判断されるという風潮が世間に拡まっているという意識がある。スピードが美徳とされる時代が始まろうとしているのだ。つぎに、間近に迫った終りを屈託もなく予言するものたちにとって、その予言が、実は死刑宣告への願望がまとう一形態にほかならぬという確信がある。この場合、予言とは、終ることと短さとが、語彙として深い意味論的な結びつきを持つ特殊な言説と定義され、長さはその言説から排除さるべきものとなる。これからの時代にふさわしいのは「切りつめられた短いもの」だろうという予言は、長く時間のかかる芸術作品の時代はすでに終っているという長さの否定にほかならない。それは、衰えきったシャルリュス男爵が、その語を口にすることでかろうじて生の領域に踏みとどまろうとする「死んだ！」のように、短く決定的な言葉を洩らしさえすればそれでよく、ながながと言葉をつらねるには及ばないという宣言にほかならない。「もう文体ではない」、「もう文学ではない、生活だ！」という流行語のその短さそのものが問題なのであって、語らるべきことがらはそれにつきている。実際、「文学は精神の遊戯であって将来はますますたれる運命にある」という予言よりも、「もう文学ではない、生活だ！」の短い一語で旧来の文学観に死刑を宣告することのほうが、事態をはるかに鮮明に把握せしめるだろう。重要なのは文学そのものの死に立ち会ったものの報告としてそれが口にされているか否かではなく、「死んだ！」と宣言しうる自分の生を確信することにほかならない。事実、聞きとりにくいシャルリュス氏の声がそのときばかりは艶を帯びてくるあの「死んだ！」の一語がひたすら羅列された瞬間、そこに死者として報告された名前の中にまだ存命中の人間がまぎれこんでいないと誰に断言できよう。たとえば、アルバジョン侯爵夫人と呼ばれる女性がすでに死んだかどうか、人びとはきわめて曖昧な記憶しか持っていない。

「アルバジョン伯爵夫人ととりちがえていらっしゃるわ、そのかたなら、昨年亡くなりましたけれど」「アルバジョン侯爵夫人も亡くなりましたのよ、一年ほどまえに」——「あら！　一年まえですって、それはあなた、ちがいますよ」「でも、そのかたが亡くなってはいないのでしたら、そのかたも、そのご主人さまも、全然お見かけしないのは、どういうことでございますか？」「あらあら、どうしましょう、たしかにほんとうなんですって、おかわいそうにあのアルバジョン夫人がお亡くなりになったのは」

この結論は、すでに冒頭から、ある一人の不快な人物が下した「あれは亡くなりました」という簡潔な一句で予告されている。それに続くアルバジョン夫人の生死をめぐる際限のない饒舌は、「死んだ！」というたった一つの主題を可能な限り豊かに変奏しようとする遊戯にほかならず、その決定的な一語を口にすればあらゆる会話が途絶えてしまうので、誰もがそれだけはいうまいと避けているのである。確かなことは、この遊戯を支えるものたちの誰ひとりとして、いま話題となっている女性の死に立ち会ってはいないということだ。根拠を欠いた推量、曖昧な記憶による断定、ごく単純な思い違いといったものが織りあげてゆくこの対話は、ときに矛盾する方向へと議論を導くかにみえても、話題とされる人物の長い不在が、死という物語の主題たりえて当然だという暗黙の申し合わせを前提としているという意味で、同じ一つの言説のヴァリアントでしかないのである。

こうした言葉の行き交う世界に、「私」は、いわば長い不在という死の領域から帰還したわけだが、それがはたして生還と呼べるであろうか。つい先刻までは間近なものと予言されていた終りが、その曖昧な崩壊現象を体験したことで、いつの間にか、死刑宣告という極端に短い言説に姿をかえてしまっている。ここでもまた、短いことが勝利を占めており、長さは二重に排除されているといわざるをえまい。まず、「死んだ！」という言葉そのものの異様な簡潔さが長さを抑圧している。しかもそこで下される判決の断乎たる調子が、いくらでも長く語りうるはずの物語の生成を禁じているかにみえる。あたかも徹底した短さこそが対話の維持に必須のものであるかのようにみんなして長さを避け、潜在的な主題としての「死んだ！」があからさまに顕在化することがないように、だが、その圏域からは遠ざかるまいとつとめながら、あれこれ断定を避けながら言い換えをくり返す。その主題をあからさまに断言しようとするものは、はしたない振舞いとみなされていったん斥けられはするが、あえて不確かな推量でその断定に抗っているかにみえるものたちも、その主題の提起には同調しているわけだし、またそれを言説化する単語の短い連なりも、ことのほか珍重されているようにみえる。アルバジョン夫人が伯爵夫人であれ侯爵夫人であれ、二人に共通している社交界からの長い不在が、そこに寄り集うものに死をめぐる短い物語を反復させているだけであり、そうした条件をみたしているかぎり、その断言命題の主語はいくらでも取り替えのきくとりあえずの名前にすぎない。だから、長い転地療養でパリを離れていた「私」もまた、これに似たごく些細なやりとりの中で、死者と断定されても不思議のない身となっている。「なに、あなたは忘れていらっしゃる、あの人は亡くなっていますよ」という一句は、「あの人はきょうは叙勲式に出ているんですよ」といった社交辞令となんら変ることのない気軽さで口にされる。屈託のない予言は、「私」の長いパリ不在のあいだに、屈託のない死刑宣告と同等の言葉になってしまっているのだ。とするなら、「私」は、すでに久しい以前から死刑宣告が下されていて当然な人間として、長さを忌避する世界に帰還したことになる。そこに流通している性急な言葉は、前提として長さを虚構化する。戦争が長く続くことをどうしても納得しなかった人びとは、病気が長期にわたることも許しはしないし、文学が長いものであることも認めようとはしない。そうした世界にあって、「あんなにも長いまえから」その執筆を思い描いていた「長い仕事」を「私」はどのように完成させたらいいのか。長さは、いま、いたるところで抑圧され、虚構の希薄さをまとうにいたっている。「私」が二重の意味で長さに固執するのであれば、当然、社交界からは身を引き離さねばなるまい。だがそれは、どんなふうに実現されるのか。長い不在ののちに、いま、自分が死者の物語の主人公ではないと主張すべくゲルマント家に向う「私」に、はたしてそれが可能なのか。

『見出された時』を最終巻とする長篇小説『失われた時を求めて』がどんなふうに終っていたかは誰もが知っている。「私」は、「さっそくあすから、こんどこそ一つの目的をもってではあるが、孤独の生活をやりなおすつもりだ」と自分にいいきかせることになるのだが、「友人もなく、歓談もない毎日」を過そうとするにいたる直接の契機がどんなものであったか、それはあえていうまでもなかろう。このとりわけ長い長篇小説の説話論的な構造を解明しようとする試みとは別の次元でごく通俗的に事の次第を思い出しておくなら、その決意は、屈託のない終りの予言や死刑宣告による死の追認などとはまったく異質の体験として生きられたものである。まだ訪問したことのないゲルマント公爵の新たな屋敷に足を踏みこみ、その中庭の不揃いな敷石に靴をとられてふとよろけた隙に、何の予告もなく、また何ごとかの結論として生起したわけでもない至福感が「私」をとらえ、「私の文学的才能の実在にかかわる疑惑、さらには文学そのものの実在にかかわる疑惑」が嘘のように消滅するという事態が起るのである。だが、「私を死にたいしても無頓着にするに十分なよろこび」を語ったこの名高いプルースト体験を改めて論じようとするのがここでの目的ではない。問題は、そのとき長さ＝短さという関係がどうなるかという点にある。「私」が、「一つの芸術作品をつくる」という「長い仕事」に専念することになるから、それは短さに対する長さの優位が確立したということになるのだろうか。一見したところ、長さの特権化によって小説は終っているかにみえる。だが、事態はそれほど単純ではない。

なるほど、『失われた時を求めて』の最初の一語が「ながいあいだに」であったことを想起するなら、冒頭から主題として予告されていた長さが、いま、短さに対して勝利を占めつつあることが理解されぬでもない。いたるところで口にされていた短さの予告や、死刑宣告に似た短い断定から身を引きはなして書きはじめられるはずの「私」の作品は、「妻に最後のわかれを書く負傷兵」の言葉よりも「もっと長いもの」と想定されているし、それとは「まったくべつの書物」になるはずだとはいえ、「おそらく『千一夜』のように長いものになるだろう」とさえ書かれているのだから、それを書き終える時期はもう間近に迫っているなどと屈託もなく予言するものなど誰もいはしないだろう。だから、戦争の終りをめぐる予言やアルバジョン夫人の長い不在が導き出す死刑宣告とはまったく異質の言説が必要とされねばならず、短さが言葉の流通を円滑ならしめている領域は廃棄されることになるだろう。「私」は、何にもまして長さに同調しなければならない。その意味でなら、『見出された時』は、サン＝ルーによって戦争が短期のものと予想された瞬間から顕在化された長さと短さの葛藤としてその終りを準備しつつあったわけで、誰もが自分の始めたわけでもない遊戯の終りを予言する屈託のなさがゆっくり時間をかけて崩壊しはじめていたのである。だが、その事実は「私」によって意識されていたわけではなく、もっぱらテクストの表層で言語的な体験として生きられていたにすぎない。つまり、単語としての長いと短いとの配置が、虚構の言説のなかである変容の予兆をあたりにただよわせ始めているだけであって、「私」は、長さの勝利を間近に迫った事実として予言したり、短さの終焉を決定的なできごととして断言したりする能力を徹底して欠いている。だから、長さと短さの葛藤としてこの長篇小説の説話論的な持続に終りの契機が導入されつつあるといっても、その事実を話者はひとことも読者に洩らしたりはしないだろう。「いや、ぼくは非常に短期の戦争だと思う」というサン＝ルーの予言や、「死んだ！」というシャルリュスの断言に似た言葉づかいで『見出された時』の終りは語られてはいないのである。というよりむしろ、「私」は、人が戦争の間近な終結を話題にしたり、某夫人の死をめぐって屈託のない饒舌をくり拡げるさまを身近に感じながら、いくぶん懐疑的な思いにとらわれぬでもないが、そうした言説を積極的に批判するわけでもなく、ただとり残されているだけなのである。より正確にいうなら、いま語りつつある物語に一つの終りが訪れようなどと、「私」は考えてもいないということになろうか。いずれにせよ、長さに固執してはいても、「私」はその長さが具体的にどんなものであるかをいまだ知らずにいる。

いうまでもなかろうが、この長篇の説話論的な持続を支えつつ、みずからを一人称単数の人称代名詞で提示する存在は、マルセル・プルーストその人ではない。それは、語りつつある物語との関係でのみ「私」を自称しうる虚構の存在にすぎず、物語の消滅と同時に姿を消すほかはないのだから、最後に確立さるべき長さがどんなものかを知っているはずもなかろう。それを知っているのは、ただ作者プルーストのみである。事実、最終巻『見出された時』の主要な部分が『失われた時を求めて』の第一巻『スワン家のほうへ』の執筆とほぼかさなりあう時期に書かれていたことが多くの資料から知られているのであり、プルーストは、その意味で全篇の構造をはじめから見通していたことになる。だが、その総体的構造の内部で、話者は、その語りつつある物語の終りを、近く起るだろうできごととして予言することも、すでに起ってしまったできごととして断言することもできない存在として設定しているのである。「私」は、その説話論的な機能において終りへの無知を担わされているわけだ。したがって、長さとは、予言や断言の対象とはなり難い何ものかとして主題化されざるをえないだろう。それは、短いものよりも比較的に長いが故に長さなのではない。短さに対して相対的な長さを擁護するというのであれば、それはさして困難なことではなかろう。短期のものと予言された戦争がその期待を裏切るかたちで長い膠着状態に陥ろうとも、やがてそれは終るだろうし、また、実際に終ったのである。だから、長さの印象を誰もがいだいたとはいえ、それはあくまで相対的なものでしかない。また「死んだ！」といいうる人物は間違いなく死んだ人間よりは生き延びたのだが、その長さとて、比較的なものでしかないだろう。それは、いつでも計測可能であり、その限りにおいて予言や断言の対象たりうるものだ。『失われた時を求めて』の最後に確立さるべきは、その種の長さなのではない。短い戦争もあれば長い戦争もあるように、短い小説もあれば長い小説もあるに違いない。だが、『見出された時』における見出された時は、そうした長＝短の尺度では測りえないものである。『失われた時を求めて』の失われた時とは、失いつつある時の意味であるといったのはジル・ドゥルーズだが、その意味でなら、見出された時も見出しつつある時だ、というべきかもしれない。見出されたが時を修飾する過去分詞として機能した場合、ちょうど「死んだ！」がそうであるように、それは不断に体験される現在とは異質の過去の一点に、すでに起ってしまったできごととして定着されるのみである。とするなら、それが統御しうる長さは、いつでも計測可能な時間的経過でしかないだろう。だが、生きられる体験としての長さは、たとえば戦争の開始と終結との間に拡がっている距離のことではない。「私」が直面しているのは、いってみれば、もはや短さの反対語としては機能しえないような時間なのである。あるいは、戦争は短いはずだと予言するものたちにとってのみ、長さは短さの反対概念たりうるのだというべきかもしれない。「死んだ！」の一語でおのれの延命を確認しようとするものにとっても、その対立関係は維持されうるだろう。彼らは、何がより長くまたより短いかを知っているが故に、予言や断言が可能なのだ。ただひたすら長さに固執していたかにみえる「私」だけが、その言葉の意味を知らずにいたというべきだろうか。

いや、時はまぎれもなく見出されたのだという反論もありうるかもしれぬ。また、不断の現在として体験された長さも、それが「私」の死によって途絶えるものである以上は相対的な長さでしかないという見解もあろうかと思う。なるほど「私」がゲルマント邸の中庭の敷石に靴をとられてふとよろけた瞬間、時が新たな表情とともに微笑みかけてきたのはたしかだし、また時が見出された一瞬を物語のしかるべき場所に位置づけることもできる。その意味でなら、それはまぎれもなくすでに起ってしまったできごとであり「死んだ！」と同じ構造の言説の主題たりうるものである。無意識的な記憶が、そのとき至上の形態のもとに「私」に訪れたといってみることもできようし、その瞬間を起点として、「私」の作家としての間近な誕生を予言することもできるかもしれない。

だが『見出された時』は、見出された時を持続のしかるべき一点に配置して成立する長篇小説ではない。なによりもまず、それはいかなる「精神の明晰」も予測しえない不意撃ちとして起っているのだし、またその一点は、近い将来に起るだろうさし迫ったできごとを予言しうるような知の基盤を徹底して欠いているからである。事実、「われわれは内的な仕事を抱えていても、いま演じている表向きの役目の方をいつも先にすませる」ものだからという理由で「招待された客」のそれを演じながら邸内へ導き入れられ、演奏中の曲目の終りを待ちながら、かたわらの召使がスプーンを皿のはしにあててかちりと音をたてたのを耳にし、それに続いて運ばれてきたナプキンをふと口にあてた瞬間、「不揃いな敷石が私にあたえた幸福感と同種の幸福感」に襲われるだろうということを「私」は知らない。たしかにそれらのできごとは、時間の流れにつれて継続的に体験されはするが、そのとき得られる喜びは、「過去を現在に食いこませ、その両者のどちらにいるかを知ることに私をためらわせるほどの場」へと向って存在を解放してくれるのだ。つまりそれは、改めて想起され、分析され、報告され、その再現が予測されたりもする過去のできごとではなく、一瞬ごとに反芻さるべき体験なのであり、超時間的な領域でしか生きられることがない。すでに起ってしまったできごとは、決って短い時間的な体験として簡潔に言説化しうるものだが、この唐突な至福感の到来は、ほんの一瞬の身体的、聴覚的、触覚的な体験がもたらしたものであろうと、それじたいとしては短いものではない。事実「私は図書館の中であまりにも長くじっと夢想」せざるをえなかったのだし、「すでに着手するばかりになっていると感じていた芸術作品」の実現には「大きな困難があるだろう」ことが改めて認識されもするのである。時は、すでに見出されてしまったのではなく、一瞬ごとに生きらるべきものとしてそこにある。そのことは、予言や断言といったものとは異なる言説を「私」に要請するだろう。人間を語るにしても、「自分の肉体の長さをもったものとしてではなくて、自分が生きたその歳月の長さをもったものとして」描かれねばならない。つまり「ますます巨大になってついにはそれにおしつぶされてしまう歳月の重荷をもって、自分が移動するときにいつもそれをいっしょにひきずってゆかねばならぬ人間として」語られねばならないのである。

そのとき、時間は長さとしてではなく、高さとして現われる。名高い竹馬の比喩が姿をみせるのも、そうした文脈に従ってである。高齢のゲルマント公爵の足もとがふとふらつくのを目にして、生涯というものを「たえず大きく成長してゆき、ときには鐘塔よりも高くなり、ついには人間の歩行を困難にするばかりか危険にしてしまう」竹馬のようなものだと思いあたる「私」にとって、過去とは、すでに起ってしまったできごととして背後を振り返ったときに、距離を介して見えてくるものではなく、しだいにおぼつかないものとなった足元の深い底の方に認められるものとなるだろう。それはつねに生きつつある瞬間と同時に存在を捕え、決して「死んだ！」という断言では言説化しえないものだし、またそうした縦の時間は、身近に迫っていることが確実な自分の瞬間からみて、長くも短くもないのである。もちろん、「すでにはるか遠くの下におりているあの過去を、そう長いあいだ自分につなぎとめているだけの力」が残されているとは思えないが、それが「作品」を完成するには「いくらか長いあいだ、私に残されていたとすれば」、その長さは、もはや戦争が短期に終ると予言されたり、またその予言にもかかわらず長期間にわたって続いてしまう場合の長さとは異質のものとなっているだろう。残されている時間もまた、長さとしては体験されず、高さとして生きられるものだからである。

長いこと＝短いこと

いうまでもなく、ここに展開されているのは『失われた時を求めて』の時間論ではない。「私」の生涯にさまざまな時期にばらまかれている特権的な瞬間の持つ微妙な表情についてはいっさい触れられていないし、見出しつつある時の中でそうした瞬間の印象が響応しあい、空間を超えた絵模様をかたちづくるさまにもいっさい言及されてはいない。また、これはプルースト論たろうと目論む文章ですらない。ここでわれわれが『見出された時』のいくつかの挿話に特別の関心を示しているのは、この長篇小説の最終巻であることが明らかなこの部分に、こんにちのわれわれが終りというものについていだいている観念の慣習的な形態が、他に類をみないかたちで露に語られており、しかもその語りそのものが、終りをめぐる観念的な言説のきわめて具体的な批判をかたちづくってもいるからである。

プルーストが明らかにしていると思われること、それはまず長さと短さとの相対的な関係でしか終りが言説化されえないという習慣がわれわれの生活を基礎づけているという事実である。実際、それが遠からぬ未来に想定されているにせよ、すでに起った過去のできごととして断定されているにせよ、終りをめぐる言説は長さと短さとが反対語たりうる領域でしか成立しえない。したがって、短いものと予想されたものがいくぶんか長く続いてしまったところで、人は予言の誤りという事実に目覚めることはないだろう。そこでは、長いものさえが、相対的には短いと判断されるからである。できごとを語ることもまた、きまって短い。

つづいて、プルーストはこうもいっているようにみえる。遠からぬ終りの予言はすでに過去となった終りの断定と同じ構造の言説にほかならず、未来と過去とがそこで重なりあうという事態は歴史的なできごとである。歴史的なというのは、かつては決して同じではなかったはずのものが、ある瞬間から同じものになってしまったのだが、その融合が起った時期は明確に断定しうるという意味である。その時期は『失われた時を求めて』の題材を提供する二十世紀の初頭とみていいだろう。人はそれまではそんな語り方などしてはおらず、近く終るだろうともう終ってしまったとは、ほんらいまったく別のことがらを指示していたはずなのに、ある時期を境に、同じ一つの意味を持つことになってしまった。しかも、予言や断言を口にするものたちは、その事実をまったく意識していない。そうしたことが『見出された時』から読みとれるように思うのだ。

さらにはこうもいってはいないか。人が何ごとかを語るのは、そのことが生起しつつある瞬間から視線をそらせるためである。むしろ事態の推移には視線を注ぐまいとして、もろもろの予言や断言が行きかうことになるのだが、そのような場合、人は決してあらゆることを話題にするのではなく、きまって一つの潜在的な主題のまわりだけを旋回する。そしてその潜在的な主題が終りにほかならない。

いうまでもなく、終りとは相対的な短さの確認である。戦争は長く続くだろうと口にするものがいたにしても、やがては訪れるはずの終りを彼は確信している。そして、以上の三つの事実から導き出されるのは、終りをめぐって綴られるあらゆる言説が、ほとんどの場合に抽象的たらざるをえまいという結論にほかならない。もちろん、終りを生きることと終りを語ることとは異質の次元の体験であり、そのかぎりにおいてある種の象徴化はまぬがれえないのだが、そうした条件を考慮してもなおそのいずれもが具体性を欠いている。それは、長さと短さとが反対語たりうるものと納得されている世界そのものの構図の貧しさに由来する抽象性ともいうべきものである。存在や事物が生きる変容がほどよく長く続いたり短い期間で終ってしまったりすることがごく自然だとする前提が容認されているなら、人は長さそのものの相対的な差を語っていればよろしい。「戦争は短期で終るだろう」も、「あの人はもう死んでしまった」も、それを言説として成立せしめるものは差異にほかならない。げんに進行しつつある戦闘も、いま体験されつつある生も、あくまで言説化をこばむ多様性として推移しているのに、終りをめぐる言説は、その複数の相貌を視界にはおさめまいとする姿勢によって抽象的ならざるをえないのである。

プルーストが、その話者でもあり主人公でもある「私」をひたすら長さに固執させ、その長いという語そのものを意義深い主題論的な体系の内部に配置しているのは、たんなる相対的な長さの顕揚を目ざしてではなく、こうした構図の抽象性を崩壊させるためである。「芸術の残酷な法則は、人間は死ぬということ、われわれ自身もあらゆる苦しみをなめつくして死ぬであろうということ」にあると語る話者同様に、作者プルーストもまた死をまぬがれてはいない以上、前提としての構図の抽象性を逃れえぬ存在であることはいうまでもない。彼自身も、またその長篇小説も、ある瞬間に終りを迎えるのは確実なのだから、ともに終りをめぐる言説の主題たらざるをえないだろう。事実『失われた時を求めて』をその最終巻の『見出された時』まで読み進み、ゲルマント公爵邸の中庭で不揃いな敷石につまずいてよろける「私」が失われた時を見出す名高い挿話が語られるのに接するとき、人は、戦争は短いものだろうと口にするサン゠ルーのように、この小説の終りがもうそこまで迫っているのだと自分にいいきかせずにはいられない。またプルーストその人についても、それは一九二二年に死んだフランスの小説家で、『失われた時を求めて』を書いたなどとついつい口にしてしまいもする。こうした予言や断言はどれも間違ってはいない。だが、これまでに述べてきたことがらからも察せられる通り、それはプルーストにふさわしい語り方ではないだろう。「私」がそうであるように、作家たる彼もまた、長さが短さの反対語でしかない世界の構図を疑ったのである。それじたいとしては誤ってはいないその種の言説がいくつか集ることで、長さの言説が成立するわけではないのに、長さとはたんなる複数の短さの集積でしかないかに思われている世界の貧しい表情に苛立っていたのであり、その不断の苛立ちは「私」の神経を消耗させ、肉体を疲弊させる。いわば、長さの病気が「私」に長いパリ不在を余儀なくさせたのである。

時を見出しつつある「私」にとって、長さと短さとは、たがいにまったく無縁の何ものかとしてある。短さはそれがどれほど集っても長さとはならずひたすら短さでしかなく、従って、それを基点として長さを計測することはできない。短さは短さによってしか定義しえず、長さもまたそうであるだろう。とするなら、長さの反対語ではない短さと短さの反対語ではない長さとが、それぞれの徹底した異質性にもかかわらず、というよりその異質性ゆえに遭遇しうるような場は、戦争が短期に終ったり、しかるべき人間がもう死んでしまっていると語られたりする言説の領域には存在しないことになる。さらにいうなら、そうした予言や断言が何の混乱を惹き起しもせずに行きかっていた言語圏には、「私」の長い仕事は決して刻みつけられることはなかろうし、また無意識的記憶がふと甦る特権的瞬間の短さも、そこで体験されることはないはずである。いずれも、瞳を凝らせば見えてくるといった対象ではないのだから、それを支える構図など存在しはしないのだ。長＝短の比較を可能にするのは可視的な二つの対象に共通の単位であり、その構図を見ながら、人は戦争が短いだろうと予言したり、あの人はもう亡くなりましたなどと断言しているのである。そこには時間も流れていれば空間も拡がり出している。その時＝空が人にあらゆる種類の屈託のなさを保証してくれる。というのも、その構図を決定する基盤となっているのは、あくまで言説であって生の体験ではないからである。そこに交錯しあうあらゆる言葉は、さまざまなことがらを述べてはいるが、いずれも潜在的な中心として終るだろうと終ったを持っている。しかもそこでの未来型と過去型とは、まったく同じものでしかない。この二つの時制の同一化によって、具体的に生起しつつある戦争や死が抽象化される。抽象とは自分が立ち会ったわけでもない戦争や死をめぐって、短い言説をいくつも集積しながら、それで獲得される相対的な長さで対象が語りうるものと錯覚することにほかならない。そこでは、長さと短さとがともに排除される。人は、せいぜいできごとを回避する周到な手段に慣れ親しむぐらいで、不意撃ちされる気遣いもないまま屈託のない予言や断言に安住するのみである。

失われた時を見出すという体験が特権的なのは、いささかもこうした排他的な理由によるのではない。時間と空間とをそなえた構図がその中心を失って崩壊するときのみにそれが体験されるが故に、特権的なのだ。中心の喪失と構図の崩壊とを導き出すものは、長さと短さとが反対語ではなくなるという現象である。だが、中心は完全に消滅したわけではないし、構図の崩壊もつかの間のものにすぎない。それは、文字通りぐらりと揺らいだだけであり、しかもその不意撃ちに思わず瞳を閉ざしてから改めて構図に視線を向けてみると、揺らいだことがまるで嘘としか思えぬ完璧さで中心が復活している。長さもまた、短さの対概念として時間と空間を等しく区切っている。だから事態に何の変化も生じはしなかったかのようなのだ。ただ、いったい中心の消滅はどのぐらい続いたかを計測するにたる単位はその構図にはそなわっていない。長＝短を比較する単位はあくまで構図の内部にしかなく、構図そのものを揺らめかせる力に対して、その単位はまったく無力なものでしかないからである。また、構図が揺らぐといった事態が間近に迫っているか否かを予言する資質も、その瞬間がもう起ってしまったと断言する能力も、そこにはそなわっていない。

事実、「私」はこう語っている。ゲルマント公爵邸の中庭の不揃いな敷石につまずいてよろけたとき、かつてヴェネチアのサン＝マルコの洗礼場の踏み段の不揃いな石につまずいたという、「単なる過去の一瞬」を思い出したのではなく、現在にも過去にも共通の感覚を通してものの本質というべきものに触れたが故に、「ふだんはけっしてつかむことのできないもの――きらりとひらめく一瞬の持続――純粋状態にあるわずかな時間を、獲得し、孤立させ、不動化すること」ができたのである。ふだんはけっしてつかむことのできないもの、それは中心を持つ構図の中にはない。中心が消滅し構図がぐらりと揺らいだ隙に走りぬける裂け目として、亀裂として、生が、そして生の悦楽が存在を貫く。「私の中の存在は、官能によってそうしたエッセンスがもたらされない現在を観察したり、理知でひからびさせられる過去を考察したり、意志でもって築きあげられる未来を期待したりするとき、たちまちその活力を失ってしまうのだ」

この現在の観察、過去の考察、未来の期待は、いずれも中心を持った構図を充たしている時＝空の内部でのみ可能なもので、長さと短さとの相対的な対概念に従って、ときにもう終るだろうと予言してみたり、もう終ってしまったと断言したりする屈託のなさで、予言し断言する存在をしかるべき現在に位置づける。そのとき、主体は、何が長く何が短いかを計測しうるが故に、特権的瞬間を生きることも、長い仕事を決意することもできないだろう。かりにそんな人間が作品を書いたとしたら、「われわれの現在の自我と、過去や未来との、すべてのコミュニケーションを、ぶつりと断ちきってしまう」だけのものだろう。そんな作家に可能なのはただ距離を計測することばかりで、その文体はごく短い予言や断言の単調なつらなりにすぎまい。そして主題はといえば、あの潜在的な主題としての終りでしかなかろう。だがそれにしても、自分の書いている小説が、自分で始めたわけでもない遊戯の終りを、それがもうすぐそこまできていると予言したり、とっくに終ってしまったと断言したりする言葉とかさなりあってしまうとはどういうことなのか。戦争の終結の時期をめぐっての職業軍人の予言が、無知な召使の期待とさして変らなかったように、作家の書くべき主題が、文学的な感性をまったく欠いた連中の愚にもつかない饒舌の主題とかわらないというのは、なぜなのか。この疑問は、あからさまに語られてはいないが、『見出された時』の不可視の主題をかたちづくっている。それは、人がいかにして時を失い続けているかと言い換えてもよいものだが、それこそすでに述べておいた失いつつある時の実態であり、官能を介してものごとの本質に触れえぬままに生きられるひからびきった現在にほかならぬのだ。

　もちろん、ここでいう本質とは、形而上学的な意味あいに理解されてはなるまい。距離の計測や差異の識別によって把握されるのではない対象との、無媒介的な遭遇をそう呼んだまでで、「私」自身の言葉をかりるなら、「われわれの現在の自我と、過去や未来との、すべてのコミュニケーション」が成立した瞬間にのみそれは生きられる。それは存在を垂直に貫き、その軌跡を、中心を持った構図の内部に残したりはしない。だから、終りをめぐる言説の主題たることがないのである。起るであろうものでもなく起ってしまったものでもなく、その種の予言や断言が口にされた瞬間、言説の主題であることをやめてしまう。だからこそ、「私」は「芸術は長く人生は短い」という言葉にさからい、「霊感は短く、霊感が描くべき感情もそれほど大して長くはない」といわざるをえないのである。そしてこの表現にしてからが、すでにいくぶんか終りをめぐる言説めいているのは、「私」が話者であって、作家ではないからである。『失われた時を求めて』という長い長篇小説は、まさに作家を持ってはいない作品と呼ぶべきものだ。しばしばいわれたように、その最終巻の『見出された時』は、作家の間近な誕生を予言して終るのではないし、また、かくして作家は誕生したと断言して終っているのでもない。「私」は、この長い仕事と呼ぶものの一行たりとも書き始めているわけではないし、ましてや、いま読み終えようとしている小説がそれだというのでもない。書かれるべき作品は、『失われた時を求めて』とはまったく違ったものにならなければならない。というのも、これは相対的に長い小説にすぎないし、だいいち「私」は小説を書こうなどとはどこでもいってはいない。語られているのは「芸術作品」であり「書物」である。そして『失われた時を求めて』の全七巻は、かりにその最終巻の終り近くで時が見出されたのだとしても「私」の構想する「芸術作品」なり「書物」なりとはまったく異質のものなのだ。

事実「私」はこういっている。「われわれの感覚の誤謬」がどれほど「世界の真実の相貌をわれわれにゆがめる」かということは、「この物語の種々のエピソードですでに私に証明ずみであった」というのだから「私が作品で試みようとするであろうもっと正確なこの世界の転写」は、『失われた時を求めて』が持っている長さとは異質の長さを必要としているはずなのである。その長さこそ、すでに引用した「自分が生きたその歳月の長さをもったものとして」、つまり「自分の肉体の長さをもったものとしてではなく」人間を描くということの意味にほかならない。「人が現実的なものを描こうと欲するならば、そうすることが必要であるゆえんは、この物語の途中で明確にされてきたはずだ」といった言葉で、「この物語」と「作品」との違いはいたるところで強調されてさえいる。この強調が意味しているのは、ここに語られつつある物語と地続きの時＝空には「作品」が形成される地点など用意されてはおらず、話者による「作品」執筆の決意がそのまま作家の誕生を導き出したりしうるものではないという事実にほかならない。「私」として自分を提示している話者がある瞬間に作家へと移行し、その作家が「作品」を書き始めたりするのではないということだけをこの物語は語っているのだ。

人はいつでも物語の話者となることができる。だが、いつでも「作品」の作家となることなどできはしない。話者は、中心を持った構図を充たす時＝空の内部で、そこに行きかう潜在的な主題にほかならぬ終りをめぐってどんな言葉でも語ってみせることが可能だ。だが「作品」は、その中心を消滅させ、構図を揺るがせる力として体験され、その体験が生きられた瞬間にしか作家は生存しえない。だから、「作品」も作家も、終りをめぐる予言や断言の主題となる資質を決定的に欠いているというほかはないだろう。その潜在的な主題の周囲に形成されたいくつもの短い言説がたまたま集って長くなっただけの長篇小説にほかならぬ『失われた時を求めて』が「作品」たりえず、またそれが作者を持っていないのは当然のことなのである。

では『失われた時を求めて』は、比較的に長い一つの物語でしかないのだろうか。言説の構造としてなら、ひとまずそうだといわねばなるまい。そこにどれほど周到な構成上の配慮がほどこされていようと、またそこに長さと短さとをめぐるきわめて興味深い価値の転倒が語られていようと、これは「私」が構想している「作品」ではない。重要なのは、この長い物語が「作品」ではないと話者の「私」がたびたび明言しているという点だろう。この明言には、屈託のない予言や断言とも性格を異にする何かが色濃く影を落している。それはほとんど疑念に近い危惧というか、諦念と境を接する希薄な期待といったもので、時を見出した瞬間の歓喜や悦楽とは無縁のそうした否定的な感性が、予言することの屈託のなさをすんでのところで「私」に禁じているのだ。なるほど「私」は、ゲルマント家で過した社交的な午後に「作品の観念」をまざまざと思い浮かべることになったのだが「それの現実化の可能性の危惧」をも如実に感じとっているのである。話者たる「私」は、いったい自分がいつ作家になれるか、その時期を予言するにたる材料を何も持ってはいない。なるほど「さっそくあすから」それにふさわしく生活を組織しなければならぬとおのれにいいきかせてはいるが、その意識的な変化がはたして「作品」を形成しうるかどうか、話者は何も知っていない。その説話論的な無知が、作家の誕生を物語の領域から排除して語りを中断するとき、この長篇小説はかろうじて「作品」との類似を生きるだろう。語りの中断はたしかに物語を終らせてはいるが、その物語の終りは「作品」の形成や作家の誕生の時期について、いかなる言説的な責任もとろうとはしていない。その点において、『失われた時を求めて』の説話論的な言説は予言や断言から遠ざかっているのであり、長い物語には違いないが、たんなる長さだけがその持続を操作しているわけでもないのである。そこに、プルーストのこの長篇小説の面白さが存しているのだが、その面白さは、文学的であると同時に歴史的な興味にもつながってくるだろう。そのことの意味をより詳細に考えてみる作業が残されている。

王殺し＝物語の終り

だがそれにしても、誰もが自分の始めたわけでもない遊戯の終りを予言することができるはずなのに、ほとんど予言として受けとられかねない言葉遣いをしながらも予言であることを回避している話者の姿勢が、どんなふうに文学や歴史と触れあうというのか。

ここではさしあたり、二つのことが問題とされねばなるまい。まず、予言や断言が、なぜ終ることを潜在的な主題としているかという点、さらには、階級や性格を異にする人間たちが、どうして申し合わせでもしたかのように同じ言説の担い手となり、過去形と未来形とをほとんど混同するまでになっているかという点、この二点がいま問わるべきことがらである。では、戦争勃発とともに異口同音にその短期の勝利を予言しはじめた事実の歴史性といったものを考えてみると、どうなるか。すぐさま注目されるのは、この大戦の歴史的な意義とまではいわぬにしても、その特異性に多少とも意識的であったのが、ただひとり間近な終りの予言に同調することをこばんだシャルリュス男爵だという事実である。「ドイツとドイツの力とを彼ほどによく知らない連中の勝ちほこった楽観主義」が我慢がならず、それに加えて「バヴァリアのある公爵夫人を母に持ったという理由」もあって、「毎月のように、来月こそドイツが粉砕されると信じている」者たちからはスパイとも思われかねぬ言動に出ていたシャルリュス氏にとって、「こんどの戦争にはオーケストラの指揮者というものがなかった」という点がまさしく問題なのである。「各国がばらばらに、他の国のあとからずいぶんおくれてダンスに加わった」というのがその特徴であるというなら、彼にとって、戦争とは、一つの巨大な隠された意志によって統御されてこそ正しい進展を示すものだということになるだろう。「正直いって、そりゃあ私だって、今次の戦争のある種の偉大性」は「賞讃」せざるをえまいとシャルリュス氏はいう。だが、彼を何より驚かすのは「テルモピュライのたたかい、いやオーステルリッツのたたかいさえもヴォーコワの戦闘にくらべると物の数ではない」といった言葉で、戦争の規模が隠された意志の統御をはるかに超えているとことごとに断言する連中が、芸術的な趣味からするとむしろ現代的な感性にことごとく背を向ける「盲目的古代派」をも含んでいるという点である。いまや有能な指揮官だの周到な作戦だのが力を持ちえず、その全貌をたやすくは人目に触れさせることがないほど大がかりな戦闘だという事実にこんどの大戦の特質があるとは認めるにしても、あらゆる分野で新しさを回避してまわる保守的な精神の持ち主たちが、いともたやすく戦争の新しさだけには共感してしまうところが、シャルリュス氏を苛立たせるのである。彼らはなぜ仏独両軍による大規模な白兵戦よりもかつての戦闘の方が偉大であったと主張することで、芸術的感性における古典派的側面を強固にしようとしないのか。どうして、芸術は古い方が好ましいのに、戦争の新しさにはあっさり圧倒されてしまうのか。その理由は、シャルリュス男爵には明瞭なものに思われる。それが、時代の要請というものだと彼は考えているのである。

従来文学や芸術の現代派の連中に反抗してきた大衆が、戦争の現代派には追従している、それというのも、そのように考えるのがいまの好みにあった一種の流行だからで、それにまた、気の小さい人間は、行動の美によってではなく、行動の規模の大きさに圧倒されてしまうからなんです。

引用の後半部分にはいかにも貴族的な審美観による大衆への蔑視がこめられているとはいえ、あらゆる保守派を一挙に流行の先端と和解させてしまう力が戦争にそなわっていることの指摘には、ある種の真実が含まれている。シャルリュス氏にとって、こうした意味での戦争は、かつて歴史が持つことのなかったものである。たんにその戦われ方にとどまらず、それに対する人びとの語り方さえもが大きな変容をこうむったのである。戦争をめぐる現代派的な言説は、まさに流行語の時代にふさわしい感性を基盤にしている。そうすることが「いまの好みにあった一種の流行」である以上、あらゆる階層に属するものたちが誰でも戦争の現代派的な言説を口にすることができる。あるいはむしろ、誰もが戦争に関するかぎり現代派であろうと意識したいが故に、それにふさわしい言葉を語ってしまうのだというべきなのかもしれない。いずれにせよ、文学や芸術については現代にふさわしくあろうとするあらゆる試みに渋面をつくり、その新たな表情にはいたって冷淡であったものたちが、近代戦のくり拡げる未知の光景にはごく素直に応じてしまう。保守主義的な立場にあるはずの大がかりな前衛化とも呼ぶべきこの現象は、「指揮者を欠いた」オーケストラとして戦われる遊戯にこそふさわしいものだろう。そして指揮者不在の時代の戦争には、それにふさわしい言葉がかたちづくられる。指揮者のみに可能であったはずの予言が、前衛化した保守主義者たちの全員によって語られることになるのである。前衛とは、一人ひとりが自分に予言し指揮する権利があると確信する存在にほかならない。そうした存在の量産を大衆化現象と呼ぶことはいささかためらわれるが、自分の始めたわけでもない遊戯の終りに涼しい顔で言及しうるのが前衛化した保守主義者であることは明らかだろう。太古から存在していたわけでもないこんな現象が、あたかも人類にとってはごく自然なものであるかに容認されていることが、シャルリュス氏には滑稽でならないのである。

かくして男爵は戦争の進展とともにますます過激に倒錯化してゆくことになるのだが、その保守主義者に前衛的な転向を強いるという奇妙な現実に対して彼が示す反応もまた、その聡明な視点にもかかわらず歴史的に限界づけられたものだといわねばならない。もちろん事情に通じていない人間の目には「時代の流行からとりのこされた」としか映るまいシャルリュス氏の評判の悪さは「じつは自発的に、彼のほうから世間との交際を拒否している」からには違いないのだが、前衛化する保守主義者に顔をしかめる男爵にとっての戦争がいかなるものとして推移すべきかといえば、その理想とするところは「タレーランやウィーン会議の伝統」に立つものだと話者の「私」にさえ見ぬかれかねぬ程度のものである。彼のいう「オーケストラの指揮者」とは有能な国民的指導者という意味ですらない。いま行なわれつつある戦争をめぐっての知を独占し、その勝敗をめぐる予測をあらゆるものに禁じながら、裏面での画策によって事態を操りうる特権的な存在をそう呼んでいるのである。そこでは、国家の勝利や敗北よりも、特権的階級の利益の維持が問題となるだろう。事実シャルリュス氏は、国籍を同じくしながらもたんなる新興ブルジョワジーにすぎないヴェルデュラン夫人との交際よりも、オーストリア＝ハンガリア帝国皇帝のフランツ＝ヨセフの「皇位に危害のおよぶこと」のほうがずっと気がかりなのである。また、かりにドイツのウィルヘルム皇帝が戦争を仕掛けたのだとしたら、そのことじたいは「いとうべきものだと思い」はしても、彼がやったのはナポレオンと寸分たがわぬことにすぎず、そんな問題よりも「ナショナリストや軍人が不釣合なまでの地位を交際社会においてあたえられること」のほうが、はるかに嘆かわしいことだとも彼はいう。なるほど「私が維持しようとつとめていたものは社交界の規則にすぎなかった」かもしれないが、「一見浮薄に見えても」、それは「多くの行きすぎをふせいだ」はずである。そしてこの遊戯の規則を心得ていたものだけが、その終りを予言しえたのだと彼は考える。それが「タレーランやウィーン会議の伝統」に従っての戦争の終り方にほかならない。

そうした見解を披瀝するシャルリュス氏にとっての理想は、貴族的な宮廷外交ということになるだろう。それがいかに時代をとり違えた姿勢であるかは、「ウィーン会議の時代はとっくに過ぎたよ」とつぶやくロベール・ド・サン゠ルーの指摘をまつまでもあるまい。「秘密外交にたいするにいまは具体的な外交をもってしなければならない」とする彼が、その叔父を「頑迷な王政主義者」と断ずるのは当然だし、またある意味では、彼を「戦前派」と呼ぶヴェルデュラン夫人のシャルリュス評価もきわめて正当なものといわねばなるまい。というのも、彼は明らかに流行語とは別の言葉を語っており、しかも頑なにその言説に固執しているからである。戦争をめぐって前衛化する保守主義者どもの曖昧な転向を嘲笑するその姿勢には、フランス大革命そのものを否定する徹底した保守性が刻みこまれており、人が人類の進歩と呼ぶものを拒絶している。彼が肯定しうる唯一の価値は血統にほかならない。遊戯の終りを予言するのであれば、それにふさわしい家柄に生まれついていなければならぬと彼は考えている。それは特権者のみに可能な振舞いなのだ。「オーケストラの指揮者」として生まれたわけでもないものが、指揮者を気どれば事態は混乱するばかりであろう。そんな連中に遊戯の規則を語る資格などありはしない。

それが意図的であると否とにかかわらず、こうした言辞をもてあそぶシャルリュス男爵は、間違いなく時代錯誤に陥っているといわざるをえまい。では、その時代錯誤によって彼は何を語ろうとしているのか。あの嘆かわしい保守派の前衛化があたかも自然な事態として進行してしまうのは、彼らが罪を犯した存在であるからだ。ヴェルデュラン夫人やそのサロンで大きな顔をする軍人どもはといえば、遊戯の終りを予言しうる資格に恵まれた唯一の存在を殺してしまったブルジョワジーの後裔ではないか。ことのなりゆきを背後から操作すべき特権を先祖から継承していたはずの王をあっさり殺害した者たちの後継者として、彼らは自分が始めたわけでもない遊戯に加担している。連中にできることといったら、せいぜい、自分の手で葬りさった王者から譲りうけた遊戯を楽しむことぐらいで、新たな規則などなにひとつ創造したりはしなかった。いま、誰もがその終りを屈託もなく予言している遊戯とは、そもそも彼らのために作られたものではない。だから連中は遊びかたひとつ心得てはおらず、なにかにつけて終ったぞ終ったぞと叫ぶことしか知らないのだ。しかも彼らは気がついてはいない、その終りをめぐる単調な予言や断言が、その祖父や曾祖父たちが得意げに口にした「王は死んだ！」の単調なくり返しにすぎないことを。フランス大革命による王殺しとその物語の無意識的な記憶が、彼らに、終りをめぐる言説を無限に反復させているというのに、当の本人たちはそれが遊戯の楽しみ方だなんぞと錯覚している。この錯覚が大がかりに共有されていったとき、誰もが自分の始めたわけでもない遊戯の終りを予言することができるとする確信が生まれるのだろう。シャルリュス氏がいわんとしているのはほぼこうしたことがらである。

侮蔑の対象としてそれを眺めるにはあまりに距離がありすぎ、それを真顔で批判するぐらいならむしろおのれの存在をとことん倒錯させることで距離そのものを廃棄することを選ぶといったシャルリュス男爵の姿勢から、何か積極的なものを引き出すのは無理な相談というものだろう。彼自身もまた自分が「維持しようとつとめていたものは社交界の規則にすぎなかった」ことを充分に意識しており、その規則が涼しい顔で王殺しをやってのけたブルジョワジーによって蹂躙されたとなると、あとはもう、いかがわしいホテルに入りびたって、人殺しの牛乳配達とか、外国人の自動車運転手とかいった「下層社会の人間」たちの、ときに「残忍性が足りない」と思われもする鞭の一撃に裸身をさらすという快楽にふけるしかない。しかもその与太者たちの表情が、その身分のほどもいかがわしい一人の男を「私」とほとんどおなじ水準にまで高めてやろうとして裏切られたことへの記憶によって選別されたものであるかのように、どことなく目鼻立ちがその男に似ているといったことまで話者によって見ぬかれているのだから、そこに語られているのは、もっぱらシャルリュス氏自身の個人的な病理だとさえいえるだろう。事実、これはまったく特殊なケースであって、何ごとか普遍的な展望を提供するものではあるまい。彼が陥っている時代錯誤ぶりからは、二十世紀という新たな時代に注ぐべき刺激的な視点はいささかも感じられはしまい。「一見浮薄に見えても、社交界の規則なるものは、おそらく多くの行きすぎをふせいだでしょう」といってみたところで、その行きすぎは世界のいたるところで新たな時代の刻印をおしてまわっている。そして、まさしく第一次世界大戦は、そうした規則がもはや規則としては機能しえなくなったことを何よりも雄弁に物語る決定的なできごとなのだ。

にもかかわらず、シャルリュス氏がほとんど意図的に陥る時代錯誤と倒錯的な生活とは、その歴史的意識の徹底した希薄さによってこの『見出された時』にあっては、ひとつの批判的役割を演じている。話者たる「私」にしても、「封建的あるいはエルサレムの聖ヨハネ騎士的立場にとどまって戦争を判断しているとき」のシャルリュス氏を、「幼稚」だとは思う。だが、そうした反＝時代的ともいってよかろう男爵が、ときに正しい指摘を行なうのを否定することはできない。その正しい指摘とは、もっぱら、戦争が人びとに及ぼした言語上の変化をめぐるものである。

「おかしいと思うのは」と彼はいった、「そんなふうに戦争下の人間や事件を新聞だけでしか判断していない大衆が、自分の意見でそれを判断していると思いこんでいることですよ」

短いものと誰もが予言した戦争が長期にわたるにつれて、新聞の論説がたくみに未来型の動詞の使用を避けていった事実を指摘しえたシャルリュスにとって、こうした判断のかずかずが、すでにみた短い予言や断定として人びとの思考を判定停止へと追いやってゆくさまを観察するほどたやすいことはあるまい。「その点でシャルリュス氏のいうことは正しかった」と書く「私」にとって、この倒錯した男色家の魅力は、何よりもまず、言説が蒙る変化への驚くべき感性のうちにある。戦争とは、「紋切型」の大がかりな共有によって支えられつつ進行する言説的な事件としてシャルリュス氏によって生きられている。それらは多くの場合、ごく短い予言や判定からなる終りをめぐる言説となる。いま起りつつある戦争は、即座に物語として語られる。その物語の単調さを誰もが愛し、その愛によって改めて戦争が進展する。その過程で現実と虚構とが快くとり違えられてゆくさまにシャルリュス氏は苛立っているわけだ。そして「私」も、その苛立ちに同調する。いうまでもなく、誰もが他人の言葉しか語らなくなってしまっている現状に対するそのいきどおりはさして新鮮な指摘ではないし、また「私」が、戦争とその言説との奇妙であると同時に必然的な行き違いに腹をたてるシャルリュス氏に同調しているというのでもない。問題は、ことごとに前衛化する屈託のない保守主義者たちが、彼らの祖先によって殺害された王の特権を無意識のうちに生きのびさせ、そこで終ることへの性急な期待が口にさせる予言と、まだ終ってもいないことがらをすでに終ってしまったかにみなす断言とが同じ一つの言説的構造におさまっているという点である。「私」が予感することになるのは、そうした言説的な構造にとらわれることのない言葉の産出にほかならない。予言でも断定でもなく、相対的な短さの集積によって得られるこれまた相対的な長さにおさまる言葉ではなく、それじたいとして絶対的に時＝空での体験によって、絶対的な長さとして現在を生きうる作品を欲望すること。しかもその欲望が、遊戯を操作していたものの殺害を虚構化するかたちで、あたかも不在の王を復元することへの意志であるかに形成されてしまうのを拒むこと。空位であった王座をみたす新たな存在のごとく「芸術作品」を思い描くことを自分に禁じながら、その事実によってシャルリュス氏の時代錯誤をも拒絶し、他人の物語からも自由になること。ここでいう同調とはそうしたことにほかならない。

誰もが自分の始めたわけでもない遊戯の終りを予言しうると信じているとき、その確信はいうまでもなく権利をめぐるものだ。それは人類に普遍的にそなわっていたものではなく、歴史的に獲得された権利にほかならない。その権利の行使にあたって、人は、いまだ権利としてそれが共有されていなかった時代の言説にとらわれたままでいる。シャルリュス男爵がその時代錯誤としか思えぬ倒錯によって示しているのは、そのことである。王者殺害の記憶を喪失したというのであれば、わたしが想い起させてやってみてもよいと彼は考える。それが可能なのは、彼が血統によって身分を保証されているからだ。もちろん話者の「私」はそうした立場にはないのだから、シャルリュスの倒錯を模倣しても意味はないだろう。しかしその倒錯の意味を理解しうる限り、空位にある王座に自分を据えて、快い記憶喪失を装って遊戯の終りを予言しつづけることもできない。「私」にわかっているのは、自分が屈託のない予言者の群に身を投ずるわけにはいかないということばかりである。では、どうすればよいのか。王殺しを犯した階級の後裔として、どのような遊戯の規則を創案すればよいのか。そもそも、新たな規則の創案そのものが可能なのか。歴史的に獲得された権利とは、はたして予言や断言をめぐって行使さるべきものなのだろうか。そうでないとするなら、その権利の行使さるべき領域はどんな世界であるのか。「私」はその世界の表情を予言的に素描したり断定的に示したりすることさえできない。かくして話者は、用途不明の権利とともに宙に吊られる。その宙吊りが『失われた時を求めて』の物語の終りにほかならない。

　われわれは、いま、この宙に吊られたまま引きのばされてゆく終りの中にいる。その限りにおいて、自分の始めたわけでもない遊戯の終りを予言するものの屈託のなさから遠く距てられた時＝空に暮しているわけではない。なるほど王座は空位のままだが、その不在はいつでも何ものかによって埋められるかのように考えている点も、また同様である。何かを口にするとき、その言葉が遊戯の終りを潜在的な主題として統合化され、ごく自然に言説の担い手としての自分を暫定的に王位につけているのである。つまり、平等に分配された権利を行使しながら、そのつどとりあえずの王者を気どり、人智を越えた全能者の介入に似た口調で予言と断定をくり返している。シャルリュス氏の倒錯が照らし出してみせるのは、こうした権利の行使そのものの持つほとんど倒錯的というほかはない姿勢に、人があまり意識的ではなく、ましてやそれを倒錯的と思ってもみないという事実の二重の倒錯性にほかならない。

この二重化された無意識の倒錯性は、それが意図されたものであるが故に過激に徹底化されるシャルリュスの倒錯ぶりを、前時代的なものと断定したり、その終りをもう間近に迫ったものだと予言することで視界から排除し、みずからを健康なものに仕立てあげる。健康さは、倒錯が二重であるかぎり二つの契機によって保証される。まず、王殺しなどかつて起りはしなかったかのごとくに振舞いながら、記憶喪失に徹すること。また一方で、忘れられた王殺しにもかかわらず、空位になった王座に誰もが自分を位置づける権利だけはあると確信すること。その二つの契機が、あらゆる人に、自分が始めたわけでもない遊戯の終りを予言する資格を賦格することになるのだが、そのとき未来型に置かれる動詞はすぐさま過去型と混同され、何れにしても終りを潜在的な主題とするいくつもの短い物語を生産する。その主題を潜在的な領域におしとどめておくことも二重の倒錯を健康ととり違えることに有効かもしれない。実際、それが顕在的な主題として浮上すれば、あらゆる言葉は、「終り、終りだ、終ろうとしている、たぶん終るだろう」というサミュエル・ベケットの不条理劇の登場人物にこそふさわしいものとなってしまうからだ。どの戯曲の何という人物が口にするのかはこの際どうでもよいが、このベケット的な台詞は、ことによると、プルースト以後の文学にあってのもっとも現実的な言葉というべきものなのかもしれぬ。少なくとも、ベケットは、あらゆる言説の潜在的な主題が終りであることにきわめて意識的である。文学とは、ことによると、その意識がまとうもろもろのフォルムなのかもしれない。

Ⅱ　サルトル　そして終焉の儀式

大戦の終末

旗を掲げて祝うことがあらかじめ奨励されていたというのだから、その遠からぬ到来を誰もがごく自然なものと受けとめてはいたのだろうが、いざすべては終ったのだと知らされてはみても、人は戦時から平和への移行を「無関心と懊悩のなかで」やりすごすのみで、とても国旗などうち振る気になどなれはしまい。「平和が森羅万象のなかにはっきりと刻みこまれ」ることを期待していたものたちは、新聞紙面に踊る肉太の活字が語っていることであっさり納得させられたりはしない。「平和到来を告げる一門のか細い大砲の音が咳をするように鳴っていた」ばかりで、終りにふさわしい儀式といえばただそれだけである。「歴史的な言葉だとか、軍隊の分列行進だとか、記念式典だとかいう程度の真実を見せられて初めて、戦争と平和のけじめがつけられる」はずなのに、ここにはそんなものはなに一つない。「何となく当てがはずれたような気持になり」、人びとは怪訝な面持ちで顔を見合わせる。はたして、戦争は本当に終ったのだろうか。

戦争は、間違いなく終っている。一九四五年八月十五日の、日本帝国の無条件降伏によって大戦は終結したのである。そうしたまごうかたなき現実にもかかわらず、すぐにはそうと信じられない人間がいたとするなら、それは平和が訪れた五日後に『大戦の終末』と題された文章を書き綴っているのが、一人のヨーロッパ人だからであろうか。もちろん、それは一つの否定しがたい事実として事態に介在してはいる。やがてその国にもかなりの数の読者を持とうとしているジャン＝ポールという洗礼名を持った作家は、実際、日本のことなどほとんど知らないといってよい。それが大かたの正常な反応だったとはいえ、ムッソリーニやヒットラーのように、要するに「小っぽけな王様たち」の一人に過ぎないヒロヒトは、日本の敗戦によって彼らとともに「死んだり失墜したりしてしまった」ものと信じ、その在位が、ジャン＝ポール自身の決して短くはない生涯よりもはるかに長いものになろうとは考えてもいなかったろう。彼は、少なくともその点に関するかぎり決着はついたと思っているのだ。

だが『大戦の終末』を書いたジャン＝ポール・サルトルに、その終末の到来が「何となく当てがはずれたような気持」を惹き起した理由は、必ずしも日本とフランスとの間に拡がっている地理的＝文化的な距離にあるのではない。なるほど、「五十年来フランスが現実ではどれほどの重要さを持っているものかを蔽いかくしていた幻のヴェールが、日本人が降伏したその瞬間に破れ去ってしまった」と書く彼の中には、自分の国がもはや脇役しか演じえない歴史の流れに対する自覚があり、その歴史の推進者が「一発で十万人もの人を殺すことのできる小さな爆弾」を最終的な武器として戦争に結着をつけた合衆国の側に移ってしまっているとはっきり意識している。この歴史的な核爆発のもたらした脅威が、ヨーロッパとはまるで無縁の地点で、太平洋をはさんだ二つの国家の間に、儀式ぬきの平和を成立させてしまったのであり、欧州の諸国はそれに便乗したというにすぎない。とりわけフランスは、そこを中心にして燃え拡がっていった大戦の焔が五年の歳月をかけて消滅するにあたって、いかなる指導性も演ずることがなかった。遊戯は、彼らの視線のとどかぬところで終りを迎えたのである。だから、そんな終りを、どうして旗など振って祝っていられようかというわけだ。

だが、日本の降伏後にいちはやく『大戦の終末』を書いたジャン＝ポール・サルトルは、必ずしもそうしたことを主題にしたかったわけではない。戦争と平和とを距てる境界線の不分明化は、歴史という名の劇場がその舞台をヨーロッパとは別の世界に移したことからくるのではないという意識が彼にはある。汎世界的な規模で、平和はまだ始まってさえいないというのが、彼の歴史的認識なのだ。たかだか「今度の戦争は終った」というにすぎず、その終りは中国大陸から内戦の危機を追い払ったわけではないし、日本だって、いつ復讐戦を再開せぬともかぎらない。誰ひとりとして、このとりあえずの大戦の終末によって、「あらゆる戦争が終末することを信じてはいない」と彼は言明する。事実「戦争に対するひそやかな黙認」ともいうべきものがかなりの人によって共有され、かりに明日、どこかで唐突に戦闘状態が始まったところで、驚くものなどいはしまい。もはや戦争と平和とは、「黒と白、暑さと寒さ」のごとく判然と異なる二つの状態ではなくなっている。それらは、ごく曖昧に融合しあっていて、儀式的な開戦の合図が下されるよりはるか以前にすでに平和が終っていることもありうるのだと、人は、過去十年ほどの体験によって知らされてしまっている。「我々は、武装中立だとか、干渉だとか準交戦状態だとかいう霊妙極まる細々したことに慣れっこになってしまっている」のだ。だから、かつては何の証拠もなくそう信じ込んでいたように、平和が「宇宙の自然の状態」であり、「宇宙の表面の一時的な動揺」が戦争なのだともう信じることはできないだろう。戦争の終りも平和の終りも、いまではとりあえずそう呼ばれているまでで、真の意味での変化はそこに生じはしない。人は、その二つの言葉によって示された状態を同時に生きざるをえないのである。

とはいえ、サルトルが『大戦の終末』を書き綴った真の目的は、その事実を強調することでさえない。「フランスとヨーロッパとの地すべりを決定した」ものだとはいえ、そんなとりあえずの終りに対してであろうと、人はまずよかったと口にすることができる。だが、その終り方そのものが、とても「うれしいとは思えない」のである。ここでその終り方というのは、もちろん、「一発で十万人もの人間を殺すことのできる小さな爆弾」が導きだしたものにほかならない。それが決定づけた大戦の終末は、そのことで人類がかかえこんでしまったより大きな終末に比較してみれば、とるにたらないものと思われる。たかだか大戦を終らしめたにすぎないこの武器は、「明日ともなれば、二百万人もの生命を奪うこと」にもなろうから「これが突如として我々人間の責任と、我々とを対決させることになったのだ」。そのとき人は「自己の死滅の鍵」を手中に握って茫然自失する。訪れたのは、平和であるどころか、むしろ時代の終焉の告知にほかならないからである。

　この次の機会には、地球は破裂するかもしれぬし、この不条理な結末は一万年も前から我々人間の心にかかっていた様々な問題を、永久に宙ぶらりんにしてしまうだろう。

　こうして人は、日ごとに「時代の終焉の前日」に目覚めることになるのだから、美徳だの、善意だのはもはや意味を失っている。「洪水前の虚無」からも「未来の虚無」からも保護され、「時間の流れの中間」に位置しているものと信じていた人間たちは、こうして一挙に虚無そのものと境を接し合うことになる。「神が死んでしまった後に、今や人間の死が予告されているのだ」。しかも、その予告は、自分自身の口によって発せられたものである。原子爆弾の炸裂がもたらした「大戦の終末」はこうして人類を「その可能なる死滅の発見」へと導く。というより、「もはや人類というものはない」というべきだろう。いまでは、みずからの言動の永遠の証人としては、神も人類も存在しないのである。

サルトルがその『大戦の終末』でいいたかったのは、そうしたことにほかならぬ。だが、三十年近くも前に記されたこの言葉をいま読み直してみるのは、いわゆる核時代なるものに向けられた彼の展望の確かさを改めて確認するためではない。超越者の意志も人間性の本質もが基盤とはなりがたいサルトル的不条理の哲学における「自由」の主題が、深く状況と関わりつつ形成されるにいたった過程を、いまここで郷愁とともに想起してみようというのでもない。なるほど、広島の空に歴史的な核爆弾が炸裂してから二週間もしない段階で、「大戦の終末」がもたらすだろう戦後世界の危機状況をこうまで透徹した視点で語りえたサルトルの炯眼ぶりには、改めて敬服するほかはないと思われもする。日本帝国の崩壊というできごとの世界史的な意義をこれほど切実にうけとめたヨーロッパ知識人は、さほど多かったわけではあるまい。「日毎の生活で変わったところは何一つなかった」というこの大戦の終末の数日後に、私自身が「私の倫理的証人にならねばならぬ」時代の到来としてその平和を認識しえた人間はむしろ稀であったろうとさえ思う。そうした認識に由来するサルトルの倫理的な選択は、なるほど深くヨーロッパ的なものだという限界を持ってはいるだろう。その点にはのちに触れるつもりだし、またその選択が、ごく短期的な展望にあっては、サルトルにいくつもの政治的な誤りを犯させもしただろう。とはいえ、核時代に生きるべき個人の倫理という点でなら、その選択はあくまで正しい。もちろん、その正しさとは、客観的に正当化されうるといったものではない。世界の表層を不条理というほかはない亀裂が走りぬけたとき、みずからのもっとも神経過敏な部分をその痕跡に重ね合わせるほとんど反射的といえる身体的反応の美しさとして、その正しさが生きられているということだ。

だから、その反射的な運動の軌跡の精緻さに人は驚かされるのだが、問題はそこにあるのでもない。ある種の身体的な聡明さとは、あくまで相対的なものでしかなく、それをここで改めて指摘してみても始まるまい。戦後の一時期に日本人の多くが競って読んだはずの『大戦の終末』をいま読み直してみることの目的は、ある時期までは明らかに先導者的な知識人としての役割を演じえたサルトルが、晩年にいたってその役割を全うしきれなくなった理由を、今日的な視点から分析することにあるのでもない。そうではなく、誰もが否定しえないその知的聡明さと、人間的な誠実さにもかかわらず、この爽快なまでに短い論文を綴ったサルトルが、なお、終りをめぐってその言説的戦略を欠落させていたとしか思えない点を、たんに作家サルトルの個人的な錯誤としてではなく、語ることそのものに含まれた本質的な曖昧さとしてとりあげ、それをこれまでに見たプルーストの長篇小説との関係で論じてみるというのがここでの当面の主題なのである。

終り、あるいは説話論的な権利の行使

『大戦の終末』を書き綴るサルトルの姿勢は、一見したところ、戦争の間近な終りを予言しあう『見出された時』の作中人物たちのそれと対照的なものにみえる。ロベール・ド・サン゠ルーにとっては短期のものと思われ、ほとんどの人間が屈託のない微笑とともにその終末を明日のことと予言していた戦争を、サルトルはもはや終りえないものと断じているからである。サルトルにとどまらず、当時のフランス人のほとんどは、大戦が終結したと知らされても、平和という記号のあからさまな不在ゆえに、もっぱら無関心のまま旗を掲げる勝利の儀式すら演じようとはしない。こういってよければ、彼らは『見出された時』の作中人物たちとは逆に、終末の予言を信じようとしない姿勢において屈託がないといえるかもしれない。誰も、もはや終りを信じてすらいないのである。もっともそれは、みんなが核時代の到来を確信し、「自己の死滅の鍵を掌中に握」って途方に暮れていたからではなく、「一九一八年から一九二五年にいたる狂気の年月の再来、フランスの繁栄、フランスの偉大の再来」が彼らにもたらされなかったからにほかならない。つまり第二次世界大戦の終りは、人びとが大戦の終末として知っていたものには似ていなかったのであ

る。しかし、「何か昔の状態の再来」を平和だと信じる風潮に対しては、「この戦争の終末は、ちょっとばかり我々四十台の者どもの終末であり、あるいは、少なくとも、我々の青春の終末である」という言葉で、サルトルは結着をつけている。いずれにせよ、第一次世界大戦が終りえたようには第二次世界大戦が終りえないという歴史的な必然をサルトルは説いているのであり、その二重の理由によって、人はもはや戦争の終りを予言しえなくなっている。したがって、終りの意味は明らかに逆転せざるをえないだろう。終って当然であったものが、いまや終らなくて当然とみなされているからである。

もし明日また新しい事変が起こったと告げられても、我々は、あきらめたように肩をそびやかせながら、「予定どおりさね」と言うに違いない。

予言は、諦念と期待とを軸にして明らかに立場を変えている。しかし、構造において、間近な終りへの予言は生きつづけているとみることもできよう。その場合、終りとは、いうまでもなく平和の終りである。平和もまた戦争と立場を変えているのである。この二重の逆転は何を意味するか。それは、平和は短期のものだろうと諦念とともに予言する人物が主役を演ずる長篇小説が構想しうる時代に、サルトルが生きていることを意味している。つまり、人は、二つの大戦をへだてる二十年の歳月にもかかわらず、同じ物語を語っているのだ。少なくとも『大戦の終末』のサルトルは、そうした説話論的な構造の反復をそのまま容認しはしない。彼は、新たな物語の構築を目論む。「私は、私自身の証人にならねばならぬ」という「自由」がその主題となるだろう。

ところで、奇妙なことに「自由」を主題とするその物語は、新たな終りの予言を基盤としている。「神が死んでしまった後に、今や人間の死が予告されているのだ」という言葉が、その事実を証拠だててもいよう。核時代とは、人間の間近な終焉の予言として生きられるものなのだ。そうした時代にあっては、戦争すらが死滅して「人々の心に保たれてきた正しく穏やかな平和への希望も消え去って」しまう。だから、戦争の終りを明日のものと予言することは、物語の主題であることをやめるほかはない。生は、もはや人間にとって本質的なものではなく、倫理的な責任の行使のみがその選択を左右することになるだろう。われわれは、その責任において生を引きうけるのであって、それ以外に人類存続のみちはない。それが、サルトルの提起する新たな物語である。自分をその作中人物とすべきこと、それが、終焉の儀式にしてはあまりにみすぼらしい「か細い大砲の音」とともに人間が理解したことにほかならない。

大日本帝国崩壊の知らせに接し、その翌朝にサルトルが書き綴ったこの言葉は、一九八四年に生きつつあるわれわれにとって、きわめてよくわかる。おそらくは、それが発表された当時よりも、現在においては、なお一層よくわかりやすい文章だというべきだろう。

それがよくわかるということは、われわれがいま、まさしくそうした物語の中に暮しているからにほかならない。戦後という特殊な一時期が介在した日本の政治的＝文化的な風土にあっては、この明らかに物語が有効には機能しえなかったいくつもの条件が存在した。まず「大戦の終末」というより日本の敗戦であって、そこにおいて、人は、間近に迫った人間の終焉という予告に耳を傾ける余裕もなかったし、何にもまして、戦争の終りという物語に自然に同調すべき風土が蔓延していたという事実がある。その物語の内部にあって、人間は終焉の間際にいるどころか、いま始まったばかりのところだったのである。口ぐちにとなえられたのは封建的な思考からの脱却であり、民主主義の基盤としての、個人の確立である。要するに、サルトルが「その死が予告されている」という人間の中に、始まりの予告を読みあっていたわけだ。もちろんそれは、一つの歴史的必然であって、そのことの是非を問うてみようというのではない。サルトルの生きる世界では「か細い大砲の音」によってしか顧みられなかった終りが、ほとんど無政府主義的ともいえる甘美なユートピアの出現であるかのように祝福さるべき条件が、日本には明らかに存在していたからである。ただ、いかにも奇妙に思われるのは、そんなときに、『大戦の終末』を書いた哲学者の著作が一世を風靡したという点である。少なくとも彼は、もはや戦争が終りえないものであることを強調し、そのことの上に、普遍的な善悪を超えた倫理としての「自由」と選択の問題が「実存主義哲学」として提唱されたのである。神の死に続いて、みずからの死をも予告してしまった人間の実践的な生の条件が問われている以上、核爆弾を人間的な悪とみなしたのでは意味があるまい。それは、人類にとってよくないことといった次元で語るべきものではなくなっていたのだ。人は、文字通り不条理に直面していたのである。

サルトルにとって、不条理は哲学的な概念ではなく、ほとんど感覚的な与件として生きられたものだろう。その感覚をも、われわれは歴史的に共有していなかった。だからどうだというのではない。ただ『大戦の終末』をそうした物語としては読ませえない幾多の条件が存在したというだけのことである。ところが、核兵器をかかえこんでしまった上に、分子生物学的な知が遺伝子工学に新たな光を投げかけてもいる今日の日本人にとってなら、「時代の終焉の前日にいる」という意識はより切実なものとなっているはずである。これは歴史の推移というものだろう。その感覚を、サルトルをうけいれた当時の日本が共有しえたかどうかは疑わしい。もちろん、それはどうでもよいことである。『大戦の終末』をそうした物語としては読むことをさまたげた幾多の条件が日本には間違いなく存在していたのだし、また、この短い文章が、サルトルの著作の中ではさして重要なものではないという事実もあるだろう。多く人に読まれたという点でなら、同じ時期に書かれた『実存主義はヒューマニズムである』の方がはるかに影響力を持ったはずだし、またそこには、神の死に続いて人間の死が予告されているという視点がまといういうる消極的なペシミスムから人目を遠ざけようとする配慮が、『大戦の終末』に盛られた内容をはなはだしく裏切る結果に終っている。その事実の中に、大戦の終末がサルトルにもたらした動揺を読みとりうるというべきかもしれないが、ここでいいたいのは、そうしたことでもない。なるほど、ヒューマニズムという文脈におさまることで、人間の死の予告という側面が緩和され、「実存主義」が戦後日本により受けいれられやすいものになったということはあるだろう。またそれは、逆に、それと全く異質ともいえない問題が戦後のフランスにも存在していたと証言しているのかもしれない。だが、いずれにせよ、『大戦の終末』は、いまでは非常にわかりやすい言葉からなっており、『実存主義はヒューマニズムである』の方が、はるかに難解なのである。難解というのは、そこに理解しがたい言葉や観念があふれているからではなく、逆に、きわめて口あたりのよい言葉で絶望の回避が説かれているので、『存在と無』の哲学者の思想的展望がかえって把握しにくくなるという意味である。それに対して『大戦の終末』は、やがてそのあまりに文学的な修辞性を後悔することになるとはいえ、「人間は一つの無益な受難である」という一句を書き残した人間の言葉として理解可能なものであるし、また、核兵器をかかえこんでしまった上に、環境汚染や人口増加、あるいは資源の涸渇といった問題にも直面せざるをえない人類は、分子生物学的な知が遺伝子工学という科学をも基礎づけることにさえなった今日、「時代の終焉の前日にいる」という意識をより切実なものとして持っているからだ。人間の死は、大戦の終末とともにサルトルがその間近な予言として感じとったときよりも、なお一そう身近な予感となっているのである。

より身近な予感となって今日的な知の圏域を色濃く彩っているものの実態をめぐっては、改めて論じるまでもあるまい。いまさしあたって指摘しておくべきは、分子生物学的な知見によって、進歩、科学、人間といった概念への確信がほとんど実証的に揺らぎ始めている現在、それが書かれたときよりもわかりやすくなっていると思われる『大戦の終末』という文章の位置である。つまり、いまならそれがごく自然に文脈におさまっているといった印象を持つのだが、その印象はいささか微妙な問題をはらんでいもするだろう。というのも、これは、やがていつの日かその客観的な真実が立証されることをひそかに期待しながら、無理解を覚悟の上で大勢にさからって書かれた文章ではないのだから、いまになってわかりやすいということじたいが、サルトルの言説的戦略がいくぶんか誤っていたことを立証してしまうからである。もちろん誰にも失敗というものはあろうが、『大戦の終末』に起ったことがらは、ルイ＝フェルディナン・セリーヌの文学的相貌がいまにして明解な輪郭におさまったといった事態とはまったく違うのである。そのことは、何を意味するか。

二十世紀も終りにさしかかり、新たな世紀末の接近しつつある時期に、人がその時代の特権的な主題としてかかえこむことになったものを、第二次大戦直後にすでに指摘しえたサルトルを、その展望においてつねに先導者的な知識人の名にふさわしかったと改めて確認すべきであろうか。それは不可能である。神が死に、それに続いて人間の間近な死の予言が語られようとしているとき、事態は、とりもなおさず先導者的な知識人の存在そのものを否定するかたちでしか進展しえないからである。にもかかわらず、サルトルのそうした姿勢が何ごとか積極的な役割を演じえたとするなら、それは『大戦の終末』を裏切るかたちでしかありえなかったわけだし、そのとき彼は、もはやありえないはずの知識人という虚構をなおもそれと知りつつ演じ続けざるをえぬことの苛酷さを、みずからの責任において引きうけたということになる。その選択を感動的とみるか滑稽と断じるかは、いずれにせよサルトルの思想とはまったく無関係な問題である。彼はそのとき、誰とも同じ歴史的な存在となってしまっていたのであり、その言葉からは、もはや現在そのものに働きかける刺激性は失われている。ただし、ここで指摘しておきたい一つの事実は、現在を生きつつあったはずの言説の歴史的領域への撤退が、その意味作用を曖昧に宙に吊ったりはせず、その意味をいささかも理解不能なものにはしていないということだ。その役割を演じつくした言葉は、きまってわかりやすくなる。その解読をごく自然なものたらしめる複数の文脈の中におさまることで、あらゆる言説は変容の資質を放棄するからである。

では、提起された問題そのものの普遍的抽象性が、それのおさまるべきものとは予想しえなかった別の文脈と出会うことで、論者の思惑をこえたかたちでそれなりの具体性を帯びるということはないのだろうか。時代にふさわしく組み替えられた新たな文脈が、すでに文脈たりえなくなった知と思考の配置にあって狙っていたはずの意味作用を全的に開示することは、必ずしも、その限界ばかりをきわだたせることにはならないではないか。

もちろん、そうしたことは充分に起りうる。たとえば、発表当時はまともに読まれることのなかったジョルジュ・バタイユの経済学的な言説が、今日にいたって、必ずしも経済学的な体系の内部には限定しがたい理論的形式化に、一つの刺激を与えるといった場合がそれにあたる。しかし、サルトルの『大戦の終末』には、そうした磁力は作用していない。というのも、少なくともこの短い文章は、変容の資質を内包しているというより、変容の不在に同調するかたちで書かれているからである。そしてその潜在的な同調性が、いま顕在化されつつあるというだけのことなのだ。

では、どうしてそのようなことが起るのか。理由はさして複雑でない。論者の政治的な選択とも、歴史的な認識とも無関係に、言葉そのものにそなわっている同調的な資質が、そうした事態を導き出してしまうのだ。『失われた時を求めて』の多くの作中人物たちについてみたように、誰にもきまって起る言説的な宿命のようなものなのである。世界の表層を思いがけぬ亀裂が走りぬけるとき、その痕跡を目のあたりにするものは、その不慮の事態に対処しようとする善意から、きまって何ごとかの終りを予言してしまう。誰に頼まれたわけでもないのに、終末は間近に迫っていると口にすることが自分の役割だと錯覚し、ほとんど無意識のうちに、遊戯の規則にふさわしい屈託のなさで自分がいま捉えられている物語の主題を語ってしまうのである。

なるほど『大戦の終末』のサルトルは、その反応の素早さという点でなら、ロベール・ド・サン゠ルーの姿勢に匹敵するといえよう。しかし彼は、ゲルマント家につらなるこの名門将校と異なり、戦争はもはや終りえないものだという認識を持っている。それは、まがりなりにも戦争が終りうるものと想像されていた時代に、まぎれもない戦後としてその青春を生きてきただけに、そのほとんど狂気に近い解放感がもはや回帰しえないことを知っているサルトルの、世代論的な必然ともいうべきものだろう。だが、ここに奇妙な転倒が起る。青春の再来の不可能が宣告されたが故に、もはや戦争に終りは訪れまいと言わざるをえないという転倒である。もちろん、サルトルは意図的にそう主張しようというのではない。しかし、文脈がそのように語っているのである。

この戦争の終末は、ちょっとばかり我々四十台の者どもの終末であり、あるいは、少なくとも、我々の青春の終末である。

たぶんに個人的な感慨を引きずっているこの言葉に、人類の問題はまったく姿をみせてはいない。それはそれでいっこうにかまわないのだが、そのようにして内部に青春の死を確認したサルトルは、青春の終末と大戦の終末とがかさなりあうことで言葉が蒙るだろう比喩の通俗化現象を怖れるふうもなく、言説が陥る機械的な自己再生産の誘惑に身を投じ、いま一つの終りを導き出してしまう。それは、「神が死んでしまった後に、今や人間の死が予告されているのだ」という、現代の『紋切型辞典』の項目にこそふさわしい文章にほかならない。

……大洪水前の虚無からは幾世代にもわたる祖父たちによって守られており、未来の虚無に対しては、何代にもわたる甥孫によって守られており、つねに時間の流れの中間にあって、決してその末端にはいなかったのだ。しかし、今や我々は、この「世界終末の年」L'An Mil へ戻ってしまったのであり、朝起きる度毎に、時代の終焉の前日にいることになるだろう。

いうまでもなかろうが、そのもっともできの悪い文章をとりあげて、作家サルトルの文学的資質をことさら軽視しようとしてこの一節を引いたのではない。日本の敗戦の翌朝に、すでにこうした核時代の終末論を口にしえたサルトルの歴史認識の深さについてはすでに触れたとおりだし、ここに語られている内容がとりたてて奇態だというつもりもない。ただ、終りという事態を前にした場合、サルトルさえもがこうした貧しい比喩に逃れるほかはないという点が問題なのだ。「世界終末の年」への逆戻りという表現は、サルトルのいわんとすることの表現であるより、むしろその思考の運動を出来合いの言葉の方へと招きよせ、語りつつある主体を、それが喚起するもろもろの象徴へと、検証を欠いた安易さで同調させる機能を演じているように思う。そして、ひとたび同調が起るとあとはすべてが連動するのみである。「人間の死が予告されている」の一行は、事実、そうした機械的な流れの中に読まれる言葉なのである。その後に、「もう文体ではない」、「もう文学ではない、生活だ！」「文学は精神の遊戯であって将来はますますすたれる運命にある」といったスローガンが続いてもいっこうに不思議ではない論理が、そこに形成されてしまっているのだ。

　もちろんサルトルは、この短文の中で、「時代の終末の前日」に目覚めるものたちにとっての文学がどのようなものとして想定さるべきか、という問題はいっさい語っていない。ここでの主題は、大戦の終末とともにその青春の終末を宣言された世代に属するものが、終りつつも終りえなかった大戦を前にして、その終末の不可能の対極に人間の終末の不可避性を読まざるをえないことの不幸にほかならない。その不幸を、人類の問題として不幸とは呼ぶまいとする決意が、その後のサルトルの著作の基盤となっている点も、あえて指摘するには及ぶまい。そうした意味からすれば、『大戦の終末』はきわめて素直な文章だといえるかもしれない。素直な、というのは誰かに教えこまれたのでもないのに、昔からひそかにくり返し暗記していた台詞が、ふと口から洩れてしまったような印象を与えるからだ。事実、人間の死の予言は、神の死という言葉が流通しうる文化的な圏域にあっては、いずれ誰かが口にすべき言葉として予定に組みこまれていたもののはずである。あからさまに言明されることはなくとも、そうした命題が論じられて何の不思議もない文脈が用意されていたのであり、それにふさわしいきっかけが与えられればたちどころに顕在化するはずの、潜在的な主題でさえあったといえるだろう。第二次世界大戦は、核爆弾と強制収容所という二つの挿話によって、その言葉が口にさるべき状況の到来を早めたのである。サルトルは、いちはやくその事実を察知する聡明さに恵まれていた。聡明さのみならず、ある大胆さと、そしておそらくはいくぶんかの通俗性にも恵まれていたので、誰よりもさきに予定されていた言葉を口にしてしまったのである。

その意味で、『大戦の終末』は一つの説話論的な権利の行使といってよい。しかし、その言説をごく自然に洩らしたとき、あえてそうしたことの大胆な通俗性に誰よりも驚いたのはサルトル本人である。彼の第二次大戦後の著作のことごとくは、この用意されていた台詞を思わず口にしてしまった自分に対するこだわりから、ことさら屈折した複雑な歩みをたどることになるだろう。みずからの言葉をあからさまに否定はしないまでも、全的に肯定することもできないので、ときには忘れたふりを装い、あるいはまたその一句が特権的な共鳴音をあたりに響かせまいとして、あらゆる不自然な配慮が施される。不自然なというのは、『大戦の終末』がごく自然な権利の行使であることとの対照においてそうだということである。

説話論的な権利に従って間近に迫った人間の死を予言することの自然さは、もちろん、物語の罠に陥ることの甘美さの同義語にほかならない。その権利がそなわっているとはいえ、サルトルが、ことさら「神が死んでしまった後に、今や人間の死が予告されている」と書かねばならぬ理由はどこにもないはずである。それは、しかるべき文化圏に属するものであれば、誰もが暗記していつでも口にする用意が整っていた台詞であり、その意味で、それをあえて言説化してみることはほとんど何も言わずにおくことに等しいからである。誰にも所属することのない他人の言葉で他人の問題を語ったもの、つまり「紋切型」という奴がそれである。普遍的に正しいか否かの決定とは違った次元に、あらかじめおさまりうる文脈が存在しているという理由から、説話論的な真実ともいうべきものがその台詞なのだ。だからこそ自然なものでもあるのだが、その後のサルトルは、この種の自然さに陥ることを極力回避している。というより、説話論的な真実を放棄せざるをえない繊細さには恵まれていたので、屈託のない予言者の群に投ずることをかろうじて避けえたのだ。その結果として彼がかかえこんだものはといえば、終末に関わるごく自然な姿勢である。つまり、みずからの言説から終りの瞬間を排除することで、説話論的な権利の行使に決着をつけつづけたのだといえる。実際『自由への道』から『家の馬鹿息子——フローベール論』にいたる未完の作品のかずかずは、「今や人間の死が予告されている」などと思わず口にしてしまったことと決して無関係ではない。実際、サルトルほど多くの著作を未完のまま放置したものは、文学史にも哲学史にも存在しないだろう。言説の完成を断念することで、終りを宙に吊るというサルトル的な執念は、一種の説話論的な贖罪行為とみるべきである。

終末への予言をめぐっての屈託のない自然さを回避しようとするその粗暴な試みは、なかば成功し、なかば失敗に終っている。間近に迫った人間の終末の予言者としてジャン＝ポール・サルトルの名前を記憶しているものがほとんどいないという現実は、その試みの成功を証言している。事実、その思想を体系的に把握する必要のない人間にとって、彼の立場はむしろ人間主義的なものとして想起されるだろう。その人間主義なものの実態はいったん措くとしても、そうしたイメージが定着したことで、逆に『大戦の終末』の二十年後に書かれたミシェル・フーコーの『言葉と物』の登場を必要以上に華麗なものに仕立てあげるのに貢献してしまったという点では、明らかに失敗なのである。その書物の最後の一行で「人間の死」を晴れやかに宣言したものとして派手な醜聞を捲き起したフーコーの姿勢が「もはや人類というものはいない」とまぎれもなく書いたことのあるサルトルの終りをめぐる屈折した言説の厚みによって、あたかもそれが、これまで一度も口にされたことのない言葉であるかのようにきわだってしまったということである。「今や人間の死が予告されている」などというサルトルの言葉など誰も読んだ記憶がなかったかのように、人は『大戦の終末』の中心的な一行のことを快く忘れ、構造主義者は人間を抹殺したなどと騒ぎたてたりもするこの記憶喪失は、いったいどういうことなのか。この種の通俗的な記憶の次元でなら、実存主義もまた同じ予言によって始まっていたのに、一九六五年のフーコーの予言ばかりが特権的な反響を捲き起したのは、いったいどうしてか。フーコーにしたところで、一つの説話論的な権利を行使したにすぎず、予定外の行動に走ったというわけでもないのに、なぜ、彼の場合は、人間の消滅の予言者として受けとめられたのだろうか。

完璧な言葉＝不完全な言葉

いまさらいうまでもなかろうと思うが、ミシェル・フーコーはいわゆる構造主義者ではないし、人間の終末を誇らしげに予言したわけでもない。核爆弾から遺伝子工学までをも人類の資産とした科学的知の肥大ぶりが予見させる終末論とはまったく異質の領域で、フーコーの人間は消滅すべきものと予告されている。それは人類の消滅といった事態なのではなく、知のもろもろの配置が、生きる変容の一段階で、ごく最近発見されたものにすぎない人間に関する知の体系そのものの間近に迫った組み替えの可能性として、その消滅が予告されているまでである。『言葉と物』を通じて、フーコーは、ルネッサンス期以後のヨーロッパの人間的な思考が、決して人間そのもののまわりを旋回していたわけではなく、物とその秩序に関する知をひたすら問題としていたにすぎないことを実証している。思考が人間の顔を描きえたのはたかだか過去百五十年ほどのことでしかなく、その人間の横顔も、とうぜん、知の配置が体験するだろう新たな変容とともに「波打ちぎわの砂の上に描かれた顔のように消滅する」ほかはあるまいとフーコーはいう。言語が、それ自体の表象的機能を疑うことなく記号体系の内部にしかるべき位置と機能とを与えられていた限りは、思考の領野への人間の登場はありえなかった。その体系から言語が離脱しはじめたとき、その拡散的な細分化の動きとともに思考の対象となったにすぎない人間は、言語が改めて秩序を志向しはじめたいまその領野から再び追放されざるをえないだろう。この、言語の「回帰」という現象によって新たな発明品にすぎない人間が消滅せざるをえないとする視点が、おそらくフーコーを構造主義者と混同させ、人間の抹殺者という文脈に閉じこめることになったのだろうが、こうしてみれば、同じ人間の終焉が語られてはいても、そこでの人間が、『大戦の終末』の人間とはまったく異質のものであることは明らかだろう。人間が人類の普遍的な思考の対象ではなかったというフーコーの観点、つまり言語の表象体系からの離脱と同時的にしか知の領野に人間が出現しなかったのだという指摘が、おそらくフーコーとサルトルとを距てるところだろう。だが、重要なのはそのことにあるのではない。ここで触れておきたいのは、二人の思想家が共有しはしまい問題体系にもかかわらず、彼らがともに、同じ説話論的な権利の行使者であるという点である。サルトルとフーコーとは、同じ物語を語ってはいないが、ほとんど同じ物語の中にいるのだ。このほとんど同じという点を考えてみよう。

人間は消滅しようとしているのだ。神の死以上に——というよりはむしろ、その死の澪のなかでその死とふかい相関関係において——ニーチェの思考が告示するもの、それは、その虐殺者の終焉である。

なるほど、類似の言葉が頻出するとはいえ、このフーコーの言葉とサルトルのそれとの違いは明瞭である。『大戦の終末』において、「神の死に続いて」と継起的な秩序の中で予告されていた人間の死が、ここではほとんど同時的なできごととして認められているのである。「ふかい相関関係において」という言葉が示しているごとく、神の虐殺者たる人間は、その後生き延びたわけではないのだ。つまり、そのとき人間の自己同一性は崩壊せざるをえないというわけだが、とするなら、人間の死は、予告というより追認されるべきものなのかもしれない。しかし、自分は神を殺したと口にしうる「最後の人間」の立つ時＝空はより曖昧なものたらざるをえないだろう。それは厳密に同時的なのではなく、「神の死よりも古いと同時に新しい」のである。

彼は神を殺したのだから、みずからの有限性の責任をとらねばならぬのは彼自身だろう。しかし、彼が話し思考し実存するのは神の死のなかにおいてであるから、その虐殺そのものも死ぬことを余儀なくされる。

こうした理由で神の現存と不在とにまたがらざるをえない「最後の人間」の位置は、神の死に続いて死ぬべきものと予言される人間の位置よりも、逆にわかりやすい。継起的に起るできごとにくらべて、曖昧に接し合って演じられるできごとの方がわかりやすいというのは、しかしフーコー的な言説の優位からくるものではない。なるほど、サルトルの言説と比較すれば、『言葉と物』の論理の展開はより綿密であり、人を説得させるに充分な過程を踏んでいたといえる。だが、その綿密さは、実は西欧の形而上学的な言説に特有の綿密さにほかならない。絶対の超越者の死をめぐって、その被造物たる人間は、このようにしか語ることができないのである。つまり、虐殺者そのものの必然的な終焉は、形而上学が死に際して口にすべく予定されていた最後の言葉にほかならず、説話論的な権利として、あらゆる人間に開かれていたはずの台詞なのだ。したがって、サルトル的な言辞の性急さとは異質のより周到な配慮のもとに口にされたフーコーの予言も、ある点では、いっそう深く物語の罠に陥っているのだといえるだろう。

改めて考えてみるまでもなく、神の虐殺に手をかした人間に可能な存在のあり方をめぐっては、論理的にはこうした言葉しかいえないし、またそれ以外のことをいうことはできない。死の影のもとにではあっても至高の存在が話題となっているからには、それは口にさるべき唯一の言葉なのである。誰がその言説の担い手であるかはともかくとして、その唯一の言葉の絶対的な正しさは、サルトルのいささか性急な予告を修正しつつ、それを包みこむ。包みこむという動作は、その位置と機能とを説話論的な持続の一点に指定することとして演じられる。『大戦の終末』がわかりやすい文章だと思われるのは、そのためである。そこに語られている人間の死より『言葉と物』の最後に記されている一行の方が鮮明な印象をもたらし、よりいっそう過激な反応を惹き起しえた理由もそこにある。フーコーの予言は説話論的な持続を断ち切る最後の言葉として、もはや言い直しのきかない言葉として響く。それは、物語を完成させるにふさわしい完璧な言明なのだ。

ただし、フーコー的な予言がおさまる完璧さは、形而上学という虚構のみに可能な論理的整合性を意味するものではない。話の辻褄が合っているという点では、あらゆる屈託のない予言者たちの洩らした言葉もそうである。やがて修正さるべき細部を含むことで、それらは逆に説話論的な持続を支えているのであり、その局所的な錯誤が物語の展開をさまたげたり、文脈を乱したりすることはいささかもない。サルトルの予言もまた、誤差によって物語に整合しているのである。逆に、『言葉と物』で予言された人間の消滅は、過激なまでの誤差の不在によって、物語がそれ以上語りつがれることを禁じてさえいる。完璧さとは、かかる最後の言葉にしか妥当しえない特質なのだ。説話論的な持続を唐突に切断することで、虚構に論理的な整合性がそなわっていたことを実践的に示す行為にほかならず、その意味で、完璧さとは、ほとんど言葉ではない。周到に言葉を模倣しながら、言葉のつらなりを分節化することでみずからを消滅せしめる言語的振舞いといったらいいか、いずれにせよ、それはいま一つの虚構の現存を、不在によって顕示する記号なのである。従って、それは読まれてはならず、読むふりを演じることでかろうじて解読しうる不可視の記号にほかならない。そこで解読の対象とさるべきは、すでに語りおえられてしまった物語の説話論的な構造なのであって、それがとりあえずおさまっている言語的な形式ではない。言語的な形式としてなら、それは終りをめぐるあまたの予言と同じものであり、最後の言葉であるどころか物語の壮大な続きをかたちづくる一挿話でしかあるまい。そのとき物語の秩序はまだ完璧さに達することなく、説話論的な持続はひたすら引きのばされてゆくばかりだろう。その虚構を支える論理的な整合性は、まだ思考の領野に浮上することもないまま、世界の表層を走りぬける局部的な亀裂の痕跡をなぞりながら、いくつもの矛盾が屈託もなくくり返されてゆくだけのことで、それをおしとどめるものは何ひとつなかろう。そのとき、終りは、どこかしら楽天的な主題となって物語を活気づける。神が死のうが、人間の死が予告されようが、そのことを口にする主体も、その言説を実質化する言葉も、そのできごとによっていかなる変化も蒙ることがなかったように事態が進展してしまうからだ。フーコーの予言の特権的な完璧さは、神の死と人間の死とが継起的な時間軸にそって演じられた二つの歴史的な事件ではなく、その関係の相関性に注目したという点のみから導き出されるのではない。形而上学的な思考が真理を体現する絶対的な超越者を対象としている限り、神の死と人間の死とは同時的でなければならないことは自明の理でありながら、その相関性への言及による物語の完成をつとめて遅らせようとする働きが、思考そのもののうちに、抽象的楽天性というべき説話論的な円滑剤として含まれていて、その着実な機能ぶりによって、みずから修正しえたはずの錯誤をとめどもなく生産していたのであり、フーコーが着目したのは、まさしくこの点なのだ。つまり、秩序とは、論理的に位置決定の可能なその限界を、意図的な勘違いによってたえず曖昧に漂わせておく限りにおいてかろうじて秩序たりうるものなのである。あらゆる物語もまた、言葉が語り出される最初の瞬間から、その崩壊がたどる複雑な過程を説話論的な必然として物語の内部に刻みつけていながら、その痕跡を指摘すべき思考の働きを、楽天的な誘惑によってたえず曇らせているのだ。だから、物語の解読は、その説話論的な構造を明らかにするだけでは終りはしない。物語が、意図的な錯誤を誘発する楽天的で抽象的な幻惑作用にほかならぬことを実践的に示しえぬかぎり、その解読は完成されえないのである。

ここに、最後の言葉が口にされる時＝空の曖昧さが生ずる。意図的に選択されたというほかはない積極的な曖昧さである。つまり、その完璧さは、言語的な形式としてはすでに語りおえられた物語の一挿話に酷似していながら、力の体験としては、その説話論的な秩序と触れ合うものを持っていないからである。あらゆる物語には、説話論的な必然として終りの言葉を内部に含んでいながら、意図的な錯誤のかずかずがその顕在化を外部に向って保護している。ごく他愛もない勘違い、たんなる無知、慣習的な盲目性、純粋な計算の失敗、反射神経の不調、等々、こうしたすべての反応を意図的と呼ぶのはいくぶんためらわれるが、結果的に物語を支えるのはその種のものの複雑なからみあいからなる層なのである。終りは、言葉の絶縁帯によって顕在化をさまたげられているのだ。それ故、最後の言葉は、その保護の厚い壁の隙間にめざとく着目しうる内部の論理でなければならない。同時に、幾重もの錯誤の層に同化することのない強靱な外部の力でなければなるまい。最後の言葉はこの曖昧な二重性の上に脆く築かれる。完璧さとは、安定や調和とは無縁の言語体験なのだ。

外部の体験

では、外部とは何か。別の虚構である。厚い錯誤の層で潜在的な中心を保護するのではなく、厚さそのものを透明な軽さとして視界から一掃する拡散と際限のない偏心からなる時＝空である。語る主体の内面に隠された何ものかに操作されることなく、その消滅と同時的にすばやく顕現する言葉の行きかう領域としてもよいが、そこで語られうる言葉をフーコーは、そのモーリス・ブランショ論『外部の思考』でこんなふうに語っている。

フィクションはもはや数々のイマージュを倦むことなく生産し輝かせる能力であるべきではなく、逆にそれらイマージュの結びつきをほどき、すべての過重からくる負担を軽くしてやり、内的な透明さ、それらイマージュを少しずつ照らしだしてついにはそれらを炸裂させ、想像し得ぬものの軽やかさのうちにそれらを散らばらせる透明さをもってそれらを住処とするような力であるべきなのだ。

思考が統御しがたい言葉の露呈という現象は、そこにみずからを映してみることで、語られることと語るものとの調和ある一体化が保証された中核を断片化させつつ拡散させてしまう。そのとき、物語を支える錯誤は、保護すべき終りの言葉を見失ったまま、説話論的な持続を担う役割を放棄する。というより、語り始めた瞬間がすでに終りであるような言葉しかない世界として、外部が、中心もなく基盤もないまま無方向に揺れ動くのである。外部は、徐々に形成されるものではなく、そこに説話論的な持続は存在しない。最後の完璧な言葉としてしか外部は可視的なものとなることがないからである。それは、語りつがれる言葉をそのつど見失う、物語を奪われた虚構にほかならず、読むことは不可能である。読みうるものはといえば、それが終らせる内部の物語の構造ばかりなのだ。

もちろん、フーコーは『言葉と物』の最後でいきなり完璧さに出会ったわけではない。外部の思考がその姿を誇示した瞬間を、彼は「歴史と世界との法則の内面化が西欧の意識によってあれ以上に緊急に求められていたことはたぶんなかった」というカントとヘーゲルの時代ではなかったかと逆説的に仮定してみる。フーコー自身の言葉にほかならぬこの逆説的な外部の登場は、すでにみた説話論的な必然と矛盾なく一致する。内面化の時代の終りの言葉は、すでに始まりの瞬間から物語の中に書き記されているのである。彼は、その最初の裂け目が、「言説の終ることのない呟きにおける欲望の赤裸々化」としてサドによって、また「行方を失う途上にある言語の間隙における神々の迂路の発見」を通してヘルダーリンによって切り開かれていたと考えるのだが、この際、固有名詞の系譜学はさして重要ではない。その後には、誰もが予期したようにニーチェとマラルメが続き、二十世紀的な作家としてはアルトー、バタイユ、クロソウスキーが挙げられるが、問題なのは、彼らが「言語の実体《エートル》がそれ自体に対して姿を現わすのは、主体の消滅のうちにおいてのみ」だという視点を具体的な文章体験として生きえた作家たちだという点である。たとえば「あらゆる言説的言語が肉体と叫びと暴力のうちに縄目を解かれるとき、そしてまた意識のおしゃべりな内面性を離脱した思考が物質的エネルギー、肉体の苦しみ、主体それ自体の処刑を引き裂きにするとき」のアルトーは、まぎれもなく世界の内面化とは異質の体験を生きたといえるだろう。ここで論じられているブランショの場合も、たんにそうした思考の証人であるにとどまらず、そのテクストの圧倒的な現存そのものの力によって不在であるが故に、外部の思考そのものだとフーコーはいう。

こうした名前は、いうまでもなくいくらも置換可能である。事実、言語の現前という現象を論じる『言葉と物』では、ルーセルとカフカとが加わり、アルトーとクロソウスキーの名は挙げられていない。また、サドとヘルダーリンの名前もそうした文脈の中には登場せず、存在としての言語を思考すべき時＝空として、次のような言葉が語られているのである。

はるかに長く、はるかに思いがけぬ道筋をとおって、一方が語るものは〈だれか?〉と問い、もう一方が〈語〉そのもののなかに答えがきらめくのを見たとき、ニーチェとマラルメがともに指さしたあの場所に、われわれはいまつれもどされるのにほかならない。

『外部の思考』にあっては、外部の体験が姿を見せる「最初の裂け目」に、サドの「法《ロワ》なき法としての、願望の赤裸さ」がつぶやかせる「反芻的独白」と、「神々の煌めく不在が顕在する」ヘルダーリンの詩とが位置づけられていたが、『言葉と物』の場合は「ニーチェとマラルメがともに指さしたあの場所」が、言語の存在の思考さるべき時＝空として示されているのである。言語の「回帰」と神の虐殺者の死とが同じ身振りの模倣として演じられるその場所は、そこから発し、あるいはそこを通過することで、『言葉と物』の最後に語られた人間の消滅を正当化する前提であるかにみえる。フーコーによって挙げられた特権的な名前を、あるいはサドから、あるいはマラルメを中心として配置してみると、人間の死が、物語として容易に納得しうるような印象を与えさえするだろう。砂の上に描かれた消えやすい横顔としての人間が、一つの歴史的な歩みをたどり、明確な遠近法的な構図におさまりもするかのように、一つの系譜がそこに描かれているかにみえる。とするなら、外部にも虚構が語られており、そこに説話論的な持続が維持されているのだろうか。そしてフーコーは、かぼそく低いながら続いていたつぶやきを、いま、顕在化させようとしているだけなのか。外部とは、抑圧されていたもう一つの物語にほかならず、それを解放することだけが問題であったというのか。

もちろん、事態はそうした展開ぶりを示しはしない。なるほど、外部の物語ともいうべきものを系譜学的な流れとして想像してみることは不可能ではない。だが、その想像がおさまるのは、内面化された外部の物語でしかなく、それを語ることはいともたやすいはずである。だがその容易さこそ、あらゆる虚構の持つ危険な罠にほかならぬ。外部の体験を語る言葉、しかも外部の思考にふさわしくそれを配置するには極度の困難が伴う。虚構はたちどころに外部を馴致せしめ、「何か空想上の『外』の形相のもとに、またもや昔ながらの内面性の布を織る」ことにもなりかねない。だが、かりに外部にも物語があるなら、その説話論的な持続を担う言葉は、不断に拡散し続ける必要があるだろう。その断片化の運動をあらかじめ組織しうる方法というものは、さしあたりわれわれの周囲には存在していない。ただ、外部を体験しえたものたちの系譜が、物語を語る力を帯びてはいないことはたしかなのである。その系譜につらなる名前のどれをとっても、最後の言葉との距たりによって計測可能な誤差というものをまったく含んでいないからだ。いずれもが、そのつど、決定的に正しい言葉しか口にしてはいない。というより、むしろ、いかなる類似の語彙も含まれてはいないのに、ことごとくが同じものであるかのようだ。カフカ、バタイユ、ブランショといった作家たちは、すでに語られている最後の言葉を外に向って隠蔽しながら、たがいに修正しうる誤りをわずかずつ放棄しているのではなく、「ニーチェとマラルメがともに指さしたあの場所」に、たえず同じものとして回帰する螺旋状の運動を演じているのだ。したがって、そこには物語が語られようもないだろう。系譜学的な流れをかたちづくるかにみえた外部の体験者たちは、似ても似つかぬおたがい同士を反復しあっているだけなのである。そのとき、説話論的な持続は、それが形成されようとする始まりの瞬間に不断に流産してしまう。実際、同じものの再来がどうして説話論的に分節化されうるだろうか。

ところで、このような事態がサルトルの人間の死とフーコーの人間の死との間にも観察しうるだろうか。ともに予言という形式をとっていること、人間が二つの文章の主語となっていること、そして予言されているのがいずれにあっても死であること、そうした類似を指摘するのに何の苦労もありはしまい。それらは、言説としてはほとんど同じものだといってよかろう。だが、すでに指摘したように、そこに言表されているのはまったく別のことがらであり、いかなる意味においても同じものの再来を指摘することは不可能である。一方は、物語を語りつぐためのなかば意図的に誤った言葉であるし、いま一方は、物語の説話論的な持続を断ち切る最後の言葉として完璧なものである。そこに反復の関係を認めるのは不可能というほかはなかろう。物語の挿話として、サルトルは明らかにフーコーよりも前に位置づけられる。こうした前後関係をたとえばブランショとクロソウスキーの間に想定することは、困難だという以上に無意味である。もちろん、外部の体験という枠組をとり払った場合なら、両者には多くの差異と類似とが観察できようが、それはいうまでもないことだろう。サルトルとフーコーの場合もまた同様である。しかし、その思想的な体系にあっては無視しうるという見方も成立しよう時局的な文章の中で、サルトルは、誰もが読みうるかたちで人間の間近な死を予言してしまっている。ことによると、深い思索のはてに口にされた言葉ではないという理由から、それに固執することの非生産性を主張するという立場もあろうかとは思うが、物語とは、まさに気軽な断言を誘発する装置だという点こそが、ここでの主題なのである。いま問われているのは、哲学者としてのサルトルとフーコーとの比較ではない。それを試みるには、別の虚構を始動させねばならないだろう。われわれがその構造を解読し、その説話論的な磁場を限界づけようとしている虚構の二人の作中人物として、二人の説話論的な機能が記述されているというにすぎず、そこで究明されているものは、「紋切型」の定義にほかならない。「紋切型」とは何か、ではなく、それはどのように口にされるかを定義づけたいというのが、『大戦の終末』に執着する唯一の理由である。

終末と強迫反復

「紋切型」はどのように口にされるかをめぐっては、「I」で一応の定義が試みられている。「紋切型」とは、他者の問題を他者の言葉で語った物語にほかならず、他人の言葉と自分の言葉とが構造的には異質のものであるとする錯覚が、その説話論的な持続を支えることになる。人間の死をめぐるサルトルとフーコーとの二つの予言を読みくらべてみることで、いま、この錯覚の形成が明らかにされるように思う。錯覚は、最後の言葉によってきわだつことになる錯誤の共有というか、すでに物語に刻みこまれている完璧な言葉を、外部に対して露呈させまいとする不完全な言葉たちの連帯によって支えられているものなのだ。その意味で、「紋切型」とは、不完全な言葉の群にほかならぬ。そして完璧さの欠如、つまり修正可能な誤りの差異が、散在しつつ断片化する現代的な言説に、虚構の統一性を与える。

つまり、こういうことだ。「神が死んでしまった後に、今や人間の死が予告されている」と書き、「もはや人類というものはない」のだから、「私は私の倫理的証人にならねばならぬ」という核時代の終末論を語るものにとって、そのとき語られる言葉は、いかなる統一の原理も見出しえぬままに断片化し、無限に散在しつづけるほかはないだろう。その点でなら、彼は、真に現代的な言説の時代の到来を予言していると考えられなくもない。誰ひとりとして、もはや人類の名においては語りはしない領域に足を踏み入れているからだ。そうした展望のもとでなら、人類はもはや物語の主題たりえなくなるはずでありながら、サルトルは、言葉が当然蒙るはずのそうした変質に対してはいたって楽天的である。のみならず、大戦の終末にあたって人類の死を予言することそのものが、他者の言葉であることを気づいている様子もない。

なるほど人類の科学的な知によって開発された核爆弾の大量殺人が敵対関係に決着をつけたという点で、第二次大戦の終りはそれ以前の戦争と決定的に異なってはいるだろう。その事実を日本の無条件降伏の翌朝に指摘しえたサルトルの危機意識の鋭さについては、すでに触れておいたとおりだ。にもかかわらず、その種の予言は、それがおさまるべき場所を既存の物語の中に持っているという限りにおいて、他人の言葉というほかはないのである。大戦の終末は、感性豊かな知識人たちに、きまってこの種の感慨を披露させてしまうものなのだ。もちろん、それぞれの言葉を制約している時代の様相を思い起しつつ、そうした感慨に含まれる洞察の深さに改めて感嘆することは可能である。だが、ポール・ヴァレリーが第一次大戦の終った翌年に発表したあの名高い『精神の危機』を読みなおしてみるなら「われわれ、もろもろの文明なるものは、今や、われわれもまた死を免れぬものであることを知っております」で始まる二通の書翰形式の試論にサルトルの『大戦の終末』がその説話論的な構造において醜いまでに似ていることを素直に認めざるをえまい。なるほどここで問われているのは、精神の危機にすぎず、死滅すべき運命にあるとされるのも、たかだかヨーロッパの文明でしかない。多くの文明が美しい名前を残して消えて行ったように、フランスやイギリスもまたその運命をたどるしかあるまいというのだから、人間存在の不条理というサルトル的な視点からすれば、それはいかにも微温的な諦念でしかないだろう。とはいえ、こうした精神史的な感慨と実存主義者の口から洩れる人間の終末とを距てるものは、あくまで同じ尺度による計測が可能な範囲にとどまっている。神の死に言及されてはいない『精神の危機』は、その文脈からすれば西欧の没落という文明論的な主題につらなるものだろうが、核兵器の開発による人類消滅の危険を準備したのは、間違いなくその没落しつつあるといわれる精神に支えられた文明である。それはレオナルドの天才と無縁でないばかりか、その系譜につらなる知の体系が可能にした事態であり、そこにいかなる非＝西欧的な知も介在してはいない。荒廃がついに精神をも蝕むにいたったとき、真の崩壊が始まるのだとするヴァレリー的な視点は、神の死後も人間が存続したというかのごときサルトルの楽観主義に通じあってもいるだろうし、「知識はいかなるものの救済においても無力であることが証明され」たとする『精神の危機』の一行は、「科学はその道徳的野心の致命傷を負い、その応用の残忍さによって名誉を失った」と続くことで、サルトルが第二次大戦後に直面することになる、核時代における人間の危機を予言する言葉として読みうるだろう。いずれにせよ、筆者の感性や気質の違いを超えて、また歴史的な状況の変化にもかかわらず、『精神の危機』と『大戦の終末』とは同じ物語におさまるべき二つの挿話なのである。

だが両者の類似は、そうした説話論的な主題につきるものではない。文明の崩壊と人間の終末とが同じ体験の別の表現であるというにとどまらず、サルトルにとっては第二次大戦に特殊な事態だと断じられたことがらが、すでにヴァレリーによって第一次大戦の直後に口にされているのである。それは、戦闘状態から平和への移行の曖昧化ともいうべき現象にほかならない。「あらゆる戦争が終結することを信じていない」にとどまらず、「一切の戦争の終末を希う心を完全に持てない」ようになっている精神状態について語るサルトルは、もはや戦争と平和は「黒と白、暑さと寒さというように、はっきり区別される二つの違ったもの」だとは信じられなくなっている事実をことさら強調する。そのことにはすでに触れたし、またそれが誤りだというのでもないが、「軍事的危機は恐らく終りました。経済の危機がその全力を発揮していることは目のあたりに見るところです」というヴァレリーの言葉によって、すでに三十年も前に要約されていた事態の反復にほかならない点を、はたして彼は知っていたかどうか。『精神の危機』は、ヨーロッパという知的な廃墟に、一人のハムレットを登場させている。彼はその手の中の頭蓋骨を眺めながら、「諸真理の生と死について瞑想」し、途方に暮れる。

恐ろしいまでに洞察力に富む彼の精神は、戦争から平和への移りゆきを見まもっています。この移りゆきは、平和から戦争への移りゆきに比べて、一そう不分明で、一そう危険なものである。あらゆる国民がこれに悩まされています。

この言葉は、戦争と平和とを距てる境界線が、もはや戦争の終末として人が知っていたものに似ていないことを証言している。「平和の始まりとその動き出しが、平和そのものより不分明なのは、生の受胎と起源が、一たん作られてしまい、適応した存在の機能よりも神秘的であると同じです」という言葉にはいかなる歴史的な観点も反映していないが、少なくとも、サルトルのいう「何か昔の状態再来」が、第一次大戦後にも訪れてはいなかったことがそこに読みとれるのは確かだろう。ヴァレリーがその二つの手紙で論じているヨーロッパ意識の危機という主題を、くまなく踏査することがここでの目的ではないが、平和を、「人間に自然な人間相互間の争い」が知性の水準で遂行されるものだとする視点を彼に選択させているものは、彼自身の知性の透徹ぶりというより、彼がそこに組みこまれている説話論的な必然なのである。あらゆる希望が失われたわけではないと言いそえつつも次のように書くとき、その結論が間近な死の予言となるのは当然だろう。

　文学、哲学、美学において、明日何が死に何が生きのこるか、誰も予言はできない。いかなる観念といかなる表現法が喪失表に記入され、いかなる新奇なものが要望されるのであろうか、これまただれ一人として知るものはありません。

誰も予言はできないという否定形の言辞にもかかわらず、ここで強調されているのは、文学を始めとする精神的営為の諸領域で、多くのものが死滅して何の不思議もない時代に人が生きているという事実にほかならない。そこから人間の消滅が導き出されるためには、いかなる説話論的な変容も要求されはしないだろう。文学の死も、哲学の死も、物語のごく自然な推移に従って予言されたり断言されたりする現実が到来しているのだ。ただし、ヴァレリーにあってもサルトルにあっても、物語の最後の言葉だけは周到に回避するという姿勢が、他者の物語の説話論的な持続の維持に貢献しているという意味で、その言葉は「紋切型」とならざるをえない。大戦の終末にあたって口にしうる唯一のことがらが、その終末について語ることの困難さの認識にすぎず、そこから大戦とは別のもの、つまり文明の崩壊なり人間の終末といったより重大な事態が語られてしまうという過程は、戦闘状態の開始とともに短期の戦争を予言せざるをえない姿勢とは異なる立場であるかにみえて、実は、ともに補いあって説話論的な持続を支える構造的な相関物なのである。短期のものと予想された戦争が期待を裏切るかたちで長期化し、終りを曖昧なかたちにしたまま戦闘状況が停止した場合、なおも屈託のない微笑とともに遊戯の終りを予言せずにはいられない説話論的な欲望を充足させるには、この種の言説がぜひとも必要なのである。たやすくは終らなかったことで間近に迫った終りの予言を裏切った戦争は、遅れて到着した終りを完璧な終りに仕立てあげずにおくことで、またしても物語を救出する。そうした機能を帯びた言説を「紋切型」にふさわしく要約しうる言葉として、たとえば次のような一行を拾いあげることもできよう。

嵐は終ったばかりなのに、われわれは、あたかも嵐がこれから勃発しようとしているかのように落着かないし不安である。

『精神の危機』とほぼ同じ時期になされたヴァレリーの講演『ヨーロッパ人』の冒頭の一行は、その具体性を欠いた修辞によって、終りとして人が知っているものには似ていない終りに直面したものが口にすべきありとあらゆる言説の導入部にふさわしい言葉だというべきだろう。そして、遠ざかったはずの嵐がいまにも襲いかかってきそうに感じられてしまうときの胸騒ぎこそ、神の死という物語にふさわしい精神的な動揺であるに違いない。『大戦の終末』のサルトルが『精神の危機』のヴァレリーから継承しているのは、まぎれもなくこの不安である。

この種の精神的な動揺は、いうまでもなく神経症的な性質のものである。そうした胸騒ぎを覚えることじたいが、世界の表層を走りぬける亀裂に注ぐ視線のまぎれもない鋭さと、それに応じて組織される反応の真摯さを証明するものであることはいうまでもない。にもかかわらず、その鋭さと真摯さは、大戦が終末を迎えるたびごとにその終りの不分明なさまに苛立ち、大戦とは別の何ものかの終末をめぐる予言めいた言葉を洩らさずにはいられないことの神経症的な側面を否定しうるものではない。それは、一種の反復強迫ともいうべき事態であり、大戦が始まったとたんに、たちまち明日の戦勝を予言せずにはいられない言葉に唱和したあのいくつもの屈託のない声と響応しあっている。終りをめぐって演じられるこの神経症的というほかはない大がかりな反復、それがたがいにあらかじめしめしあわして演じられた所作でないだけに、その病理的な深刻さが改めて印象づけられる。精神の危機とは、文字通り病理学的な危機なのだ。もちろん、それによって語られる事態のではなく、そう口にしてしまうものが無意識に露呈させる精神的な動揺の病理学的側面こそが問われるべきものにほかならない。

それをめぐっては、このさきで論じられることになろうが、いまはさしあたり、「紋切型」が神経症的な言説にきわめて近いという事実のみを予備的に指摘するにとどめておく。反復強迫と呼ばれる精神病理学的な現象に似たものが、その同じ言葉の周期的な回帰に観察しうるように思われるのだ。だとするなら、誰もが何の屈託もなくそのさし迫った終りを予言しうると信じられている遊戯とは、つまり、「問題」をめぐる現代的な言説の説話論的な磁場とは、フロイト的な無意識を舞台として演じられる演技ということになるのだろうか。事態はさほど単純ではない。その点をめぐっても、のちに詳述する。ここで強調すべきは、神経症的に反復される不完全な言葉としての「紋切型」が、フーコーによって援用されている外部の体験者たちの言葉を、いささかも汚染してはいないという事実である。「紋切型」とは、内部の言葉に特有の病理学的な言説なのである。内部にあってはあくまで自然なものに映る説話論的な権利の行使、それが権利ではなく実は義務の遂行にほかならないという事実を容認しまいとするのが、その病理の典型的な症状にほかならない。あたかも権利であるかに口にされながら、義務としてそうさせられてしまうという言葉、それが「紋切型」に下さるべき定義である。余儀なく語らされてしまう物語は、真の主題を隠蔽しつつおのれの説話論的な持続を支え、症状をひたすら悪化させながら、そのことは明確に意識されることがない。そんなふうにして語られる物語を編集して辞典をつくるという着想そのものが、神経症という新たな心的機制をかかえこんでしまった文明の一時期とかさなりあっているのは、決して偶然ではあるまい。「紋切型」がすぐれた歴史的な現象だといったのは、そうした理由による。それは、「問題」の時代が必然的に綴りあげる言説の神経症的な反復なのである。

「紋切型」と神経症

『大戦の終末』が書かれて数年後、おそらくは四〇年代の終りから五〇年代の始めにかけて、サルトルはふたたび神の死に熱中する。だがこんどはより確かな歴史的展望のもとにおいてである。あたかも『大戦の終末』を支える口調の性急さを悔いているかのように分析は周到なものとなり、もはや、人間の死を神の死の後に起るべき挿話として予言することはないだろう。だが、神の死へのサルトルの執着はながらく草稿としてとどまり、それをほぼ完全なかたちで読みえたのは晩年近く、『家の馬鹿息子―フローベール論』が刊行されてよりはるか以後のことであるにすぎない。その存在はながらく知られていながら『オブリック』誌の「サルトル特集号」に未発表草稿として印刷されるまで人目に触れることのなかった『マラルメの現実参加』という文章は、部分的に『フローベール論』にも吸収されることになる一種の十九世紀文学史とも読めるが、ブルジョワジーが支配的な階級としての自覚を持つにいたった時代に、文学がいかなる条件を自分に課すにいたったかを詳細に論じるにあたって、彼は、一八四八年の二月革命に神の死をかさねあわせる。ルイ＝フィリップの廃位、共和制の宣言といった事態に象徴されているのは、フランス革命によって始まる王権の廃棄の流れの最終的な帰結であると同時に、存在としての人間の解体でもあると彼はいう。「一挙に〈詩〉は、その伝統的な二つのテーマ、すなわち〈人間〉と〈神〉とを失う」という冒頭の一行がそのことを直截に語っている。そのとき、文学は「全般的な不能状態」として確立される。「文学は沈黙というストライキをする」ことになるのだ。〈詩〉によって代表される文学は、もはや〈人間〉も〈神〉も語ることはできず、つまり、主題を見失ってしまったというのである。

はたして〈人間〉と〈神〉とが文学にとっての「伝統的な二つのテーマ」であったかどうか、そのことはとりあえず問わずにおく。また、主題を見失ったものとして近代の文学が成立したとする視点についても、いずれ批評的な検討を加える機会もあるだろう。問題は、『大戦の終末』でかなり安易に「紋切型」と戯れていたサルトルが、ここでは西欧の形而上学的な伝統にたち返ったうえで、事態をより厳密に把握する余裕をとり戻し、神の死と人間の死との相関性の認識から議論を進めようとしている点である。事実、七月革命による「王制の瓦壊」をめぐり、マラルメを語ろうとするサルトルは次のような比喩的な表現を選択した。

まず〈神〉である。当時ヨーロッパは、まさに驚天動地の報せを受けたところであり、その報せは、今日、ある種の人々の反論するところだが、「神死セリ。ストップ。遺言ナシ」というのであった。相続の話が持ちあがるや、恐慌状態になった。一体、何を残していたのか、この〈死者〉は？　偶然というやつだ。人間もその一つに他ならぬ。

つまり、人間もまた「〈神の意志〉が保証してくれていた〈特別待遇〉を奪われ」塵か芥のごときものとなりはてたというのである。そればかりではない。言葉もまた、神の息吹きであることをやめ、塵芥として虚空に散ってゆくばかりである。「神は死に、言葉は言葉自体の上に舞い戻り、絶望的な名目論が残る」という次第なのだ。だとするなら、文学がもはや人間にとっての認識の形態たりえなくなるのも当然だろう。神の死、人間の死、言葉の死はここでは同時的な現象として認識されている。それなら、『マラルメの現実参加』におけるサルトルは、『言葉と物』でフーコーが口にすることになる最後の言葉と同じことを語っているといえるだろうか。それは、ほとんど同じ言葉だと、とりあえずいっておこう。だが、ほとんど別の言葉だということもできる。それは、どういうことか。

二月革命とかさなりあうようにしてものを書きはじめる一連の作家たちが、その前世代から受けついだものの中でもっとも重要なものは、無神論だというのがサルトルの立場である。これは、歴史的にいって間違いではないだろう。大革命でルイ十六世を断頭台に送らしめたものは、「分析的理性」という秀れてブルジョワ的な精神である。この反教権主義的な思想が、神を信じようにも信じようのない人間として五〇年代の作家たちを作りあげてしまった。「自分たちは無神論者にさせられてしまった」というのである。それは、父親たちによる有無をいわせぬ選択なのだ。したがって、彼らは、〈父〉に対して何とも屈折した関係を持たざるをえない。彼らを文学へと向わしめたものは、〈神〉を殺した〈父〉に対する反抗である。しかもその反抗は、虚空に散ってゆく塵埃として演じられねばならない。そこで文学は、「否定の否定」としての卑小化された信仰の対象たらざるをえない。それが「絶対＝芸術」にほかならぬとするサルトルの視点は『フローベール論』にも受けつがれているが、そうした信仰をおのれの存在の条件とする作家は、必然的に神経症的な言動をとることになるだろう。書くことは、彼らにいたって、コミュニケーションとは別のいとなみとして演じられることになるからである。その病的な側面を強調すれば、「〈親殺し〉の後に、聖なる錯乱は、もはや偏執狂の一形態にすぎなくなる」と指摘することも可能だろうし、文学的創造という観点からするなら、「〈詩〉は一つの技術となる」ということもできるだろう。「神を失った詩人は、彼の読者に働きかけ、彼自身が感じてもいない感動を読者に伝えようとする」のみである。それは、「読者に対する敵意の発現」にほかならず、彼らのブルジョワ憎悪とやらも、その一形態にすぎない。ブルジョワジーの背後にあって憎悪の的となっているもの、それは自分たちから信仰を奪った父親の世代を支えていた「分析的理性」なるものにほかならない、というのがサルトルの提起する文学史の面白さなのだ。みずからが犯した〈神殺し〉にも無自覚なまま、その過失を導き出した精神によって階級的な制覇をなしとげた父たちへの憎悪は、しかし、〈神〉が存命中であった詩人たちの、あの真理に支えられた言葉として表明されることはない。ブルジョワを憎悪する詩人たちは、みずからを他から選別しうるはずの「天賦の才」すらも奪われているからである。彼らに可能なのはせいぜい〈神〉の不在を嘆くことでしかなく、その癒しがたい傷に執着しながら、その執着の対象を「芸術」と名づけることで、何とか事態をやりすごそうとする。そのありさまを、いわゆる高踏派の代表的な詩人ルコント・ド・リールの作品に語られている主題を分析しながらあとづけようとするサルトルの筆遣いは、五〇年代作家にとっての神経症的な文学的風土をかなり説得力のある構図として描き出している。マラルメ論にあっても、フローベール論にあっても、このレユニオン島出身の詩人の文筆活動が、神経症としての「芸術」という状況を生きる典型的な人物として、いわば負の中心のような役割を演じさせられているのだ。〈神〉を殺した人間たちに対する激しい憤りがその詩句のいたるところに顔を出している事実を指摘しながら、奴隷制が昔ながらに維持されているインド洋上の植民地の封建的な社会構造の中で、いわば王として君臨していた父親に対して人道主義的な反抗を演じたエディプス的青年が、いわば亡命地といってよい五〇年代のパリで、その共和主義的な理想にもかかわらず人類への憎悪を口にしはじめ、沈黙によって帝政を支えるという政治的な立場に追いこまれざるをえない客観的な状況を指摘したサルトルは、とりわけその異常な長さがたやすくは正当化されがたい『フローベール論』にあって、きわめて刺激的な言説の担い手たりえているように思う。事実、フローベールの作品と生涯とを離れたかたちで遂行されるこの部分の分析は『フローベール論』の中でもっとも退屈さから遠く、晩年のサルトルの筆が久方ぶりに冴えているといった印象を与えさえする。「一八五〇年、神は死ぬ。加工可能でありすでに加工されてもいる物質が、その地位を襲ったのだ。だがブルジョワとしての義務は残されている。それは地上をブルジョワ化するものだ」といった言葉で、彼は、五〇年代の作家たちが必然的に陥る客観的な神経症の起源を「息子が父を殺し、父を相続し、父の習俗を採用することで父を蘇生させている」ことのうちに求めているものである。「芸術」への執着そのものが、いわば手工業的に加工された生産物の調和ある総体としての詩作品に対する占有権の主張にほかならぬという視点から、彼らの言語的体験を、他なるものによって所有されてゆく過程として捉えようとするわけだ。

　こうしたサルトルの視点は、「Ⅰ」において「流行語」の時代から「問題」の時代への移行として論じておいた言説的な変容とほぼかさなりあうものを持っているといえる。「問題」の時代の説話論的な磁場が作家という特権的な存在を容認しえず、そこでは誰もが他者の物語を語るしかないという点はすでに詳述されている。『失われた時を求めて』の最終巻における作中人物たちの言動から、ヴァレリーやサルトルといった時代の知的相貌をきわだたせる作家たちが戦争の終りに際して口にする言葉にまで、一貫して認められる紋切型的な神経症の諸徴候を跡づけながら、具体的に認識したばかりのことでもある。ただし、ほぼかさなりあうといっておいたからには、二つの視点が必ずしも同じだということを意味しているわけではない。言説としてなら、それはむしろ完全に異質のものだとさえいえるだろう。というのも、「問題」の時代という設定は、サルトルが強調している〈神〉殺しという主題を積極的に排したところで可能になるものであると同時に、またサルトル的な言説を〈神〉殺しという問題をめぐる他者の物語として捉えようとする視点をもふまえていることにもなるからだ。したがって、「Ⅰ」に続くこの「Ⅱ」は、同じ歴史的な一時期の文学的な変質を主題としていながら、はなはだしく異質の展望を持つことになるだろう。もちろんその事実は、意図的な選択によるものである。それが〈王〉殺しであれ〈神〉殺しであれ、死という言葉でなにごとかの終りを断言したり予言したりするという物語的な展望そのものの批判が、ここでの主題なのである。

　近代の文学的言説の起源を問う試みだといっても、サルトルのマラルメ論やフローベール論は、すでに述べたように、神経症としての「芸術」への執着という客観的な状況の中に作家を据えながら、そこに、〈神〉の死を導入することでその状況の客観性を強調しようとする。みずからが手を下したわけではない特権的な犯罪こそが彼らの神経症的な文学的姿勢の基盤だと論を進めるサルトルは、たしかに『大戦の終末』のいささか性急で杜撰な人間の死の宣告をそこで綿密に修正してはいるが、奇妙なことに、その性急さと杜撰さがどこに起源を持つかを探索することで、逆に自分自身の大戦直後の言動を救おうとしているかにみえる。つまり、近代の文学は、いわば失敗した〈神〉殺しの記憶を軸に語らるべきだとするその視点は、〈神〉の死に続く継起的なできごとであるかに錯覚されていた人間の死を、それとの相関性において把握しなおすという自己批判的な振舞いを演じているかにみえて、実は、その錯覚そのものを許すことになってしまうのである。終りをめぐる屈託のない予言者や断言者たちは、〈神〉の死が一つの悪しき起源としてではあれ説話論的な役割を果している物語に組みこまれることで、その説話的な磁場を保護的な環境と見なす権利を獲得するだろう。ごく無邪気な顔つきで終りについて語るものも、きわめて意識的に起源という問題そのものを再審に付そうとするものも、〈神〉の死を一つの比喩的な挿話としてかかえこまぬ限り、その説話論的な持続を支えることがほとんど不可能だと思われているかのようなのだ。

実際、二十世紀を特徴づける重要な知的言説と見なされているもののかなりのものが、何らかのかたちで消滅を語っている。また、何ものかの消滅に言及した文章は、人びとの言説的な感性や思考の枠組みにより強くうったえかけるものを含んでいるかにみえる。刺激を欠いたもろもろの文章にあってさえ、あたかもそれが当然のなりゆきでもあるかのように、死の予告や断言が口にされている。そうした凡庸な言葉の実例はのちに見ることになろうが、質の問題を度外視するなら、サルトルのフローベール論もマラルメ論も、同じ説話論的な磁場におさまっているというほかはないのである。批判的な側面が強調されていはしても、そこにはまぎれもなく終りが問題化されているからだ。それは、フローベール論のサルトルが、〈神〉の死という比喩によって一つの終りに触れながら、説話論的な安心を手に入れ、最後の言葉を口にせずにおく特権を享受しているということにほかならない。この特権的な安心感が、彼に、それじたいが批判の対象とされてもいる問題の時代の物語をいまなお語りつがせているのである。

ここでいかにも徴候的と思われるのは、マラルメ論やフローベール論のジャン＝ポール・サルトルが、その中心に神経症という主題を据えていることだろう。いうまでもなく、神経症は、彼が分析の対象としている時代にとって、その精神的な病理を象徴する疾患である。十九世紀、とりわけ〈神〉殺しがブルジョワジーの手によって犯された一八五〇年以後の知的疎外の状況を語るのに、これほどふさわしい言葉はなかろう。だが、また、それがあまりに時代そのものと同調しているので、はたしてそれを口にしてよかろうかとためらわずにはいられない言葉でもあるだろう。〈神〉殺しに由来する神経症としての十九世紀ブルジョワ文学という視点は、それじたいが「紋切型」たらざるをえないものなのではある。そのように言うしかない状況をそうした言葉で口にしてしまうことの神経症的な状況というものを、サルトルはそっくり背負いこんでいる。もちろん、とりわけフローベール論にあってはその分析に周到をきわめ、かりにそれが一篇の虚構でしかなくとも、その筋立てを信じておけば多くのことが説明されるだろうし、それに従うことの安心感を読むものに与えさえする。だが、そうすることで、自分が言説の「紋切型」的な生成に積極的に加担しているといった意識がサルトルにあったとは思われない。真に神経症というべきはその点なのだ。しかも、ここでの病状は二重化している。というのも、神経症としての文学を語りつつある主体そのものが、その対象である言説に無意識のうちに汚染してしまっているからである。なるほど彼は、先行の世代によって無神論者にされてしまった自分を嘆いたりはしていない。にもかかわらず、すでに見たように、人間は死んだなどと思わず口にしてしまうのだ。その意味で、サルトルは、ルコント・ド・リールが語りはじめた物語の続きを語っていることになるだろう。説話論的な欲望という点で、その、意図せざる後継者なのだ。彼にとって、「問題」はあくまで問題としてとどまり、それに

決着をつけてはいない。「I」で試みられた分析とサルトルのそれとが、ほぼかさなりあ

うかにみえて実はかさなりあっていないと述べておいたのは、そうした意味においてであ

る。『家の馬鹿息子―フローベール論』の著者は、まぎれもなく作者である。内部の言葉

が綴りあげる反復にどこまでも忠実なのだ。だがそれにしても、神経症について語ること

の神経症的な言説を、人は何と名づければよいだろうか。

Ⅲ　ロラン・バルト　あるいは受難と快楽

浅さの美徳

「作者というのは、おそらくわれわれの社会によって生みだされた近代の登場人物である」と書くのは、『作者の死』といういささか神経症的と思われぬでもない題名の文章を綴るロラン・バルトである。「われわれの社会が中世から抜け出し、イギリスの経験論、フランスの合理主義、宗教改革の個人的信仰を知り、個人の威信、あるいはもっと高尚に言えば、《人格》の威信を発見するにつれて生みだされたのだ」と彼が続けるとき、もちろん、こうした言葉にさして深い洞察が含まれているわけではない。バルトの言葉がつねにそうであるように、ここにはむしろ浅さのみが露出しているというべきだろう。これが書かれたのは一九六八年のことだが、いまなら、これに似たことを誰もが涼しい顔で口に

するに違いない。だいいち、題名からして近代の登場人物の死が語られるだろうことはほぼ明らかだから、いくぶんか反復強迫の痕跡がそこに認められても何の不思議もあるまいとわれわれは高を括る。事実、『作者の死』は、『大戦の終末』がそうであったように、終末を間近に迫ったものとして予言したりそれがすでに到来してしまったと断言することで円滑さを確保する、あの神経症的な言説を特徴づける要素をいくつも含んでいる。たとえば次の文章などその典型と思われもしよう。

おそらく常にそうだったのだ。ある事実が、もはや現実に直接働きかけるためではなく、自動的な目的のために物語られるやいなや、つまり要するに、象徴の行使そのものを除き、すべての機能が停止するやいなや、ただちにこうした断絶が生じ、声がその起源を失ない、作者が自分自身の死を迎え、エクリチュールが始まるのである。

ここで断絶と呼ばれているものは、まぎれもなく一人の人間によって書かれた文章の中に、それが日常的な伝達とは異質の水準に展開される言葉である場合、誰がそのように語っているかの識別が困難となるいくつもの指摘がまぎれこむことによってもたらされる、語る主体の曖昧化といったものである。書きつつある本人の生身の肉体はいうに及ばず、あらゆる種類の自己同一性への言及が不可能となるそうした言語的環境がエクリチュールにほかならず、それはどんな時代にも存在していたのだが、近代の登場人物としての「作者」の概念が誇大視された結果、あたかも「作者」がその言葉の起源であるかに考えられてしまったというのである。「資本主義イデオロギーの要約でもあり帰結でもある実証主義が、作者の人格に最大の重要性を認めたのは当然である」という言葉もこれまた浅薄きわまりない断言であるかにみえるが、いわゆる近代が、「あの中性的なもの、混成的なもの、間接的なもの」として提示されているエクリチュールの起源破壊の力学からいっとき目をそらすべく「作者」という登場人物を捏造してしまったというのだから、ここで語られている「作者の死」が、「神の死」だの「人間の死」だのといった反復強迫の文脈にはおさまりがたいだろうことは漠然とながら予測がつく。その起源を識別しがたい言説というものは言語的環境にとって未知のものではなく、むしろその常態の一つでさえあったのに、近代社会が、そうした言説をあたかも「作者＝神」の《メッセージ》であるかに読みとる病理を背負いこんでしまった。バルトが問題にしているのは、この近代の病理にほかならない。だから『作者の死』は、有史いらいこれまで健在であった「作者」が、いま時代の要請に従って唐突に死なねばならないと力説しているわけではない。エクリチュールこそが現代において思考さるべき特権的な課題だととりわけ強調されているのでもない。つねにいまここにありながら、ある種の錯覚から見えなくなってしまっているものに改めて視線を注ごうとしているだけなのである。

いうまでもなく、錯覚は無償の行為ではない。それどころか、その共有こそが文化だとさえいえるだろう。だがバルトは、その文化としての錯覚を全面的にくつがえそうと試みたりはしない。「コードは破壊できず、ただその《裏をかく》ことしかできない」といった言葉をことあるごとにくり返しながら、彼はその錯覚の体系ときわめて浅く戯れてみせるだけなのだ。この浅さこそ、バルトの美徳である。もちろんここでの美徳とは倫理的価値といったものとは無縁の、言語的環境にかかわる存在が演じる身振りについていわれたものだ。バルトは、広く共有されている錯覚の体系と浅く戯れてみる。浅くという以上、彼はその内部にいる自分を否定しはしない。たぶん、足首のあたりまでその体系に浸ってはいるのだろう。だが戯れであるからには、それを体系たらしめている秩序をとりあえずのものとしてしか認識してはいないことになる。そうした曖昧さを主体に許す体質的な軽さが、いつでもバルトに断言を回避させているのだ。つまり『作者の死』にあっても、彼は足首のところまでは「作者」であることを受けいれながら、しかし全身を深みへと埋没させることは自分に禁じ、もっぱら浅瀬を歩行しつづけているのである。

『作者の死』という神経症的な反復強迫の痕跡をとどめているかにみえるテクストにおいて、その題名そのものが足首までは「作者」の役を演じているはずのバルトから曖昧に離脱するのは、そうした背景においてである。いくぶんか「作者」でもある彼は、『大戦の終末』にあって百パーセント「作者」であったサルトルがそうであるように、「作者の死」という事件に立ち会っているわけではないし、それにあたっての感慨を表明しようともしてはいない。バルトにとって、「作者の死」とは、すでに起ってしまった出来ごとではなく、ほとんど虚構に近い何ものかなのだ。バルトにあっての浅さの美徳は、この虚構の維持に貢献する。サルトルにとっての「大戦の終末」は、いささかも虚構たりうるものではなかった。それが儀式性を欠いたかたちで唐突に訪れてしまったが故に、なお一層のこと、虚構の維持を困難にして、かえって「人間の死」という錯覚と深く戯れさせることになったのだ。深くとは、予言と断言の織りあげる言語的な環境にあって、誰に頼まれたわけでもないのに進んで責任をとろうとする立場に追いこまれるということを意味している。バルトにあっての『作者の死』は、彼自身の深い洞察から導き出された作者は死んだという断言とは徹底して無縁の言葉からなっている。『作者の死』とは、ロラン・バルトに帰属する言葉でさえない。事実、『作者の死』という短文を綿密に読んでみても、作者は死んだという断言などどこにも見当らないし、それがさし迫った事態として予言されているわけでもない。なるほどそこでは「作者」を遠ざけることで現代にふさわしい書き手となった詩人や小説家に触れられてはいるが、「『作者』の支配はいまなお非常に強い」という現状を「作者」たるバルトは容認せざるをえない。だからといって、「作者」を暗殺しうる便利な処方箋が書きつけられているのでもない。彼はただ、「作者」の支配がどれほど強かろうと、それを前提とした読みかたとは違ったいま一つの遊戯が可能だといっているだけなのである。だから「作者の死」が現実に起ってしまったあとの白々とした地平で何ができるかと思い悩んでいるのでもなければ、その白々しさこそが現代にふさわしい言語的な環境なのだから、生き残ったあらゆる「作者」を抹殺せよといっているのでもない。何ものかの終りを口にしながら、バルトが、あの神経症的な言説と異質なものたりえている理由はそこにある。

なるほど、曖昧さや軽薄さにも通じるところのある浅さの美徳は、ときに不用意な断言めいたものをバルトにつぶやかせぬでもない。たとえば、「読者の誕生は、『作者』の死によってあがなわれなければならないのだ」といった全篇をしめくくる一行に、人は、ことによると、「作者」と「批評家」の時代は終ったという宣言を読みとらぬでもないだろう。ところで「批評家」とは何か。「作者」がその書物に関して「父親が子供に対してもつのと同じ先行関係」にありうるような時間軸に位置し、その書物の中に「作者＝神」の《メッセージ》としての唯一の意味にたどりつくことを任務としているのが「批評家」であるなら、その存在は「作者」と相互補足的なものとなるだろう。そのような「意味」に行きつくことで終りとなる解読にかわって、「ある《秘密》、つまり、ある空想的意味を与えることを拒否し、反神学的とでも呼べそうな、まさしく革命的な活動を惹きおこす」という読者の誕生が、ここで予言されているかに読めもする。したがって、バルトは明らかに軽率である。その軽率さとは、いうまでもなく彼自身が選びとった浅い戯れという姿勢そのものに対して口にさるべきものだ。つまり、足首のところまではいくぶんか「作者」たらざるをえないバルトが、足首のところまでいくぶんか「批評家」たらざるをえないと告白しているようなものであり、「作者」と「批評家」の時代の終りとともに、その跡を継ぐべき「読者」が誕生するといった多少とも歴史的な前後関係の指摘は、『作者の死』という文章にはふさわしからぬもののように思う。「作品」に対して「作者」が演じうる起源としての先行関係とは異質の時間に展開さるべき戯れが提起されているのだから、「読者」は、「作者」や「批評家」の支配がいまなお強固なものであろうと、その終りを待つことなしにいつでも出現可能なもののはずである。彼が選びとった錯覚との浅い戯れは、終焉と新たな生誕といった継起的な時間軸にふさわしい言葉を排し、いくつもの時間が深さを想起させることのない無責任さで織りあげられてゆく環境を気軽に歩きまわるのを許しているのだから、こうした言葉遣いはたしかに軽率だといわねばならないだろう。

だが、この軽率さは逆に必須のものでもある。というのも、この種の言葉遣いをつい用いてしまうことで、バルトは、いわゆるコードなるものの全面的な転覆のありえぬことを、実践的に証明しているからである。思考、行動、感性といったもろもろの領域で、存在を形式的かつ精神的に拘束し、たえず選別と排除の運動をくりかえしている体系をコードの一語で総称するなら、コードの全面的な転覆とはとりもなおさず一つの終りとして生起するだろう。ところでバルトは、その終りの一語を口にしまいとするあまり軽薄たらざるをえないのだから、この軽薄さはやはり救われねばならない。いくぶんか「作者」たらざるをえないところで『作者の死』を書くという曖昧さと浅く戯れているが故に犯さざるをえない軽率さは、それじたいが浅さの美徳につながるバルトの最大の魅力を構成する。だから、こうした軽率さをいたるところに指摘してまわり、そのことでバルトの理論的な欠陥を批判したつもりになることほど滑稽な振舞いもまたとないだろう。それは、自分を「作者」として登録せずにはいられない「批評家」の、コードへの執着を露呈するのみである。また、バルトに倣って、「作者」はいまや死に絶え、白々とした地平に拡がり出すエクリチュールの時代が始まっていると主張するのも愚かなことだろう。それは二重の意味で愚かな主張である。まず、「作者」はいつでも存在可能だし、エクリチュールもまたつねに存在しているからだ。バルトは、エクリチュールの支配を深く確信してなどいはしない。ごく浅く、それを遊戯に導入してみる楽しみを提案しているまでにすぎない。そもそも、かつて「作者」が支配したようにこんどはエクリチュールの支配する時代が到来するなどといったことが起ろうはずもないのである。支配しないことこそが、エクリチュールのあり方にほかならぬからだ。人がエクリチュールに言及しうるのは、それがごく浅い環境として存在と触れあっているからにすぎない。かりに、エクリチュールなるものが濃密な環境として文学の全域に充満していたなら、バルトは間違いなく『作者の死』ではなく『エクリチュールの死』を書いていたことだろう。それは文学の未来を約束する絶対的な善なのではなく、それとごく浅く戯れることでかろうじてコードの「《裏をかく》」ことがありえるかもしれぬ虚構の楽しみの一つなのである。バルトはただ、「作者」を確信する人びとにこの楽しみの共有を慎ましく提起しているのだが、それとて深い意図からでたものではあるまい。

こうしてみると、バルトがときに犯しもするもろもろの軽率さが、たとえば『大戦の終末』のサルトルが犯した誤りとは異質のものであることが明らかになるだろう。それは、いくら修正してもむなしい振舞いだという意味ではほとんど誤りですらない。足首のところまではコードに浸り、いくぶんか「作者」の役を演じ、しかも深みへの埋没をおのれに禁じつつ遊戯を演じつづけようとするとき、その曖昧な虚構をどこまでも維持するために必然的に分泌する汗のようなものとして、軽率さが存在の表皮を保護することになる。この表層的な分泌物なしに、もはや虚構は持続しえないだろう。つまり、その物語はそこで終りとなってしまうのだ。エクリチュールにどんな定義が下されたところで、それに言語的実践として言及する振舞いのユートピア性に終りが訪れることなどあってはなるまいし、また、それが抽象的に想像されるのではなく、具体的に触知可能なものとして存在によって生きうるものならば、やはりそれ相応のつぐないを支払わねばなるまい。バルト的な軽率さとは、いわばそのつぐないの証なのである。それ故、浅さの美徳がときにバルトにつぶやかせもする不用意な断言めいた言葉と深い関係を持ってはなるまい。深い関わりとは、その断言のかずかずを方法的な検証の対象として、理論の構築に向わんとすることを意味しているからだ。そんなことは、無理にも遊戯を終らせずには気のすまぬ「作者」＝「批評家」たちにまかせておこうではないか。

では、題名の『作者の死』とはいったい何を意味しているのか。それは、何も意味してはいないととりあえず口にしておこう。というより、すでに指摘したごとく、その言葉はほとんどバルト自身に帰属することのない言葉なのである。もっともほとんどというからには多少は彼自身に所属してもいるのだが、それは彼がいくぶんかは「作者」として振舞わざるをえないという限りにおいてである。その言葉が、あるとき、ロラン・バルトと呼ばれた生身の存在によって書き記されたものであるのは否定しがたいのだが、だからといってそれを書き記した当の本人が、「作者の死」を予言したり、またそう断言しているわけのものではないということはすでに述べておいた。「作者の死」という言葉が、多少とも「作者」であるバルトによって「作者は死んだ」とも「作者は死ぬだろう」とも翻訳されることはありえないだろう。多くの不用意な言辞を洩らしながらも、バルトはその種の翻訳の可能性だけは周到に回避しており、そのかぎりにおいて、彼はいくぶんか「作者」であることをまぬがれてもいるのだ。また、そうでなければ、彼に「作者の死」という言葉は綴りえないはずである。というのも「作者」を遠ざけることに触れつつ、「父親が子供に対して持つのと同じ先行関係」にあるのではない現代の書き手たちの身振りを表現ではなく記入と呼ぶバルトは、記入者たることの綱領を次のような一行で要約しているからだ。

彼はいかなる点においても、自分の書物を述語とする主語にはならない。

何も意味していないという言葉は、何も表現していないと言い換えるべきかもしれぬ。この場合、表現は記入の一語と対立する。「作者の死」と書き記すことは、まぎれもなく記入行為を担っているはずの存在の内面にある何ものかを外部に翻訳しているわけではなく、その単語がたんに括弧にくくられたというにすぎない。つまり記入者は記入行為の起源ではなく、その二つは相互補完的な関係にある。「作者」の思考がそのような表現形式に結実したわけではいささかもなく、いわば、それが表現形式としてすでに登録されている文化という名の言葉の磁場の中でふと場所を変えられたというだけなのである。思考から表現への浮上ではなく、言語活動という同一水準でいくらも移動可能な表現形式とは、もはや表現ではないというべきだろう。記入とは、こうした移行運動の実践にほかならない。その意味で、あらゆる記入は引用である。引用はまた、移動可能な表現形式、表現者という起源を欠いた表現形式だということにもなるだろう。そしてその表現形式は翻訳不能なものなのだ。エクリチュールとは、移動可能で翻訳不能な表現形式が幾重にも戯れあう場にほかならない。かりに翻訳が試みられるとしても、それはいま一つの記入行為によってしかありえないだろうから、始まりも終りもそこでは自分を主張しえない。記入行為ははてしなく反復され、停止する瞬間を持たない。始まりもなければ終りもない表現形式の移行運動に手を貸すことが記入なのである。とするなら、記入行為そのものが模倣的な身振りたらざるをえないのは明らかだろう。自分の書物を述語とする主語にならない書き手は、したがって、記入行為の模倣的な反復者ということになる。

いまや明らかになりつつあると思うが、バルトがその短い文章の題名として選んだ『作者の死』とは、反復的な模倣によってとりあえず位置を変えただけの、あの翻訳不能な表現形式の一つであるにすぎない。つまり、それはあからさまな引用なのだ。何という「作者」のどの「作品」からの引用というのではなく、たえず移動可能でありながらその移動が翻訳への欲望を煽りたてることがあってはならない言葉としてある引用なのである。とするなら、この題名そのものは『紋切型辞典』に付加さるべき新たな項目のごときものとなるだろう。だが、誤解を避ける意味で言いそえておくなら、それはあくまで『紋切型辞典』の新たな項目なのであって、「紋切型」そのものなのではない。項目を構成している複数の語に触れて、思わず口にしてしまう文句が「紋切型」なのである。つまり、「作者の死」という項目をたちどころに「作者は死んだ」という命題に翻訳せざるをえない欲望が「紋切型」の不断の生産を支えていたということだ。

「紋切型」をめぐっては、これまで二つの相互補完的な定義の素描が試みられている。まず、他者の問題を他者の言葉で綴った物語が「紋切型」にほかならぬとする視点が提示されている。その場合、物語の説話論的な持続を支えているものは、自分の言葉が他人の言葉とは違った意味を担っているとする錯覚である。その錯覚の生成をめぐって試みられる二つ目の定義は、どんなものであったか。あらかじめ物語に記入されており、それが口にされた瞬間には、もはや語りつがれることの意味が喪失するほかはない完璧な言葉の露呈を不断に遅延させるために、おびただしい数の修正可能な誤りを含んだ言葉がつぶやかれてしまう。それが「紋切型」を形成するというものである。つまり、歴史は、不完全な言葉の連鎖として語りつがれることになるのだが、いま、そうした二つの定義をさらに補足し、同時にまたそれによって補足されもするだろう新たな定義の素描が可能となる。それは、不完全な言葉の連鎖として語りつがれる歴史の方向を決定するのが、共有された翻訳への意志にほかならぬという定義である。これは、きわめて不安定な定義というべきだろう。というのも、翻訳の誘惑にたやすく屈するときに欲望がおさまる方向の統一性とは、それじたいが、正当な起源に基づくことのない錯覚ともいうべきものだからである。あらかじめ翻訳を禁じられているものへと向う翻訳への意志がなお意志として維持されうるのは、あくまでこうした錯覚の内部においてである。失意、意気沮喪、諦念、後悔といったものがいっときも説話論的な持続を中断することがないのも、それがほとんど現実に近い虚構としてあるからにほかならない。だが、この定義の不安定性は、必ずしもそのことの指摘によってつきるわけのものではない。それは「紋切型」そのものというより、『紋切型辞典』の項目の生成にかかわることからも導き出されるものなのだ。すでに触れてあるように、位置を変えることはいくらでも許されていながら、翻訳だけは禁じられている故にもはや表現とは呼びえなくなった表現形式として、『紋切型辞典』の項目は、ただ模倣的な記入の動作だけに耐えうる引用でしかなかったわけだが、その引用をとりあえず正当化するものが、錯覚の大がかりな共有としての翻訳への意志にほかならぬという倒錯した関係がそこに生起してしまうからである。つまり、記入の身振りは決して自由なものではなく、そこには明らかに拘束が働いているということだ。翻訳不能の表現形式の移行は無方向のものではなく、翻訳への意志によってほとんど絶対的に決定されているのである。これは何とも奇妙な現象というほかはないだろう。項目の選択が、その字義の説明であることをあらかじめ禁じられている言葉に依存しているからだ。それが第三の定義の不安定性にほかならぬのだが、この不安定性こそ、実はバルト的な浅さの美徳とかかわりを持つものなのだというべきときがきている。『作者の死』という題名を持つ比較的短い文章にとってかろうじて「作者」の役を演じながら、彼は、『紋切型辞典』の新たな倒錯的側面を身をもって視界に浮上させてみせているからである。つまり、「作者の死」という項目に接して思わず機械的に「作者は死んだ」とつぶやいてしまうことが「紋切型」なのではなく、実は「作者は死んだ」、あるいは「作者は死ぬだろう」といった断言や予言の形式におさまらずにはいられない翻訳への意志の共有が、逆に「作者の死」という項目を導き出しているという転倒が、バルトとともに明らかになろうとしているのだ。

記入の動作、および表現形式の移行運動が決して無償のものではないということ。それらは、まぎれもなく拘束の体系の中で取捨選択されている。「人間の死」という言葉を模倣的に記入するバルトの動作はいささかも偶然のものではなく、その一語を記入することで、バルトは、あたりに漂っている翻訳への意志の大がかりな共有にある程度まで敏感であるし、翻訳の誘惑に徹底して無感覚をきめこんでいるのでもない。それどころか、彼は、翻訳への意志が広く共有されている地盤に足もとのところまで浅くつかっている自分をあえて否定しようとさえしていない。その浅い戯れによって、彼は一方でジャーナリスティックな記号の流通機構と程よく接しあうのだし、また、同時代意識ともしかるべく同調しえているわけだ。そして、あくまで浅さの段階にとどまるこうした接触の身振りが、彼の言説にある種の官能的な艶を帯びさせることになる。かろうじて接しあっていることとほとんど接しあっていないこととがつくりあげる、脆いが不断に生成される均衡によってその言葉が時代ととり結ぶ関係にことのほか敏感でなければ、「作者の死」といった言葉の記入は不可能なはずだし、またその身振りにはいかなる快楽も伴わないだろう。構造主義や記号学の流行とも決して無縁であったわけではないバルトは、ときには翻訳の誘惑に全身を浸すかのようにして予言や断言めいた言葉さえ口にしている。だが、彼はきまって浅さの美徳へとたち帰り、もっぱら記入の身振りを反復しながら深く表現の場にとどまることだけは避けようとする。たえず深さの誘惑に身をさらしながら浅さへと回帰することと、それが書くことの倫理にほかならない。世にいう道徳律とはいっさい無縁のこの倫理は、いうまでもなく、きわめて不安定な倫理である。あらゆる翻訳の誘惑をおのれに禁じ、いわば同時代的意識にそっくり顔をそむけてみたり、また、徹底して時代とともにあろうとして翻訳への意志の共有に深く加担していたりしては、書くことの倫理の実践などありえないだろう。

偶然の決定による選択としての記入ではなく、翻訳の誘惑に応じつつもこれにさからうことでかろうじて達成される記入という身振りを介して、ロラン・バルトが『紋切型辞典』の新たな項目の生成に貢献するという視点は、決して恣意的なものではない。「いかなる点においても、自分の書物を述語とする主語にはならない」という現代の書き手たちの振舞いに触れながら、彼は、ごく当然のことのように『ブヴァールとペキュシェ』の二人の筆耕の名を引用する。

テクストとは、無数にある文化の中心からやって来た引用の織物である。ブヴァールとペキュシェ、この永遠の写字生たちは崇高であると同時に喜劇的で、その深遠な滑稽さはまさしくエクリチュールの真実を示しているが、この二人に似て作家は、常に先行するとはいえ決して起源とはならない、ある〔記入の〕動作を模倣することしかできない。彼の唯一の権限は、いくつかのエクリチュールを混ぜあわせ、互いに対立させ、決してその一つだけに頼らないようにすることである。仮に自己を表現しようとしても、彼は少なくとも、つぎのことを思い知らずにはいないだろう。すなわち、彼が《翻訳する》つもりでいる内面的な《もの》とは、それ自体完全に合成された一冊の辞書にほかならず、その語彙は他の語彙を通して説明するしかない、それも無限にそうするしかないということ。

「問題」の時代の説話論的な磁場に「作者」という存在の占めるべき位置はないとするわれわれの視点にほとんど一致しているかにみえるこの引用文に、ブヴァールとペキュシェの名前が姿を見せていることは、しかし、これまでの論旨の正当化を容易ならしめるわけではない。「Ⅰ」で提起されている現代的な言説の生成がここで改めて論じられているとはいえ、事態はいささか異なった表情を示しはじめている。というのも、「問題」としてある物語から「流行語」の時代の特権的排除性をそぎ落し、現代的な言説にふさわしく組織するための戦略的な倒錯という残されていた問題がロラン・バルトの言葉の中に刻みつけられているように思われるからである。くり返すまでもあるまいが、ここで述べられていることがら自体に深い洞察が含まれているわけではない。それに似た意味のことぐらい、いまでは誰もが口にしうるだろう。だが、ここには口にされていることとは異質の言説的な実践が行なわれている。必ずしもこの部分とは限定しがたい領域で展開されているその言説的な実践を批判的に分析してみなければならない。ただし、その批判的な実践がバルト的な浅さの美徳を視界から一掃することなくなされるべきであることはいうまでもない。

作者を救うこと

では、ここでのバルトの言説的な実践は何によって触知可能なものとなるのか。それを論じるには、まず、ここで述べられていることがほとんど嘘に近い虚構だという点を指摘しておかねばなるまい。しかも、その事情が積極的に肯定されねばならないのだ。それはどういう意味か。

事態は単純である。ブヴァールとペキュシェに似て「常に先行するとはいえ決して起源とはならない、ある〔記入の〕動作を模倣することしかできない」というのが現代的な言説の担い手の条件であるとするなら、バルトがそうした言説の担い手であったことなどかつて一度もないからである。そうした担い手をとりあえず現代的な作家と名づけるなら、『作者の死』のバルトは、現代的な作家を模倣することにあらかじめ失敗しているとさえいうべきだろう。ロラン・バルトは、ブヴァールとペキュシェにはほとんど似ていない。たしかに彼は、「いくつかのエクリチュールを混ぜあわせ、互いに対立させ、決してその一つだけに頼らない」ことを念頭において文章体験を実践してはいる。だからといって、彼は、フローベールの二人の筆耕のように、単純な筆写に終始したわけではないし、また彼らの態度を、「崇高であると同時に喜劇的」だと断じ、そのことを「深遠な滑稽さ」と形容する距離と余裕とを保っている。バルト自身は決して「崇高であると同時に喜劇的」ではないし、またそうあろうと努めてさえいない。だから、彼の姿勢を「深遠な滑稽さ」と思うものは誰もいないだろう。もちろん、その理由はさして複雑ではない。すでに述べたように、かりに足もとのところまではあっても、彼がコードにその存在を埋没させているからである。では、バルトが多少とも「作者」である自分を容認しているのはなぜか。現代的な言説の担い手たるにふさわしい真の現代的な作家など存在しえないことを知っているからである。ここで述べられている条件を完璧にみたしうる作家などいはしないし、また、いてはならないだろう。では、ほとんど嘘といってもよかろうそんな虚構を口にしなければならないのはなぜか。それは、いま一つの虚構の蔓延にさからうためである。現代的な言説という虚構に無感覚な者たちに限って、いつもの屈託のない微笑を浮かべながらなにごとかの終焉を予言してみたり、そんなことはとうの昔に起っているなどと涼しい顔で断言したりするものだ。ところがそうした事実を体験的に知っているバルトは、神の死が口にされてしまった以上は、誰もが終りの神話に加担するほかはないという錯覚があたりに煽りたてるもろもろの虚構の裏をかく必要を感じているのである。そして、「作者は死んだ」だの「作者は死ぬだろう」だのといった言辞があたかも「流行語」の時代の言説であるかのように伝播してゆくことの時代錯誤ぶりを不快に思い、その流通圏のもっとも近くにあえて身を置き、そこにちょっとした無秩序を惹起しようとしているわけだ。

なるほど、ブヴァールとペキュシェに似た「深遠な滑稽さ」で記入の身振りを模倣しうる現代的な作家など虚構の肖像画にすぎないし、「あらゆる起源を破壊する」という「中性的なもの、混成的なもの、間接的なもの」としてあるとされるエクリチュールもまた一つのユートピアにすぎまい。そんなものなどどこにも存在してはいないことを、バルトはよく知っている。かりに「マラルメの全詩学が、エクリチュールのために作者を抹殺することにつきる」ものだとして、また、シュルレアリストたちの詩的実験が「作者」のイメージの「非神聖化」に貢献したというのが事実であろうと、さらには、現代の言語学が『作者』の破壊に貴重な分析手段をもたらした」ことが確かであったにせよ、だからといって、作家の「人格、経歴、趣味、情熱」といった個性的な側面がエクリチュールの「中性的」な領域に埋没してすっかり姿を消してしまったわけではない。文学は、いまなお「作者」の支配のもとにあり、それを支える秩序の完璧な破壊など起りようもないだろう。そうした事実に誰よりも自覚的なはずのバルトが、なお「作者の死」に言及しつつ「あらゆる起源を破壊する」エクリチュールを口にしてしまうのは、そうした事態が現実となる瞬間を漠たる夢として未来に想定しているからではない。実現さるべき理想郷としてユートピア信仰をはぐくんでいるわけでもないのである。バルトのユートピアは、いつでも生なましい現在として彼の存在を距離なしに包みこんでおり、夢想の対象ではなく、触知さるべき環境にほかならない。それはむしろ現実と呼ばれるべきでさえあり、「作者」の方がかえって虚構に近いものなのだ。「作者」とは、徐々に接近する身振りを介して確信されることになる文化的な存在であり、逆にエクリチュールは、無媒介的に感知されるほかはないほとんど自然に近い場だからである。われわれはいつでも「作者」よりエクリチュールの近くに生きている。にもかかわらず「作者」の支配がより自然なものと感じられてしまう世界に文学が位置づけられており、そのことによって、エクリチュールは余儀なくユートピア化されているというにすぎない。「コードの破壊」の不可能性を説きながら、なおエクリチュールの起源破壊による同一性の曖昧化に触れざるをえない理由はそこにある。とりあえずの区別の上に成立しているものだとはいえ、自然と文化との関係がごく不自然なかたちで転倒され、距離の不断の測定と踏査とがかえって自然な振舞いであるかに錯覚されてしまう。「作者」とは、それにふさわしい文化的な手段によって探さぬ限り見出しがたいものであり、それに反してエクリチュールはいつでもそこにありながらそれに触れるには秘法が必要だとさえ思われてしまうのだ。

そこで、現代における文学は、その不自然さに対する感性の問題となる。感性といっても、理性と感性というあの永遠の図式に従って感覚の復権が説かれるべきだというのではない。理性と感性という対立関係そのものが陥っている奇妙なねじれを触知しうる感性が問われているのだ。そうした場合、「作者の死」とエクリチュールの支配とをすでに起ってしまったと断言したり、それが遠からず生ずべきできごととして予言することは、とりもなおさず感性の放棄を意味するだろう。『大戦の終末』のサルトルまでをも捲きこむかたちでくり拡げられてきたあの終りの物語の歴史は、その説話論的な持続を支える要因として、この無自覚な感性放棄を持っていたわけだ。フローベールからマラルメ、そしてプルーストへと引き継がれる現代的な作家たちは、その言語的実践の基盤にこの感性をそなえていたのだといってよい。またマラルメの言語体験に触れ、そこに「作者は死んだ」という命題を読みとるものがいたとしたなら、その人には感性がそなわっていないということになるだろう。バルトが現代的な作家として挙げているのは、いずれもそうした感性の持ち主たちである。距離の彼方のある一点で到達すべき理想郷として夢想するのではなく、いま、この瞬間、存在を距離なしに包みこんでいながらもそれが現実とは触知されなくなっている環境をユートピアとして触知しうる感性とはそうしたものにほかならない。『失われた時を求めて』の最終巻に、終りをめぐる予言や断言があれほどの執拗さで描かれていたのは、プルーストに、こうした直接的な環境への鋭い感性がそなわっていたからである。その感性は、虚構の排除ではなく虚構を肯定するという積極的な身振りを作家に許す。もちろんここでの虚構とは、ありもしない偽りの物語を本当だといいくるめるあの技巧とは無縁のものである。文化という間接的な領域と自然という直接的な領域とが蒙っている不自然な転倒現象によって、直接的であることを禁じられた事態のいっさいが綴りあげる言葉を虚構と呼ぶまでのことであり、そうした非現実的な言葉をも新たな現実として肯定しえぬかぎり、すべての言説は「作者は死んだ」の機械的な反復に終るほかはあるまい。いずれも同じ「紋切型」の機械的な反復にすぎないサルトルの『大戦の終末』やポール・ヴァレリーの『精神の危機』などは、相対的に出来のよい文章によって読む者の感性を一時的に反復の単調さから遠ざけていたというまでである。だがまた一方で、修正可能な誤差によって同じ神経症的な反復強迫につらなる物語だと断じ、それらを視界から一掃することも感性麻痺の徴候を示すものとしかいえぬだろう。不自然さに対する感性とは、虚構の基盤となるあらゆる説話論的な要素の戯れを肯定しうる身振りにほかならず、そうした身振りをともなわぬ言葉は、もはや現代的な言説とはなりがたい。

かくして現代的な言説は、虚構を肯定してこれと戯れうる言葉として定義可能となったかにみえる。だからといって、それがすぐさま超＝虚構を形成するというわけのものではない。虚構をめぐって書き綴られる虚構をたちどころに超＝虚構と呼びかえてしまう思考の運動こそ、いたるところで現代的な言説の生成を流産させてしまう鈍感さにほかならない。小説の執筆そのものを題材とした小説、物語の構造を記述することで成立する物語、言説の形成についての言説、といったものを論じることが現代にふさわしいやり方だとする曖昧な申し合わせに従い、虚構を肯定する虚構をあっさり超＝虚構と呼ぶことは、「紋切型」を批判するには、階梯の一段高い水準に位置すればことたりるとする楽天性と、それに見合った思考の限界として露呈される鈍感さへと埋没することを意味している。現代的な言説とは、虚構を対象とするより高度の虚構としてあるのではない。虚構を対象とするものではなくこれと肯定的に戯れうる言葉を綴るには、何よりもまず、不自然さから顔をそむけることがあってはならないし、「紋切型」を進んで口にしても不思議ではない領域に積極的に踏みとどまる必要があるだろう。それが、バルトはいくぶんか「作者」であるということの意味にほかならない。誰に頼まれたわけでもないのに思わず「作者は死んだ」などと断言することをあってはならぬ錯誤と断じて距離をとったりすることなく、それをむしろ自然なことと容認するかのごときふりを装いうるまでに、その不自然さと馴れ親しむ緩慢な時間に耐えうる柔軟さが求められるだろう。もちろん、その時間の経過を、足首まで浸った不自然さを通して感知できればそれで充分である。だからバルトは、「作者は死んだ」という命題のごく近くまで接近しながらもそうとは言明せず、反復的な模倣によって「作者の死」とのみ記入する。そのとき、いくぶんか「作者」の役を演じているものは、その記入行為が徹底して無償のものでも、たんなる偶然でもないことを知っている。なにかにつけて「作者は死んだ」と宣言したくてならない説話論的な欲求の大がかりな高揚を如実に感知しながら、ほとんどそれと同調するかのように、「作者の死」という言葉を刻みつけるのだ。それは、不自然さに対する鋭敏な感性の持ち主だけに許された振舞いである。また、「作者」という特権的な個体の自己同一性を破壊する環境としてのエクリチュールの働きを記入の身振りそのもので触知しうる感性を持っていたが故に、その言葉を反射的に「作者は死んだ」と翻訳せずにはいられない誘惑をもすんでのところで断つことに成功しているのでもあるだろう。つまり、そうとは書かれていないのに、この文章を「作者は死んだ」と解読してしまうものたちがいて何の不思議もない説話論的な磁場の存在をあらかじめ否定していたのでは、『作者の死』という題名の文章を綴ることは不可能なのである。それはちょうど、戦争が勃発したとたんにその間近な終りを予言せずにはいられない人たちと、『失われた時を求めて』の作者が深い愛着と呼ぶもの以上の感性を介して馴れ親しみ、彼らの言動を高みから観察して批判していたわけではなく、その不自然きわまる自然さにほとんど共感していたことを想起すればたちどころに理解される事態であろう。プルーストは、「戦争は終るだろう」という大合唱を描写することで、それがこのとりわけ長い小説の終りが近づいたことの予言であるととられても不思議ではなかろうとさえ覚悟している。「終るだろう」、あるいは「もう終ってしまった」という断言ばかりがあたりに行きかっているとき、彼は終ることにふさわしい相対的な長さの概念を超えた「時」をごく身近に生なましい持続として生きていたわけだが、その環境の直接性を存在から遠ざけてしまう不自然さをも彼は肯定しているのだ。『作者の死』のバルトに恵まれているのも、そうした肯定的な感性である。バルトのエクリチュールがほぼプルーストにあっての「時」にあたるのだといえば、いささか安易な図式化のそしりはまぬがれまいが、無媒介的に存在を包みこんでいるはずのエクリチュールが不自然な転倒によって視界から姿を消しているかに見えるとき、なおそれを希求しうる感性が不自然さをも肯定しうるという点に注意深くありさえするなら、プルーストとバルトとは、いささかも同じ命題を口にしあっているのでもないのに、記入という同じ模倣的な身振りを反復しあっているのだということが明らかになると思う。プルーストの「時」が長さ＝短さという相対的な計測手段を超えるものとしてあったように、バルトのエクリチュールもまた、終ることの概念とは折り合いのつきかねる場であり、そこには最終的な意味の発見を絶えず遅延させる力学さえ作用してはいない。約束された土地ではなく、かつていかなる約束もそこで交わされたためしのない土地としてのエクリチュール。そこには、禁止も、拘束も、義務も影を落さず、だからといって完璧な自由が保証されているというわけでもない。被創造物でもなく、またみずから創造主になることもなく、だからそれを土地のように、あるいは環境のように存在しているということさえがためらわれるなにものかとしてのエクリチュール。言語のように構造化の対象とはなりがたく、どこまでも分節化をすりぬけてゆくエクリチュール。ちょうどプルーストの『見出された時』の時が、見出された後にもあらゆる視線にその姿を満遍なくさらすことなく、見出されつつある体験として生きられることしかできない何かであるように、エクリチュールもまた体験されることとしかできず、そこには中心もなければ限界もありはしまい。抽象的だから見えていないのではなく、それは具体的な事件として起ることとしかできぬが故に人目には触れえないのだ。もちろんそれは幻想ですらなく、もっとも生なましい現実である。そこには、翻訳不能な言葉が、おのれをただ言葉として提示しているのみであり、翻訳への意志とある種の力学的な葛藤を演じている。おそらく『作者の死』のバルトは、そうした運動へのたぐい稀な感性によって、ほとんど「作者」を救うことすら辞さないのだろう。構造化と分節化とをたやすくうけいれる言語だけと向いあっているのでは、かろうじて「作者」たることとさえ不可能だからである。

バルトの美しさは、まさにこの点に存している。趣味だの審美眼などとはもちろん無縁のバルト的な美しさとは、『作者の死』という題の文章をいくぶんか「作者」として書き綴りながら、その内容を「作者は死んだ」と翻訳せずにはいられない大かたの意志にさからい、またそうとも翻訳されかねぬ不用意な表現をいくつか洩らしながらも、抹殺を実践するどころかかえって「作者」を救出してさえいることにある。それも、ある種のシュルレアリストたちのように、みずから仕掛けた罠に陥ることによってではなく、その肯定的な身振りによって救っているのだ。そのとき救われた「作者」が、プルーストによって肯定されたロベール・ド・サン＝ルーやシャルリュスあるいはヴェルデュラン夫人のように、純粋な虚構の存在としての「作者」であることはいうまでもない。虚構を肯定しこれと戯れうる虚構に登場する虚構の「作者」たち。彼らが文学史と呼ばれるあの超＝虚構を彩るあれやこれやの「作者」たちとたまたま同じ名前を持っていることに、いまさら驚くには及ばない。虚構の「作者」たちの名前は、文学史に登場する「作者」たちのように戸籍によってその同一性を保証されているわけではなく、ロベール・ド・サン＝ルーやヴェルデュラン夫人のように正当な理由もなく選択された名前にすぎず、とりあえずそう呼ばれているまでのことだ。

とりあえずというのは、その呼びかえがいくらも可能でありながら、それをどれだけくり返してもそれがそう呼ばれることの正当な根拠にたどりつくことがないからである。われわれは、虚構の「作者」に近づくこともなければ遠ざかることもないだろう。そのような存在としての「作者」をバルトが救い出していることの意味はきわめて重要である。「作者」について語るときについてまわるあの実証主義的なうしろめたさから、われわれをバルトは解放してくれたからである。あの誰もが知っている文学史のプルーストではなく、とりあえずそう呼ばれることで虚構が維持されることになるプルーストは、だから、今後は「作者」と呼ばれても何の不思議もないだろう。また、プルーストの「作品」が問題となる場合も、その「作品」が「作者」を主語とした述語として翻訳されるのでないかぎり、それを「作品」と呼ぶことに何の躊躇もいらなくなるはずだ。それはちょうど、ロベール・ド・サン゠ルーからの話者たる「私」あての書翰が、「作品」にあってはまぎれもなくサン゠ルー自身の手で書かれたもののごとく記述されていながら、実はその記述そのものが虚構にすぎず、したがってサン゠ルーその人に所属する言葉とはなりがたいというのと同じである。その事実に自覚的であった上でなお人が「サン゠ルーの手紙」といった言葉を口にしうるのは、もっぱらとりあえずの便宜としてにすぎない。そしてその便宜的な手段は、決して禁じられているわけではないし、また禁じられてはならないだろう。「作者」というのも、禁止とはまさしく「《神゠作者》」にふさわしい振舞いであるからだ。「作者は死んだ」という断言、あるいは「作者は死ぬだろう」という予言は、実は「《神゠作者》」だけが口にしうる禁止の変奏にほかならない。だからバルトは、そのように翻訳される内容を持った文章を書き綴るはずがないのである。そうは書くまいとしてあえていくぶんか「作者」たる役割を引きうけているのだが、その姿勢を美しいと断ずることも、もちろんとりあえずのことにすぎない。いくらでも呼び換え可能な形容詞としてそれが選ばれているまでで、だから美しさとしての本当らしさを欠いているのは当然のことなのである。

ロラン・バルトが「作者」や「作品」を救ったなどと、真赤な嘘をつくのはやめにしようといった声がどこからか聞えてきそうな気もする。事実、彼は『作品からテクストへ』という文章を書いているではないかとその声は断言する。なるほど、それは間違いのないことだといわねばならない。だが、それを間違いと断言しうるのは、あくまで文学史という超＝虚構の内部にあってでしかない。だからこの反論には応える必要はないだろう。『作品からテクストへ』という「作品」をバルトという「作者」に所属する言葉だと判断し、そこに書き記されている言葉を翻訳したときに、「作品」の時代は終り「テクスト」の時代が始まるといった内容がそこから抽出しうるように思えるといった程度のことにすぎないからだ。しかも、この文章を綿密に読んでみた場合、そんな内容のことがらは決して述べられてはいない。そこでバルトがくり返し強調しているのは、「作品」と「テクスト」とは存在様態が異なるということでしかない。なるほどここでもいくぶんか「作者」たることをうけいれているバルトは、「作品の観念」にある種の「認識論的地すべり」ともいうべき現象が起りつつあるとは指摘しているが、だからといって「作品」が死滅したわけではないし、新たな「テクスト理論」が文学的光景の全面を蔽うにいたったなどというわけでもない。彼はただ、過去一世紀いらい深刻な地すべりを蒙った認識論的な地平にいまかろうじて生成されつつあるものを、従来の伝統的な思考の総合では把握しがたい対象として、これにとりあえず「テクスト」の語を与えてみたにすぎないのだ。ということは、それがほとんど対象ではないといっているのと変らず、したがってその定義など下されようもなかろう。

いまのところ定義をまぬがれている対象として「テクスト」をめぐってバルトが試みている七つの提言を、ここで逐一列挙してみるには及ぶまい。われわれが感知すべきは、あくまで「テクスト」の支配といった事態を招致しまいとする彼の繊細な心遣いである。それは、かろうじて「作品」を救出しようとする配慮だといってもよいだろう。かろうじてというからには、「父の記名なしに読まれる」という点できわだつ「テクスト」と「作品」との違いはあくまで強調されながらも、だからといって「作品」と「テクスト」の間に越えがたい距離が拡がっているわけではなく、ある条件のもとでの両者の共存の可能性が残されているということだ。

「テクスト」は、その父親の保証がなくても読むことができる。相互関連テクストの復権が、逆説的にも相続を廃止するのだ。ということは、「作者」が「テクスト」のなかに、自分のテクストのなかに、《もどれ》ないということではない。ただ、そのときは、いわば招かれた客としてもどるのである。彼の記名は、もはや特権的、父性的、真理的なものではなく、遊戯的である。彼は、いわば紙の作者になるのだ。彼の人生は、もはや彼の創作の起源とならず、彼の作品と競合する一個の創作となる。

読まれるごとく、ここで問われているのは「作者」救出の可能性である。救われるべき「作者」が、これまでに純粋の虚構の存在と呼んできたものとほぼかさなりあっていることはいうまでもない。遊戯的な記名であるかぎりにおいて、その名前は肯定されるというのである。そのとき、「作品」もまた「テクスト」によって回収されることになるだろう。つまり、消費の対象としてあるほかなかった「作品」が、遊戯の実践として消費をまぬがれるのであり、そのとき「作品」は、「作者」がそうであったように虚構の言葉となる。虚構を語るにふさわしい言葉ではもちろんなく、「作品」そのものが虚構として肯定されるのだ。『失われた時を求めて』をマルセル・プルーストの「作品」だと口にして何の心の痛みも覚えずにいられるのは、それが虚構にほかならぬからである。あってはならない誤解、それは、虚構として肯定されることで禁止が解かれ、すべてが自由になったからそう呼ぶことが許されるのではないという点である。すでに演じられている遊戯の規則を改めてうけいれることで、それが可能となるというにすぎない。少なくとも、そうした事実は、「作者」ロラン・バルトが『作品からテクストへ』という「作品」の中に書き記した言葉を、ごく伝統的な解読の地平にとどまりつつ精読すれば自ずと明らかになるはずのものである。「テクスト」の概念などを召還するまでもなく、「作品」は、ごく常識的な意味の水準にあってさえまぎれもなく救われるべきものとして提示されており、読み間違いのまぎれこむ余地などありはしまい。いまや「作品」の時代は終り「テクスト」の時代が始まろうとしているなどと翻訳しうるがごとき言葉は、どこにも見あたらないのである。そのかぎりにおいて、バルトはあまたの「テクスト理論」の構築者たちとは明らかに異質の言説を担っているといえるだろう。「テクスト」は「作者」や「作品」を徹底して排するものではないと言明しているばかりか、むしろそうしたものを回収する機能さえそなえている事実が指摘されているからである。

だとするなら、とりあえずバルトの美しさと名づけられたものは、彼によって担われた言説の矛盾から来ているのか。あるいはその姿勢の曖昧さによってもたらされるものなのか。さもなければ、矛盾や曖昧さこそが現代的な言説を特権化するのだと結論すべきなのだろうか。それを論ずるにあたって、人は改めて終りをめぐる物語にたち返らねばなるまい。

犠牲者の言説

バルトの言説はみずから犠牲者たることをうけいれたもののそれに似ている。ほとんど犠牲者の言説そのものといってよいかもしれない。では、何のために彼はおのれの身を犠牲に供するというのか。いうまでもなく、物語が語りつがれるためにである。しかも、その供犠は二重に演じられる。重要なのはその点である。

バルトの言説は、まず、あえていくぶんか「作者」であることをうけいれた彼自身の犠牲において、「作者」や「作品」を語るものについてまわるうしろめたさからわれわれを解放してくれる。そのことにはすでに触れてあるのだが、うしろめたさの自覚を欠いている無邪気な連中さえが、この解放によって救われているのだという点を見逃してはなるまい。ロラン・バルトの文章など読んだことさえなく、プルーストといえばあの文学史という超＝虚構の登場人物だと信じて疑わない人間が彼の「作品」を語った場合であろうと、それが途方もない時代錯誤として嘲笑されずにすんでいるのは、まさしく犠牲者バルトの恩恵を蒙ってのことである。だが、バルトの犠牲はその点につきるわけではない。彼はまた、「作者」や「作品」を肯定的に回収する「テクスト」について語りながら、あたかもそれが「作者」や「作品」を徹底して排する場であるかに錯覚してしまうものたちをも肯定している。誰であろうと「作者」としてしか「テクスト」を語りえないものでありながら、いったん「テクスト」が対象となりさえすれば、それを語る主体はきれいに「作者」たることをまぬがれているかのごとく信じこんでいるものたちの便利な記憶喪失までが、いくぶんか「作者」たることを容認しているバルトの言説によって許されることになるのである。許すといっても、全能者の権威を模倣する仕草によってではなく、率先して罪を犯すというバルトの振舞いによって途方もない錯誤とはみなされずにすんでいるのである。

すでに述べたことだが、バルトが犯したのは決定的な罪ではない。というのも、彼自身は、「テクスト」をめぐる超＝虚構の構築そのものを試みたわけではなく、そのいくつかの断片とごく浅く触れているばかりだからである。というより、その切断面と浅く接することしかできないものが「テクスト」のあり方にほかならず、したがって「テクスト理論」は決して完成されることなどないはずなのに、漸進的な接近の試みがあるときその完璧な記述に到達しうるかに信じているものの善意や、それがすでに適用可能な理論的達成を示していたと信じることの楽天性までがバルトの犠牲によって許されてしまうのである。しかも、そのことに無自覚である人びとの言説に対して、バルトはいささかの敵意も表明しはしていない。彼が避けようとしている唯一のことがらは、超＝虚構の単調な支配である。文学史という名の超＝虚構が行きづまったと口ぐちにとなえながら「テクスト理論」という新たな超＝虚構に乗り換えるといったことの愚かさを体験的に知っている以上、というのもバルトは彼自身『物語の構造分析』という超＝虚構的な試みを実践しているからだが、そこですら「『テクスト理論』がメタ言語的陳述に満足できない」という事実を彼は強調せざるをえなかったのだ。あらゆる超＝虚構的な言説、すなわちここで「メタ言語的陳述」と呼ばれているものは、支配の論理にほかならぬからである。「超＝メタ」であることとはとりもなおさず階層的秩序の上位に位置することを意味する以上、超＝虚構による虚構の記述は、そのまま虚構の終りを前提とせざるをえない。支配が終りに対する説話論的な権力行使であることが、ここでも確証される。あらゆる支配の論理は、だから終りの物語の単調な変奏にすぎないのだ。『作品からテクストへ』におけるバルトは、そうした物語の単調な支配にだけは同調しまいとする。

メタ言語を破壊すること、あるいは、少なくともメタ言語を疑うこと（というのも、一時的にはメタ言語に頼る必要がありうるからである）が、理論そのものの一部をなすのだ。「テクスト」についてのディスクールは、それ自体が、ほかならぬテクストとなり、テクストの探求となり、テクストの労働とならねばならないだろう。

バルト的言説がいつもそうであるように、この引用文にも深い考察がこめられているわけではない。ただ、超＝虚構の破壊と口にしながら、その不可能性を知っている以上すぐさま超＝虚構への疑念という言葉がその口から洩れるとき、理念的にそれを「疑うこと」がさして困難ではないにもかかわらず、疑いの実践となると、これが容易には想像しがたいものだと誰にも予測がつく。これまでの思考の歴史において、疑いはたえず新たな超＝虚構の創出によって晴らされてきたものだからである。いったい、超＝虚構の構築へと向わぬ疑念とはどんなものなのか。バルトは、いわば超えまいとしてとどまるのだ。それも、深くとどまるのではなく、浅くとどまるのである。いくぶんか「作者」たることをうけいれるという姿勢そのものが、だから疑いの実践の一形態だということになるだろう。そしてその浅さは、「一時的には」それに頼らざるをえないだろう超＝虚構との関係にも維持されることになる。「テクスト理論」と呼ばれるメタ言語的な言説とも深くかかわりあってはならず、あくまで浅い関係にとどまらなければならない。なぜならみずからそうした言説を担うことは、支配する「テクスト」を支配することにほかならず、とどのつまりは「テクスト」の終りの宣言にも通じてしまうからだ。誰の指摘をまつまでもなく自明のことであるはずのそうした事実を視界におさめえぬ者たちの疑いを知らぬ楽天性が、支配とは無縁の振舞いだと確信しながら「テクスト理論」の構築を目論むとき、バルトは、その超＝虚構的な言説とも浅く戯れながら上質な部分を救わずにはいられない。それなりの原理によって安定しようとする理論的閉域に手をさしのべ、超＝虚構的な言説の断言をつかみとり、文脈が崩れることをも怖れずにそれを借りうけてくると、優雅な身振りでその出典を曖昧にしながら、自分の言説にくみいれるのだ。つまり、バルトは他者の言葉をあからさまに引用するのである。事実、『作品からテクストへ』のバルトは、そこで「テクスト」をめぐる七つの命題を提起しているが、「隠喩の域を出ないことは承知の上のアプローチ」だとされるその命題のいくつかを読みながら、われわれはそれらが同時代の何という「作者」から来ているかをほぼ正確に言いあてることさえできるはずだ。他人の言葉や概念をあからさまに引用することすら辞さないその身振りは、ほとんど盗みのそれに近いということもできるだろう。その意味で『作品からテクストへ』にはいかなる独創的な思想も含まれてはいないのだが、にもかかわらず、あるいはであるが故に、重要な文章だといわねばなるまい。というのも、「テクスト理論」の領域でいくつかの概念をバルトに提供したとみられる批評家や理論家たちの多くのものが、そのかたわらにバルトの文章を見出すことで救われているからである。出典となった言説にあっては深さに保護されていた概念なり語句なりが、文脈から孤立化させられてあたりにばらまかれることで断片化の力学にさらされ、もっぱら拡散しながら浅さの衣裳をまとうことになるからである。バルト的な犠牲者の言説は、文脈を奪われた語句たちによる浅さの戯れを介して理論の閉域を解放する。ちょうど、マルセル・プルーストを文学史という超=虚構の登場人物だと確信したまま書き綴られるあまたの「作家論」の中でその最良の部分を救いだすように、バルトは、「作者」を徹底して排することを前提として構築される「テクスト理論」の最良の部分を、それが超=虚構として必然的に含むだろう「紋切型」的な側面をあえて引きうけることで、救出しているのである。つまり、閉域をこえて流通する言葉へと変容させ、それを「作者=神」の《メッセージ》とは異質の脱=文脈的な運動にゆだねさせるのだ。そのとき実践されるのが、あの模倣的に反復される記入の身振りにほかならない。いくぶんか「作者」たることをうけいれているが故に、バルトは、記入者として移動可能な表現形式の戯れを組織することができる。そしてその戯れの組織にかかわる記入者としてのロラン・バルトが、あの文学史の登場人物にほかならぬロラン・バルトと同姓同名であることにさして驚くにはあたらない。記入者たるバルトは、いうまでもなくとりあえずの名前にすぎず、その名前は記入行為と同時的に生成されてはそのつど消滅する虚構の存在を指示しているまでのことだ。そのとき「作者」たるバルトはほとんど死に瀕する。死に瀕するとはいえ、その死は虚構の「作者」が迎え入れる虚構の死にほかならず、ちょうどロベール・ド・サン＝ルーの戦死の知らせを読むものが何度でも反復的に体験しうるように、あくまでも読むことの領域においてしか達成されえぬ死なのである。そのとき「読者」は、「作者」の要請に従ってその死を納得するわけではないし、また「読者」自身の裁量でその死を現実化するのでもない。「作者」や「読者」のそうした身勝手な振舞いをもとりあえず肯定しうる虚構の大がかりな運動が、かかる要請や裁量の限界を虚構そのもののうちに位置づけながら、「作者」と「読者」との同時的な死を、説話論的な一挿話として語るのである。くり返すが、それは、間近に迫ったものとして予言されたりすでに起ってしまったものと断言されたりする決定的な死ではなく、ほとんど死に瀕しながらもかろうじて死をまぬがれているというとりあえずの死、つまり浅い死とでも呼ぶほかはない虚構の体験である。このとりあえずの浅い死を肯定しえないものに、虚構の言葉を読む資格はそなわっていないというべきだろう。ロベール・ド・サン＝ルーの死をいかにも本当らしく納得させることが虚構なのではなく、それがあくまで虚構の死にほかならぬと語る物語こそが虚構なのであり、これは『作者の死』においても同様である。虚構として演じられる作者の死に立ち会うことので きる「読者」もやはり虚構の存在というほかはあるまいから、その名前もまたとりあえずのものとなるだろう。読むとは、その意味で名前を二重に消滅させる虚構の儀式にほかならない。

この儀式を介して「作者」ロラン・バルトの死は、時代を画する歴史的な事件であることをやめる。それは、虚構を肯定しうるものだけが具体的な言説と接する瞬間のみに現在として体験しうる反復的な死にほかならず、決して回想される過去のできごととはならないだろう。反復の資質を欠いた「作者」の死など、所詮は文学史という超＝虚構にとってしか意味を持ちはしまい。文学史は、「作者」の名前とともに「読者」の名前をも保証する物語である。だが、われわれが『作者の死』や『作品からテクストへ』を読むのは、この名前に保証されてのことではない。文学史という超＝虚構ともごく浅い関係を維持せぬかぎり読むことは不可能だから、かろうじて「読者」たる自分をうけいれながら「作者」の「作品」を手にとりはするが、それはあくまで、体験として「作者」の死を反復しながらみずからの名前を失うための契機としてでしかない。

こうして、読むことの領域に位置するあらゆる主体が「読者」なのではなく、「作者」の死を体験的に反復しうる虚構の存在としてそれが提示されるとき、バルトが身をもって演じた犠牲の身振りが三重のものであったことを人は理解する。「作者」と「作品」とを「テクスト」から回収し、かつその「テクスト」をも救ったというにとどまらず、彼は、「文学」という虚構をもそれをめぐって語りつがれるもろもろの超＝虚構から救出し、それと同じ身振りによって超＝虚構そのものをも閉域から解放しているのである。

もちろんそれは、「文学」があの永遠性の神話を晴れやかな微笑とともに回復したことを意味しはしないし、また「文学」の過去がそっくり容認され、その上に未来の可能性が積築かれようとしているというのでもない。ただ、終りの物語にふさわしい予言や断言が積極的な主題とはなりがたい言説の交錯しあう場が虚構としてではあれ確保され、いわば名前の廃墟ともいうべきその場所を、改めて「文学」と名づけることが可能となるように思われるのだ。危機だの終焉だのといった終りの物語にふさわしい言葉を負の主題としながら不断にその項目を増してゆくあの『紋切型辞典』のような戯れの磁場を、とりあえず「文学」と名づけてみてはどうか。あるいは、その終りを誰もが軽々しく口にしえないような遊戯そのものをそう呼ぶべきなのかもしれないが、『紋切型辞典』の終りがあくまでとりあえずのものでしかないように、「文学」も、きまって決定的な終りを回避することでおのれを支える虚構だと考えればいいのかも知れない。いずれにせよ「文学」が終りの物語にふさわしくないのは、言葉の多義性といった理論的概念によってではない。それがいかに複数の意味からなり立っていようと、読むことにはきまって終りが訪れる。そうではなく、読みの対象とはなりがたく、もっぱら肯定さるべきものであるが故に、「文学」は終焉の語彙にふさわしからぬものなのである。それが言葉であることを肯定すること。実際、虚構とは、肯定されることがなければ体験されがたいものだろう。「メタ言語を疑う」とは、とりもなおさずこの肯定を意味する。バルト自身が愛用した語彙を使うなら、「記号」を肯定することが「文学」なのである。肯定の身振りを欠いた「記号論」は、たちどころに記号をめぐる超＝虚構の閉域に逃避して、深さの王国を築くのがせいぜいだろう。だが、「記号」への感性を欠いたものたちによって演じられる遊戯の単調さは目にみえている。露呈した「記号」を肯定しえない戯れは、それが「解釈」であれ、「記号論」であれ、誰かがその終りを予言せずにはいられないだろうし、また予言の声に触れる以前にみずから遊戯たることをやめてしまうに違いない。にもかかわらずバルトはその単調さをも肯定し、「記号論」というメタ言語的言説を排除しないばかりか、それを「文学」の領域に回収しようとしさえする。もっともそれは「記号論」を曖昧に文学化することを意味しはしない。「記号」をめぐる超＝虚構であるかぎりまぬがれがたい「紋切型」的な表現形式と実践的に戯れながら、単調さからくる遊戯の自己崩壊を一刻でも遅らせようとするのだ。だから、戦争の終りを口々に予言する『見出された時』の登場人物たちのように、「記号論」はやがて終るだろうなどと彼は宣言したりしない。戦争は、あまたの屈託のない予言者たちの思惑とは無縁のところで終るのだし、またその遠からぬ終焉を予言することそのものが戦争の物語の成立に不可欠な説話論的な要素でもあり、しかもその物語は戦争それ自体とは異質の領域に展開される虚構の言説にほかならぬのだから、戦争をめぐる「紋切型」と戯れる『見出された時』の「作者」プルーストは、その説話論的な持続を、語られたものとしての戦争によって戦争そのものよりも長引かせてみせたのである。バルトが「記号論」について行なうのもそれに似た振舞いだといえる。それ自体が終りをめぐる物語にほかならぬ「記号論」的な言説の自己崩壊を目論むよりも、超＝虚構としての「記号論」が含む「紋切型」的な言説の断片を幾重にも交錯させながら、その物語が維持されることを彼は楽しむだろう。だから、ある種の哲学者たちが、その言説の限界領域に身を置きながら形而上学の脱＝構築を試みているのに倣って、彼が「記号論」を脱＝構築するといった生真面目な作業に精を出すことはなかろう。バルトの言説は何ごとであれそれを終らせることへとは向わず、それ自体が現実に蒙ることもあろう崩壊を超えて、その物語が語りつがれてゆくことを目指している。「記号論」を超＝虚構として完成させる身振りに同調することによってではなく、「記号論」の物語を終らせまいとする遊戯によってバルトはこれを「文学」的に救うのだ。

「記号論」であれ「テクスト理論」であれ、それをめぐって綴られる物語を終りそびれるがままにしておくこと、それがバルトの演じる犠牲者としての遊戯である。その遊戯は、脱＝構築の遊戯を装った生真面目さによって演じられてもならないし、皮肉や揶揄といった批判的な色調を帯びることがあってもならないだろう。もし戯れが真剣なものとなれば彼はたちまち「記号論者」になるだろうし、冷笑的な距離をとるならすぐさま批評家という名の「作者」に戻ってしまうだろう。とはいえ、彼は、超＝虚構の完成と解読の完了とに手を貸し、いずれにしても終りの物語に加担したり、解読の風土にたち戻って「批評家」として振舞ったりしたことがないわけではない。『物語の構造分析』のバルトは明らかに構造主義的な「記号論者」であろうし、『モードの体系』の彼にしてもそうだろう。かと思えば『ミシュレ』のバルトは主題論的な分析をみごとに展開する「批評家」であり、『サド、フーリエ、ロヨラ』の彼もその系譜につらなってもいる。だが、そのいずれにあっても決定的な選択など下されてはおらず、彼はいつでも浅さの領域に戻っている。「テクスト」の快楽とは、おそらくこの浅さの体験なのだ。距離を維持してもならず、距離を放棄してもならず、ひたすら触れ続けながら深入りすることのないものへの誘惑に身をさらすこと。ほとんど死に瀕していながらかろうじて死をまぬがれているものの官能性に感じやすくあること。バルトが『テクストの快楽』で巧みに表現している「出現＝消滅の演出」、つまり、最終的な真相の暴露へと向けて衣裳を脱ぎすててゆくストリップ・ショーの観客を捉える欲望ではなく、衣服の縁と縁とが間歇的にのぞかせる素肌の誘惑、ほとんど偶発的といえる裂け目の戯れ、距離でも密着でもなく、それじたいが不断の運動である「出現＝消滅の演出」。それを肯定することを快楽と呼ぶことも、おそらくはとりあえずの命名法でしかないだろう。それは苦痛と呼ばれてもよかろうし、受難と名指されることさえ不自然とも思われぬほどに致命的な体験である。「出現＝消滅」の戯れを組織する演出とは、傍観者としての観客が享受しうる距離を廃棄し、距離でもあり密着でもあるための不断の変容を要請するものであるからだ。その点において、いったん秩序に順応しさえすれば露呈の瞬間へと導かれる物語の読者の欲望とはまったく異質の欲望が、「テクスト」の快楽を煽りたてていることがわかる。その体験は、たしかに誰もが気軽に試みてみるわけにはゆくまいが、だからといって特権的な個体だけに許されているわけでもない。原理的にはあらゆる存在に向けて開かれてさえいるはずなのに、現実には、その受難＝快楽に進んで身をまかせようとする者はごく稀である。それが権利だとは思われていないからだ。誰もが真実の露呈という永遠の儀式にたどりついて終りとなる物語を欲望し、その欲望を漸進的に満足させる説話論的な秩序に埋没することこそが快楽なのだと確信している。受難＝快楽としての浅さは、かくして、いたるところで回避されることになるだろう。この回避の身振りの大がかりな共有は終りの儀式が二重に保証されている言説へと人びとを導き入れる。バルトもいうごとく、隠された性器の露呈を期待する「高校生的な夢」は、まだ聞かされてはいない物語の結末をいっときも早く知りたいという説話論的な欲望とたやすく一体化するが、そのとき欲望される終りは決って最終的な終りではなく、その欲望そのものを正当化する物語的な秩序の完成と補いあうことではじめて終りを確立するものだからである。終りへの期待は自然な本能ではなく、それじたいが物語として語られる秩序の中で虚構としての本能性をあたかもそれが自然なものであるかに振舞うきわめて不自然なものなのだが、不自然さへの感性にことのほか恵まれたバルトは、もちろんそれをも肯定するだろう。

現代的な言説とこれまで叫ばれてきたもののきわめて逆説的な定義が可能となるのは、おそらくそのときである。ほとんど無意識のうちにこの受難＝快楽を選択させることで安定するありとあらゆる物語を、とりあえずそう呼ぶべきときがきているのだ。この犠牲において説話論的な持続が維持され、活性化される物語の総体を、いま改めて現代的な言説と名づけることにしよう。それは、バルトによって肯定されながら、その事実にさえ無自覚なままあてどもなく語りつがれる言葉のすべてということだ。その犠牲者の名前はもちろんとりあえずのものにすぎず、いつでも交換可能なものだし、またその可能性はバルトの「テクスト」に書きこまれてもいる。だが、あえてその犠牲的な振舞いを受難とは呼ばず、快楽と名づけているところに、バルトの慎み深さが隠されている事実だけは見落さずにおこう。肝腎なのはその点なのだ。「犠牲者」バルトではなく「快楽主義者」バルトという虚構はあらゆる言説の救出に恰好の神話でもあるし、しかもそこで救わるべき言葉たちは、みずからが背負いこまざるをえない超＝虚構的な限界をその最大の可能性だとさえ錯覚しうるのである。あらゆる言葉という表現がいささか曖昧だというなら、人が言語活動をめぐって組織しうる形式的な思考、とりわけ「記号」についていだく構造化された観念に二十世紀的な変容をもたらし、バルト自身が『作品からテクストへ』といった文章を書いてもそれがまったく不自然とは映らずにすむような風潮を支えうるもろもろの知的言説、つまり彼がしばしばその代表的なものとして挙げている「言語学、人類学、マルクス主義、精神分析」といった学問領域と少なからぬ関連を持った言説がそれにあたるのだと書いておこう。もちろんそこに「記号学」という分野を追加してもかまうまいが、さらに具体的な例によって説明せよというなら、たとえばジュリア・クリステヴァの理論的な言説のほとんどは、バルトとともに読まれることで救われているのだと断言することができる。

もちろんその救出ぶりは、彼女が提起するもろもろの作業仮設的な概念、すなわち「間゠テクスト性」とか「フェノ゠テクスト」「ジェノ゠テクスト」といったそれなりに難解でなくもない用語が、バルトに引用されることによって、口あたりの良い言葉となって開かれた流通性を示すことになるといった点に存するのではない。たしかに彼は、そうした概念の位置を変化させることで用語そのものに軽さを与え、自由な流通に貢献してもいるわけだが、グレマスやバンブニストといった言語学者たちから借用した語彙についても同じことがいえるだろう概念的重さの軽量化とは異質の領域で、そうした概念そのものの形成を可能にする超゠虚構的な秩序が秩序である限り持っている限界を嘘のように虚構化してみせることによって、本来は閉ざされているはずの言説を解放しているということが何よりも重要なのだ。

バルトを通して読まれることによってではなく、バルトとともに読まれることで、クリステヴァは救われる。快楽主義者を自称するこの犠牲者の言説と離れて読まれたクリステヴァは、その「意味生成性」の概念にもかかわらず、メタ言語的な閉域で一つの秩序を構築するだけの言葉になってしまうだろう。バルトに従ってでもなく、バルトを介してでもなく、あくまでバルトとともに読まれることで救われるのは、むろん彼女ひとりにとどまりはしない。だが、ここで陥ってはならない誤解は、犠牲者バルトの振舞いがいささかも媒介者的ではないという点である。彼は、クリステヴァに代ってその文章を説明するのではなく、あくまで彼女とともに自分が読まれることを欲望している。バルト的な肯定とは、まさしくともに読まれることへの欲望にほかならず、彼がかろうじて「作者」でありながらほとんど「作者」でないというのはまさにそうしたことなのだ。われわれはたしかにバルトの「作品」を読むことができるが、それがほかの「作品」とともに読まれぬかぎり、読むことは言葉の創造的な実践とはならないだろう。「テクスト」が引用の織物にほかならず、そこにいくつもの「テクスト」が縦糸＝横糸として織りこまれているといった「間＝テクスト性」の定義は意味作用の創造的な実践とはいっさい無縁の「テクスト理論」的な超＝虚構の言説の一断片にすぎない。そんなことをもっともらしく説いてみても事態は変らないだろう。いま求められているのは、ともに読まれることであり、みずからともに読まれうる「テクスト」であるということなのだ。

定義からして階層的に他を排することによってしか成立しえない超＝虚構は、かりに「間＝テクスト性」だの「意味生成性」といった概念に言及することがあろうと、ともに読まれることだけは絶対に回避する言葉からなっている。問題は、「テクスト」が引用の織物だと指摘することではなく、静態的な「記号学」に対して動態的な「記号学」を顕揚することでもなく、こうした指摘や顕揚こそが、超＝虚構の説話論的な必然にすぎぬと意識することである。また、だからといってその種の楽天的な超＝虚構を排することが何かを救うわけのものでもない。みずからの排他性に無自覚な言説をも肯定し、それとともに読まれることの可能な文字通り開かれた「記号」となるべく、犠牲という名の快楽をみずから実践することが肝腎なのだ。それは厳密さの問題ではなく、繊細さの問題である。だがそれにしても、われわれは、ともに読まれるべき繊細な言葉を現実にどれほど持っているだろうか。原理的にはとりあえずのものにすぎないロラン・バルトを、ほかのどんな名前によって置き換えることでその繊細さが確保されるだろうか。バルトを例外的な犠牲者と断じてその特権化に加担することなく、ともに読まれるべき「テクスト」を模倣的に反復し、それを複数化することに、どうしたら成功しうるだろうか。

もちろんその複数化とはバルトの継承を意味しはしないから、この問いは未来に向けられているわけではない。また、犠牲を快楽の名によって受けとめるという自覚がその継承に不可欠だというのでもない。それは書かれた時代の刻印を逃れたかたちで、また著者の意図とは無関係に存在しうる「テクスト」でなければならぬからである。たとえば人は、どこまでもたとえばのはなしだが、バルトとは資質も感性もまったく違うジル・ドゥルーズのうちに、排他的な超＝虚構に対する繊細きわまる肯定の身振りを認めうるかもしれない。だが、ともに読まれることに向って開かれているドゥルーズ的な「テクスト」をここで改めて読み直す余裕はない。いまはさしあたり、快楽としての犠牲というバルト的体験そのものによりそって進まねばなるまい。というのも、バルトとともに読まれることでかろうじて救われる超＝虚構の群に、まさしく「犠牲論」そのものが含まれているからである。

排除＝廃棄＝抹殺

快楽の名において犠牲者たることをうけいれたバルトが、現代的な言説の特権的な主題としての「犠牲」を強く意識していたかどうかは必ずしも明らかではないが、文学における「作品」の概念にある種の地殻変動を誘発したものが、「言語学、人類学、マルクス主義、精神分析の最近の発展」であると彼が指摘していることには改めて注目する価値があるだろう。もちろん、深い洞察がいくつも含まれているからそれが興味深いというのではない。こんにちでは誰が口にしても不思議でないこの指摘の興味深さは、こうした隣接諸科学の隆盛ぶりに対する満遍のない目配りによって、文学をめぐる科学的思考もまた現代にふさわしくその相貌を整えうるなどという確信へと人を導くからではなく、二十世紀的な知の諸分野における超＝虚構の完成が、何らかの意味で「犠牲」そのものをめぐる思考に支えられているという点が興味深いのである。

そこでの「犠牲」は、いうまでもなく、抹殺、消滅、排除、抑圧といった多少とも暴力的なイメージで語られているが、いずれにせよ何ものかを不在たらしめる振舞いか、あるいは不可視の何ものかの力学的支配なくしては秩序は形成されえないとする視点がそれぞれの言説を活気づけているという点は、いまさら指摘するまでもあるまい。文字通り「父」を殺すことを主要な説話論的な挿話とするいわゆるエディプス神話と精神分析との浅からぬ関係は、それがフロイトの言説の根幹をなすものか否かはともかくとして、こんにちの精神分析的思考の隆盛がそれなくしてはとても可能となったとは思えない事実を理解させるに充分なものだろう。また黎明期の人類学者たちがトーテムに向けた関心は、トーテミスムと「犠牲」との類縁性を予想することなしにはありえなかったし、またその関係を幻想にすぎぬと断じうるもろもろの事象がいたるところで蒐集されつくした後も、未開社会にとどまらず文明社会においてさえ、集団的な秩序の維持とその構成員たちの帰属意識の形成の根底に、「犠牲」の演じる役割を強調する姿勢は決して衰えてはいないし、人類学の限界を超えてますます隆盛をきわめてさえいるといえるだろう。また、フェルディナン・ド・ソシュールが正確にそう断言したわけではないが、インド゠ヨーロッパ祖語というすでに消滅した起源の上に築かれた近代の言語学が、その出自にふさわしく「文字」を排除することで二十世紀的な完成を見たことは否定しがたい事実であるし、またその完成を「音声中心主義」と批判するジャック・デリダが、「文字」の根源的抹殺という視点を提起することで、言語学をより魅力的な言説たらしめたこともまた確かである。さらにマルクス主義をとってみるなら、生産者の生産手段からの排除という概念はいうに及ばず、いわゆる「疎外論」にせよ「イデオロギー論」にせよ、その言説の主要な結節点にどれほど多くの排除や抑圧が語られているかはいうまでもないし、また労働生産物が商品となる過程にもそうした運動が介入せざるをえないのは自明のことだから、『資本論』の超゠虚構化に抗うアルチュセールの「重層的決定」の概念の導入にもかかわらず、それが少なからず「犠牲」をめぐる思考として機能してきたことは改めていうまでもあるまい。排除の力学を蒙って不在化されるものの効果ともいうべきものが、こうした言説をそっくり支えているのだ。それは、それぞれの言説の起源ともなる特定の個人の中に、排除されて不可視の領域へと追いやられた何ものかへの執拗な欲望として認められると同時に、批判的なかたちであれその言説を継承しようとするものたちのうちにも、その姿勢が確実に遺伝していることを意味する。秩序形成の根拠にはきまって何ものかが不在化されるという現象が観察され、その不在化によって秩序の容認が一般化されるという視点が、国家論、宗教論といった超＝言説の基盤となり、「法」の問題に新たな展望を提出し、動物に対する人間の受難性、つまりは本能を欠落させたことと交換とが意味の世界に保護され、同時にその支配に屈するほかはないという社会的存在としての人間が語られるというのが、「作者＝神」の死後を生きるものの課題であるかに考えられているのは、そのためである。また、同じ理由によって、現代の権力機構の分析や文化的諸制度の再検討の試みに、未開社会の構造を納得するのに恰好な概念装置であったはずの「犠牲の山羊」が新たな装いとともに登場することにもなるのだし、また、そこで排除さるべきものに対する執拗な命名行為のくり返しが、ときには文学的な言説を支えることにもなってしまう。こうした事態は、いずれも、無秩序から秩序への、自然から文化への移行を思考するものたちの言説を特徴づけるものとなっている。「言語学、人類学、マルクス主義、精神分析の最近の発展」とは、こうした人類の文明史的な水準と、他者としての母親の発見という個体的な生長過程の水準とに、ともに排除の論理を正当化する現象を読みとろうとする一貫した姿勢において共通点を持つものだが、その意味では、排除を口にする言説は、多かれ少なかれ始まりをめぐる言説たらざるをえないだろう。それは、ジャック・デリダにあってのように、概念ではないが「ディフェランス」という言葉によってとりあえず示すほかはないものといった周到な配慮を示すものであろうと、限りなく神学に接近せざるをえないという現実をわれわれに見せつけることになる。ジュリア・クリステヴァが提起する、対象を持つことのない廃棄としての「アブジェクシオン」の概念の提起にしても同じことだといえようが、ここではその問題を詳しく批判的に論じている余裕はない。ただ、精神分析における前エディプス期からエディプス期への移行、あるいは人類学における未開と文明を距てるものなどに注目せざるをえない思考は、それじたいがいかに精緻な理論的配慮を示し、注目すべき見解を提示していようと、ほとんど神学的な超＝虚構が必然的にはらむ「紋切型」を逃れえないということだけは指摘しておきたい。その「紋切型」の中で特権的なものが、もろもろの「犠牲論」的言説の基盤となる「排除」なのである。

始まりの言説というよりも言説の始まりであり、同時にその始まりをめぐる言説でもあろうとする欲望。だがそれにしても、神が死んでしまった後に、この欲望ほどあからさまに「紋切型」たろうとする意志に支えられたものがまたとあろうか。その「紋切型」の意志は現在そのものの分析に向けられているかにみえるものであろうと、きまって仮構された始まりを志向せずにはおられず、あるいは禁止という名のもとに、もしくは廃棄という身振りを介して、さらには抑圧という働きの解明を通して不可能性としての起源を語ってしまうことになるだろう。個体形成とその集合的な秩序の安定の契機に排除を導入せずにはいられない思考というものは、排除さるべき対象とそれに与えるべき名称とを不断に捏造しつづけることで、終りなき言説の様相を呈する。これが現代的言説と呼ばれる物語にほかならない。そこにあっては、排除さるべきものが対象ですらないと註記されたりもする場合であろうと、あるいは排除的な思考批判を試みるものであろうと、それを停止せしめる契機は決して言説の側にはそなわってはおらず、それを停止しうる超越論的な契機の導入を待ち続ける超＝メシアニスムとでも呼ぶほかはない信仰が形成される。「犠牲」が現代的な言説の特権的な主題となりうるのはその限りにおいてであり、また、排除を口にすることでそのつど時をやり過しているこの種の思考が、開かれた袋小路の中での永遠の饒舌を享受しつづけるほかはないのもそうした理由による。人文諸科学の今日的な隆盛とは、おおむねその種の饒舌にほかならない。もちろん、その饒舌を弄ぶことさえが特権的な才能を必要としているのは事実だし、その域にすら達しない無償の饒舌があたりを蔽いつくしている現状からすれば、それこそ選ばれたもののしるしとして珍重さるべきだとさえいえるのだろう。だが、問題なのは、まさしくその選民性にほかならない。というのも、選ばれたもののしるしとして語られる言葉とは「流行語」の時代を特徴づけた言説そのものにほかならないからである。

　これはいささか奇妙な現象というべきだろう。先行することにおける反動性とでも呼びうるものが、その「流行語」の時代の言説を現代的な言説たらしめてしまうからである。文学における「作者」の概念の変容に少なからず貢献したとバルトもいう「言語学、人類学、マルクス主義、精神分析の最近の発展」が、現在、人間的思考の達成しうるもっとも精緻な言説を形成しているのは間違いのない事実であり、たしかに多くの有効な刺激をあたりに波及させてはいる。だが、現前を否認されることで秩序の形成を支えるものの痕跡、あるいは「主体」成立の基盤ともいえる他なるものによる存在の占有、さらには構造を構造たらしめる根源的な欠落のふるう暴力等々、といったかたちで排除をめぐる言説が装われた命名の儀式をつみかさねてゆくとき、なぜ、そのことが思考さるべきかを正当化する根拠は思考の側にいっさいそなわってはいないという点を見落してはなるまい。その無根拠すらが戦略的な有効性を発揮しうるこの種の言説は、しかし、それじたいが現代的な言説にふさわしい課題であることを、無根拠に確信するわけではない。確信は、かりにそれが錯覚であろうと、あくまで文化的な振舞いであり、無根拠性そのものが不可避的に文化たらざるをえないからである。とするなら、そこで口にされる排除とは、いわば選ばれた「紋切型」なのだ。選ばれたもののしるしとして排除に言及するという限りにおいて「流行語」の時代に所属するしかないその言葉は、誰に頼まれたのでもないのに思わずそうつぶやいてしまう人たちの特権的な連帯によって「問題」の時代にも所属してしまうところに、その奇妙な反動性が露呈されることになるのである。

　メタ言語を疑うこと、と書くバルトは、この反動性さえが肯定さるべきであると考える。そして、肯定を否定に従属させることで反動性の総仕上げをするこの超＝虚構をも肯定する身振りのうちに、バルトの途方もない美しさが認められるのだ。くり返すが、彼はこうした超＝虚構と同じ内容を自分なりの言葉で表現しようとするものではない。バルトは、ただ、ともに読まれようとすることで、超＝メシアニスムの選民性を心やさしく凡庸化する。この場合、凡庸化とは、もちろん解放を意味し、選民性の対極に位置すべき言葉である。受難＝快楽として身に引きうけた犠牲の実践者たるバルトとともに読まれるとき、多くの「犠牲論」はその超＝虚構の説話論的な持続から離脱し、かろうじて現代的な言説となる。そのとき『紋切型辞典』の新たな項目の一つでしかない「排除」は、ほとんど鸚鵡がえしに反復される命名の儀式としてとどまりながらも、同時に、そうと意識することなく断片化され、自由な流通を促されるだろう。

ともに読まれるべき「テクスト」。バルトとともに読まれることで解放される超＝虚構には、もちろんバルトの「テクスト」と同じことが書かれているわけではない。違うことが書かれているが故に、ともに読まれる意味があるわけだ。たとえば『テクストの快楽』の次の断章は、ともに読まれることの効用をほぼ完璧に描きつくしているといえよう。

> 愛する者と一緒にいて、他のことを考える。そうすると、一番よい考えが浮かぶ。仕事に必要な着想が一番よく得られる。テクストについても同様だ。私が間接的に聞くようなことになれば、テクストは私の中に最高の快楽を生ぜしめる。読んでいて、何度も顔を挙げ、他のことに耳を傾けたい気持に私がなればいいのだ。私は必ずしも快楽のテ

クストに捉えられているわけではない。それは移り気で、複雑で、微妙な、ほとんど落着きがないといえる行為かもしれない。思いがけない顔の動き。われわれの聞いていることは何も聞かず、われわれの聞いていないことを聞いている鳥の動きのような。

バルトを介してではなく、バルトとともに読まれたとき、超＝虚構の説話論的な持続から離脱するテクストの断片は、この「落ちつきのない」鳥のような読者によって、深い読書が再構築する意味の外部として読みとられるのだ。「犠牲」は、このとき、いささかも排除としては演じられないだろう。それは、愛するもののかたわらにとどまりつつ、「他のことを」考えさせる「間接」的な存在となり、深さへではなく浅さへ、ひたすら浅さへと読むものを誘惑する。思考することがそうであるように、快楽としての「犠牲」をうけいれたものにとって、読むこともまた書くことも決して排除へは向わないし、また向うことがあってもならない。浅さの美徳とはまさしくこうしたことなのだ。バルトをバルトとして深く読むことは、だからもっともバルトにふさわしからぬ振舞いだというほかはあるまい。バルトをバルトとして読まずにおくこと。バルトを前にしながらちょうど「愛するものと一緒にいて、他のことを考えるように」ほかのものを読むこと。それこそ「間＝テクスト性」の実践であり「意味生成性」の実践でもあるだろう。人は、ごく浅くバルトに触れていさえすればよいのであり、あるいは何ものかに軽く触れながらバルトのことを考えていればそれで充分なのだ。そのとき読まれるであろう文章が、言語を統御する統合論的な直線状の秩序におさまっていようと、そんなことはどうでもよろしい。ともに読まれることは、発話行為の時間的な直線性をいささかも怖れはしない。ごく大まかに構造主義的な思考と総称もされよう「言語学、人類学、マルクス主義、精神分析の最近の発展」と呼ばれるものは、パラディグムとも呼ばれる範列論的な秩序を重視するあまり、直線性という言語の物理的な秩序を過度に警戒し、通時性より共時性を選ぶことが現代にふさわしい振舞いであるかの錯覚をあたりに波及させはしたが、そんな区別は、読むにあたってはほんの些細な条件であるにすぎない。時間的な先行関係に於て「作者」が「作品」に対して示しうる至上権を疑うために、時間を虚構化してみるには及ばないのである。統合論的な秩序が何かを禁じているわけのものではないのだから、読むものは、それをごく素直に受け入れておけばよい。それは、父が子に何かを禁じているわけではないのと同様である。父親によって演じられた禁止の身振りを導入すれば、その抹殺へと向わざるをえない息子が登場し、物語が面白味を加えるというだけの話であり、書くことは、そして読むこともまた、その種の面白さとは無縁のものであって何の不思議もないはずなのだ。だからわれわれは、文章の構文法的な体系に閉じこめられることをいささかも怖れる必要はないのである。そうと断言しているわけではないバルトを読みながら、彼自身の「テクスト」とはまったく別のところに、そうした解放が生きられていることをわれわれは確信する。

「神＝父」としての「作者」とはならずにいること。それは、「神＝父」としての「作者」となることと同様に、途方もなく困難な身振りでありながら、また嘘のように容易な身振りでもある。だがそれにしても、人は、どうしてあれほど躍起になってこの嘘のように容易な身振りを困難なものだと思いこんだりするのであろうか。なぜ、あれほどの生真面目さで「作品」か「テクスト」かの二者択一をおのれに課してみたりするのか。この上なく自然で簡単なことが、どうして至難の業であるかのように思われてしまうのだろうか。それはたぶん、困難さとの戯れが思考することの善意だと錯覚され、その錯覚から醒めまいとする欲望に従って、困難さのはてにそれから自由になれると誰もが確信しうる当の物語を語りついでしまうからである。あたかもそれが義務であるかのように「テクスト」を選択して「作品」を抹殺しようとするものは、同じ領域で進行しているわけではない二つの異質の事態をともに語りうる視点を確信すべく超＝虚構で武装する。だが、その選択はいかなる意味においても義務ではなく、たかだか説話論的な技法の問題であるにすぎない。「テクスト」を「作品」に対立する概念として捉えることは、その技法のうちでより安易なものを選んだまでのことである。物語の話者たるべく自分を組織するにあたって、超＝虚構の要請に素直に応じられそうな安心感を約束されでもしたかのような錯覚と戯れてみたければ、それも大いに結構なことだろう。ただし、その安易な技法と思われたものが、超＝虚構の外部ではたちまち姿を消すであろうことはいうまでもない。にもかかわらず、こうした説話論的な技法への執着こそ現代にふさわしい振舞いだと確信する権利は誰にも許されている。そして、諦念を装った怠慢さによって、その超＝虚構の支配をとりあえず容認してみるのも一つのやり方だろう。だが、それを義務だと思いこむのは信仰いがいの何ものでもあるまい。

こんにち、かつてバルトが「言語学、人類学、マルクス主義、精神分析の最近の発展」と呼んだ一連の知的言説は、俗に構造主義と名づけられることもなかったわけではない高揚の一時期を通過したのちに、ごく当然ともいうべき風化の一途をたどっているのだが、その風化にかろうじて抗いえている一群の選ばれた精神たちに、信仰へと行きつくほかはない義務の意識ばかりが強く生きのびているのは注目すべき現象である。もちろん信仰の権利は認められうるだろうが、廃棄、排除といった言葉が深刻さを装った気軽さで口にされているのがまさしくこの信仰の内部であるという事実は見逃されるべきではない。そうした趨勢を、つい先刻、超＝メシアニスムの名で呼んでおいたが、そこには義務と権利との無意識なとり違えが起りはじめているように思う。遊戯が信仰に移行したとき、好きでやっていたはずのものの身振りが、責任の意識でこわばり始めるのだ。戯れであるかぎり、とりあえずその役割を容認するふりを装っていた禁止が、信仰者たちにとって、あたかもそれが彼らの身振りを保護する魔除けの護符であるかのように、いたるところで語られ出しているのである。人が書き、そして読むのは、別だん最悪の事態の到来にそなえてのことではないのに、まるでそのことを怖れることで回避できるとでも信じているかのような防禦的義務感が、ほとんど理由もなくそうした言説をこわばらせている。すでに触れておいた「犠牲論」とは、そうした魔除けの護符として着実に機能している。だがそれにしても、人は、護符なしに言葉を体験しえないのだろうか。この問いに対する自信なげなバルトの答えがどんなものであったかをわれわれはすでに知っている。彼が、排除とも廃棄とも無縁の犠牲的振舞いによって救っていたのは、とりわけ、魔除けの護符をかざして語っていた超＝虚構の話者たちなのである。それが具体的にどんな名前を持つ個体であったかは、ここで改めて名づけてみるには及ばないだろう。

終焉の儀式

わたくしは、と、いまこの文章を綴りつつあるものは「作者」たることを怖れずに自分自身をあえて一人称単数の代名詞で呼ぶことにする。いくぶんか「作者」であっていっこうにさしつかえなかろうわたくしは、いま述べた超＝メシアニスムの信仰者たちが口にするか、ときにはそれと指示されることなく実践されている義務の共有者たろうとは思わない。義務の誘惑に屈するのは快かろうにきまっているし、超＝虚構に身を投ずることの魅力をまったく知らぬわけでもないが、説話論的な技法の安易な援用だけは避けておきたい。この技法の活用者たちが享受しうる自由よりも、それがいかなる物語的な文脈におさまることがなかろうとも、ただあっけらかんと言葉を口にする自由を確保することを選びたい。事実、人は、どんなことを書いてみてもよいのだし、それが禁じられたためしはない。禁止は、超＝虚構の話者たちが弄ぶ説話論的な特権なのだ。書くことの起源、あるいはその起源をめぐる超＝虚構の歴史に責任をとる意志もなく、ただ言葉と戯れることは誰にも禁じられてはいない。責任とは、あくまで信仰者たちの言葉であり、彼らが信ずる超＝メシアニスムによって課された説話論的な選択の身振りにほかならない。そして「紋切型」は、いま、その信者たちを保護する物語的な閉域における責任のとり方いがいの何ものでもなくなっている。

わたくしは、『見出された時』の作中人物たちに倣って、この超＝虚構の間近な終りを予言しようとは思わない。おそらくそれはプルーストの戦争のように予言者どもの期待を裏切って長引き、あるとき曖昧に終りを迎えながらも、その終りそのものをも反復することでさらに物語を支え続けることだろう。それとて比較的長い物語たるほかはあるまいが、その相対的な長さを、これまで語りつがれてきた言葉が包含しうるかどうか、かろうじて「作者」たろうとするわたくしは、そのことをめぐる説話論的な責任をあらかじめ放棄している。この文章も、さしあたっては比較的長い物語としてしか書かれえなかったのであり、それが絶対的な長さとして読まれるには、やはり、何ものかとともに読まれねばなるまい。そんな幸福に、はたしてこの言葉たちが恵まれるであろうか。それを知りうるのは、物語の外部の言葉だけである。

最後に、いくぶんか終りにふさわしく、『紋切型辞典』に新たな項目を一つ追加し、ある現代的な言説の担い手の文章を引用しておく。項目は、文字通り「終り」である。

終わり 労働が終わり、生産が終わり、経済が終わる。知と意味の蓄積、累積的言説の線状的統辞を許した記号表現/記号内容の弁証法が終わる。それと同時に、蓄積と社会的生産を可能にした交換価値/使用価値の弁証法も終わる。言説の線状的次元が終わり、商品の線状的次元が終わる。記号の古典時代が終わり、生産の時代が終わる。

出典も「作者」の名もあえて記すには及ぶまい。まるで、大戦の終りを迎えた老齢のシャルリュス男爵が、旧知の人名をあれこれ列挙しながら、あれも死んだ、これも死んだと断言しているときの口調そっくりではないか。そこでは固有名詞であったものが、ここで現代の知的言説にふさわしい特権的な語彙へと周到に置き換えられた上で、その終焉が厳かに宣告されているまでのことである。そこにはいかなる説話論的な変化も認められはしまい。あれもこれも終ってしまい、あとは新たな何かが、生き伸びた話者とともに開始されようとしているという構造もまったく同一のものだからである。

だがそれにしても、プルーストの描いた倒錯的な老貴族と同じ言葉を口にする知的選民が二十世紀も終ろうという八〇年代まで生きのびている事実に、率直な驚きを覚えるべきだろうか。それとも、ごく退屈な物語の続きに思わず苦笑しておけばよいのか。いずれにせよ、そんな終焉の儀式をこと新しく演じてみせるものは、一人や二人にとどまらない。かくして、無謀な編纂者の計画した『紋切型辞典』の項目は、百年後のいまも着実に増殖しつづけることになる。

付記　引用に関しては、フローベール『紋切型辞典』『ブヴァールとペキュシエ』（草稿も）は山田𣝣、レチフ・ド・ラ・ブルトンヌ『ムッシュー・ニコラ』は生田耕作・片山正樹、ゴーチエ『ロマン主義の歴史』は渡辺一夫、ボードレール『現代生活の画家』は阿部良雄、プルースト『見出された時』は井上究一郎、サルトル『大戦の終末』は渡辺一夫、『マラルメの現実参加』は渡辺守章、ヴァレリー『精神の危機』は桑原武夫、フーコー『言葉と物』は渡辺一民・佐々木明、『外部の思考』は豊崎光一、ロラン・バルト『作者の死』は花輪光、等、各々諸氏の訳を参照させていただいた。そのまま引用したものもあり、文脈により訳し直したものもあるが、感謝したい。

蓮實重彥

終わりなき「終焉」の儀式について

著者から読者へ

蓮實重彥

どこの誰がそんないかがわしいことをいいだしたのかはすっかり忘れてしまっておりますが、現行の日本国憲法を改正すべきだとするうんざりするしかない退屈な議論は、たしか誰かさんが「戦後レジーム」の「終焉」を目ざしていたことが原因だったはずだと記憶されています。この議論のいかがわしい退屈さは、まさしく「終焉」の一語に集約されております。その種の議論は、人類が、十九世紀の中ごろから、ほぼ毎年のように反復してきた「終焉」の物語の一つでしかないからであります。『物語批判序説』は、まさしくその退屈な物語を批判するために書かれた書物だといってよいでしょう。

ひとまず「近代」と呼ばれる人類史の一時期において、まず初めにその「終焉」を宣言されたのは、誰もが記憶しているように、「神」であります。これまたどこの誰が口にしたものかはすっかり忘れられておりますが——書物をお読みいただければ、そこには確かなことが書かれているはずです――、それに続いて「人間」の、さらには「言語」の、さらには「文学」の「終焉」が口にされました。「戦後レジーム」の「終焉」に関連づけていうなら、あらゆる人々が、男も女もおしなべて、「戦争」の終わりばかりを口にしあっていたことが、一編の長編小説のフィクション的な主題とされたことさえあったのです。それが何という書物であるかは、『物語批判序説』に詳述されております。

人類は、いかなる理由によって、かくも退屈に、何ごとかの「終焉」ばかりを口にせざるをえないのか。それについて、著者は、長いこと――ほぼ一九八〇年代を通じて――あれこれ考えをめぐらせておりました。「終焉」の問題を考慮することなく、「歴史」や「人間」や「文学」について語ることは不可能ですが、それは、「歴史」や「人間」や「文学」が「終焉」したと宣言することとはまったく異なるものとしてあるはずだからなのです。

著者は、映画評論家としてのキャリアの比較的に早い時期に、ごく最近新装版が刊行されたばかりの『映画はいかにして死ぬか――横断的映画史の試み』（フィルムアート社、初版一九八五、新装版二〇一八）という書物を著しております。だが、そこでは、映画の死ではなく、映画の「終焉」宣言がいかにして困難であるかが語られております。「神」や「人間」や「言語」や「文学」がそうであるように、「映画」もまたそう簡単に「終焉」を迎えてはくれない。これが、その題名の書物の主題でありましたが、それは『物語批判序説』の主題でもあるといわざるをえません。

では、『物語批判序説』は、いかにして書かれたのか。それが、いわゆる「研究書」であることから思いきり遠くあるために、註や出典の明記などをあえて省き、語り手のいうことをひとまずそっくり信じていただくほかはない「物語」として書かれたものでありま す。また、その時期に著者が考えていたことを、いっさい形式性に囚われること無く、一息に語ってみたいという「勢い」だけが意味を持つ書物にしたいという夢というか、野心のようなものもありました。

実際、これは、そのほとんどが構想を慎重に形式化している同じ著者のほかの書物と異なり、もっぱら一気呵成に書かれたものです。きわめてまれなことですが、この書物は、多くの場合、三部だて、五部だて、七部だて、十部だて、十二部だてになっているほかの書物の形式性を排し、ごく単純な、むしろ単調とさえいえる二部構成からなっておりま す。それは、一呼吸、すなわち息を吸い、息をはき出すことで終わるかのようなリズムにおさまっているといえるかも知れません。そのようにして、ごく例外的な形式におさまっている『物語批判序説』は、そのときふと一呼吸終えたところで、その存在意義をまっとうしたと思っておりました。

そんな書物にほかならぬ『物語批判序説』が、この度、松沢賢二氏のご配慮によって講談社文芸文庫に収められることになったと知ったとき、妙にこそばゆい思いをしたことを告白しておかねばなりますまい。すでに一呼吸をし終えてしまったはずなのに、その呼吸が、いまや後期高齢者となった著者自身によって、改めて反復されるのですから。この書物が磯﨑憲一郎氏の「解説」によって世に問われることになったのは、この上なく大きな喜びであります。この繊細にして大胆な芥川賞作家の独特な呼吸が、すでにし終えたと思っていた著者の呼吸を改めて生き返らせて下さったのですから。

二〇一八年一〇月三一日

著者

特異な高揚の理由

解説　磯﨑憲一郎

日本においてはその作品が大して読まれているわけでもないのに、名前だけは誰もが知っている、その名前を聞けば、ドイツ文学を専門に研究している学者でさえもほとんど条件反射的に、「不条理」「悪夢的」「内省的」「生の不安」「シオニズム」などという言葉が口を衝いて出てしまうフランツ・カフカだが、じっさいのその人は周囲にはおよそ敵の存在しない善人で、好奇心と行動力に溢れ、何よりもまずユーモアへの志向の強い人物だった。

カフカが自分で朗読するとき、このユーモアは特にはっきりと現われた。たとえば、彼が「審判」の第一章を聞かせてくれたときなど、われわれ友人たちは腹をかかえて笑ったものだ。そして彼自身もあまり笑ったので、しばらくのあいだ先を読みつづけることができなかった。――第一章の恐ろしいほどの真剣さを考えてみた場合、これは意外だと思うかもしれない。だが事実そうだったのだ。

『フランツ・カフカ』マックス・ブロート著
辻瑆・林部圭一・坂本明美共訳　みすず書房

本書『物語批判序説』に従うならば、正しくこれはカフカという「物語」を語り始めてしまった張本人、友人のマックス・ブロートによる評伝からの引用に他ならないわけだが、カフカが自作を、それも主人公ヨーゼフ・Kがある朝とつぜん、自室に押し入ってきた二人組の男に理由も分からぬまま逮捕されるという『審判』の冒頭場面を朗読しながら、笑いが止まらなくなったという事実、現実の過去は、少なくともカフカという書き手、そしてその作品が、ドイツ文学研究者たちが自動的に貼り付けている「不条理」とか、「悪夢的」とかといったレッテルとは明らかに異なる面を持つことを示している。しかしそのように批判、反論してみたところで、しょせんは既に世の中に流布されてしまったカフカという「物語」に対して、「補完的な説話論的な機能」を担ってしまっているに過ぎないことも、本書の中で指摘されている通りなのだろう。

そのカフカは生涯に亘ってギュスターヴ・フローベールを愛読していた。遺された日記にもフローベールの名前は、頻繁にというほどではないが幾度か登場する。一九一二年六月六日の日記には、次のような文章が記されている。

たった今、フローベールの手紙のなかに次のような文句を読んだ、「私の小説は、私がぶらさがっている岩のようなものだ。そして私は、世の中で起こっていることについては何も知らない。」——これはぼくが五月九日に自分のために書きこんでおいたことと似ている。

『決定版カフカ全集7　日記』谷口茂訳　新潮社

カフカが「似ている」という、五月九日の日記中の自身の言葉とは、次のようなものだ。

ゆうべピックと喫茶店で。ぼくはあらゆる不安に抵抗して自分の長篇小説にしがみついているが、それはまるで遠方に視線を向けて台座にしがみついている記念像そっくりだ。

（同）

「ピック」というのは批評家、後に編集者となるオットー・ピックのことで、このときカフカが執筆していた「長篇小説」とは『失踪者（アメリカ）』のことなのだが、ここに書かれている内容をただ単純に、自信を失い途中で放棄したくなる誘惑に抗って、書き手を執筆に繋ぎ留める精神的な支えとして、「小説」が「岩」や「台座」に喩えられているとは思えない。完成する以前の、今目の前で書かれつつある「小説」とはそれほど盤石なものではない。ならば「小説」を書き進めていく渦中のフローベールとカフカが寄って縋ったものとは、いったい何だったのか？

それにしても、本書を構成する論文の初出から三十六年、単行本の刊行から三十三年という時間を経て、二〇一八年もほどなく終わろうとする今、新たに文庫化された本書を読み終えた読者ならば誰しも、現代という時代が、「自分が口にする言葉に他人の物語とは異質の要素がそなわっていると錯覚」している「他人の物語の作中人物」に過ぎない連中が堂々と発言し、幅を利かせるようになってしまった、愚かなまでに「『問題』の時代」であることに、思い至らない者はいないだろう。インターネットなどという発明は、人間の言語活動を何ら変容させたわけではなく、僅かばかりの便利さと、取り返しがつかないほどの浅ましさと同質性をもたらしたに過ぎないと分かってはいたものの、「幸福なる少数者を自任する者たちの群が、自分たちこそ多数者であることに無自覚なまま、『紋切型辞典』はブルジョワ批判の書物だと口をそろえてつぶやくような時代こそが現代なのだ」

という一文を読んでしまったときに、SNSを通じて「他人の問題」を「他人の言葉」で拡散し続ける、「誰もが真摯に思考すべき社会的な課題というもの」の存在を真剣に信じている、憑かれたような表情の、あの一群の人々を思い浮かべずにはいられない。

しかし本書は、そんな「屈託のない予言」として書かれたわけではもちろんない。潜在的に、あらゆる時代のあらゆる言葉が「他人の言葉」となり、『紋切型辞典』の一項目として書き加えられる可能性を持つのと同じ意味で、本書もまた「不断に更新される現在」として書かれたのだから、刊行から三十数年程度の時間が経過したところで、その有用性は何ら失われていなくて当然なのだ。それよりもむしろ気になるのは、本書に感じるもっと別の、特別な何か——無数の傍線を引き、ときには傍に置いたノートにメモまで取りながら、本書に集中して読み進む中でしか得られない特異な高揚、と表現してもよいであろう経験——その理由はどこにあるのか？　ということの方だ。

いうまでもなく、ここに展開されているのは『失われた時を求めて』の時間論ではない。「私」の生涯にさまざまな時期にばらまかれている特権的な瞬間の持つ微妙な表情についてはいっさい触れられていないし、見出しつつある時の中でそうした瞬間の印象が響応しあい、空間を超えた絵模様をかたちづくるさまにもいっさい言及されてはいない。また、これはプルースト論たろうと目論む文章ですらない。ここでわれわれが『見出された時』のいくつかの挿話に特別の関心を示しているのは、この長篇小説の最終巻であることが明らかなこの部分に、こんにちのわれわれが終りというものについていだいている観念の慣習的な形態が、他に類をみないかたちで露に語られており、しかもその語りそのものが、終りをめぐる観念的な言説のきわめて具体的な批判をかたちづくってもいるからである。

これは「終り」が主題となる第三部で、『失われた時を求めて』の最終巻『見出された時』中の挿話を用いている理由の説明部分の引用だが、ここに書かれている、畳み掛けるような、波状攻撃のような複数の文章、「……ではない」「……いないし」「……されてはいない」「……ですらない」という否定形が重ねられた上で、「ここでわれわれが……終りをめぐる観念的な言説のきわめて具体的な批判をかたちづくってもいるからである」という結びの一文での一気の跳躍、まるで一流の陸上選手の完璧な三段跳びを見せ付けられているかのような、蓮實重彥の著作には要所要所に登場するこの運動性豊かな語り口こそが、本書の読者が覚える特別な高揚感の、第一の理由であるように思えてならない。これを安易に「文体」と呼んでしまうことは、不要な要素が付加されるのでできれば避けたいのだが、それでも尚「文体」と呼びたいのであれば、正しくそれは本書中でも説明されている通り、「明らかに今日まで生きのびている」「非＝歴史的な」「構造を欠いて」いるもの、即ち書き手の身体性に起因するものに他ならない。あらゆる散文の書き手は、他に頼るもののない中で、自分の語り口だけを拠り所に、語り口に導かれつつしかし振り落とされないように細心の注意を払いながら、一文一文書き進むしかない。ならば同様に、「小説」を執筆中のフローベールとカフカが、遠方を見やりながら必死でしがみついていたもの、寄って縋ったものも、自らの語り口＝「文体」だったのではないだろうか？

　そう述べてみても、それでもまだ、本書を読んでいる最中に立ち現れる独特な高揚、興奮の理由として、重要な何かが欠けているような気がする。一人の読者として、自らの心情に照らして偽らざるところを率直に吐露すれば、恐らくそれは、本書に繰り返し登場する一語である「苛立ち」――啓蒙時代の百科全書が欠いていた「苛立ち」であり、『紋切型辞典』の編纂者の「あまりに芸術が話題になりすぎるという現象」に対する「苛立ち」、『失われた時を求めて』の「私」の「長さとはたんなる複数の短さの集積でしかないかに思われている世界の貧しい表情」に対する「苛立ち」――それら幾つもの「苛立ち」への抑えがたい共感なのだろう。だから、その時代時代に生まれる新たな読者が同じ「苛立ち」を自覚することによって、本書は何度でも、「不断に更新」され続けるに違いない。

【初出】
「Ⅰ」　「海」　一九八二年二月号
「Ⅱ」　「海」　一九八四年三月号
『物語批判序説』　一九八五年二月、中央公論社
『物語批判序説』　一九九〇年九月、中公文庫、中央公論社
【底本】
『物語批判序説』（新版）　二〇〇九年一一月、中央公論新社

物語《ものがたり》批判《ひはん》序説《じょせつ》
蓮實《はすみ》重彦《しげひこ》

二〇一八年一二月一〇日第一刷発行
二〇二三年四月一三日第二刷発行

発行者――鈴木章一
発行所――株式会社　講談社
東京都文京区音羽2・12・21　〒112-8001
電話　編集（03）5395・3513
販売（03）5395・5817
業務（03）5395・3615

デザイン――菊地信義
印刷――株式会社KPSプロダクツ
製本――株式会社国宝社
本文データ制作――講談社デジタル製作
©Shigehiko Hasumi 2018, Printed in Japan
定価はカバーに表示してあります。

落丁本・乱丁本は購入書店名を明記のうえ、小社業務宛にお送りください。送料は小社負担にてお取替えいたします。なお、この本の内容についてのお問い合せは文芸文庫（編集）宛にお願いいたします。
本書のコピー、スキャン、デジタル化等の無断複製は著作権法上での例外を除き禁じられています。本書を代行業者等の第三者に依頼してスキャンやデジタル化することはたとえ個人や家庭内の利用でも著作権法違反です。

講談社
文芸文庫

ISBN978-4-06-514065-9

中原中也 ─ 中原中也全詩歌集 上・下 吉田凞生編　吉田凞生─解／青木 健─案
中村真一郎 - この百年の小説 人生と文学と　紅野謙介─解
中村光夫 ─ 二葉亭四迷伝 ある先駆者の生涯　絓 秀実─解／十川信介─案
中村光夫選 - 私小説名作選 上・下 日本ペンクラブ編
中村武羅夫 - 現代文士廿八人　齋藤秀昭─解
夏目漱石 ─ 思い出す事など|私の個人主義|硝子戸の中　石﨑 等─年
成瀬櫻桃子 - 久保田万太郎の俳句　齋藤礎英─解／編集部─年
西脇順三郎 - ambarvalia|旅人かへらず　新倉俊一─人／新倉俊一─年
丹羽文雄 ─ 小説作法　青木淳悟─解／中島国彦─年
野口冨士男 - なぎの葉考|少女 野口冨士男短篇集　勝又 浩─解／編集部─年
野口冨士男 - 感触的昭和文壇史　川村 湊─解／平井一麥─年
野坂昭如 ─ 人称代名詞　秋山 駿─解／鈴木貞美─案
野坂昭如 ─ 東京小説　町田 康─解／村上玄一─年
野崎 歓 ─ 異邦の香り ネルヴァル『東方紀行』論　阿部公彦─解
野間 宏 ─ 暗い絵|顔の中の赤い月　紅野謙介─解／紅野謙介─年
野呂邦暢 ─ [ワイド版]草のつるぎ|一滴の夏 野呂邦暢作品集　川西政明─解／中野章子─年
橋川文三 ─ 日本浪曼派批判序説　井口時男─解／赤藤了勇─年
蓮實重彥 ─ 夏目漱石論　松浦理英子─解／著者─年
蓮實重彥 ─ 「私小説」を読む　小野正嗣─解／著者─年
蓮實重彥 ─ 凡庸な芸術家の肖像 上 マクシム・デュ・カン論
蓮實重彥 ─ 凡庸な芸術家の肖像 下 マクシム・デュ・カン論　工藤庸子─解
蓮實重彥 ─ 物語批判序説　磯﨑憲一郎─解
蓮實重彥 ─ フーコー・ドゥルーズ・デリダ　郷原佳以─解
花田清輝 ─ 復興期の精神　池内 紀─解／日高昭二─年
埴谷雄高 ─ 死霊 Ⅰ Ⅱ Ⅲ　鶴見俊輔─解／立石 伯─年
埴谷雄高 ─ 埴谷雄高政治論集 埴谷雄高評論選書1 立石伯編
埴谷雄高 ─ 酒と戦後派 人物随想集
濱田庄司 ─ 無盡蔵　水尾比呂志─解／水尾比呂志─年
林 京子 ─ 祭りの場|ギヤマン ビードロ　川西政明─解／金井景子─案
林 京子 ─ 長い時間をかけた人間の経験　川西政明─解／金井景子─年
林 京子 ─ やすらかに今はねむり給え|道　青来有一─解／金井景子─年
林 京子 ─ 谷間|再びルイへ。　黒古一夫─解／金井景子─年
林 芙美子 ─ 晩菊|水仙|白鷺　中沢けい─解／熊坂敦子─案
林原耕三 ─ 漱石山房の人々　山崎光夫─解

▶解=解説 案=作家案内 人=人と作品 年=年譜を示す。 2023年3月現在